일본제국의 사령관들

일본제국의 사령관들

구태훈

HUMANMAKER

차례

책을 내면서　　　　　　　　　　　　　　7

제1부　**야마가타 아리토모**　　　　　　**19**

1　조슈번의 무사　　　　　　　　　　21
2　메이지 정부의 고위 관료　　　　　　33
3　육군 지휘체계 확립　　　　　　　　42
4　군인에서 정치가로　　　　　　　　　57
5　청일·러일전쟁　　　　　　　　　　70
6　원로 정치인　　　　　　　　　　　　93

제2부　노기 마레스케　　109

1　육군 장교가 되기까지　　111
2　사족의 난과 세이난 전쟁　　121
3　독일 유학과 귀국 후의 생활　　135
4　청일전쟁　　146
5　타이완 총독 전후　　154
6　러일전쟁　　168
7　러일전쟁 이후　　181
8　순사 그리고 신격화　　194

제3부　도고 헤이하치로　　211

1　러일전쟁 이전　　213
2　러일전쟁　　228
3　러일전쟁 이후　　244
4　제1차 세계대전과 일본　　254

5	군축 문제와 도고	261
6	만년	283

참고문헌　　　　　　　　　　　　　　　　295

책을 내면서

　이 책의 집필 목적은 메이지明治 시대(1868~1912)에 대장의 지위에 올랐던 야마가타 아리토모山県有朋 · 노기 마레스케乃木希典 · 도고 헤이하치로東郷平八郎의 일생을 조명하는 것이다.

　이들의 일생을 조명하는 일은 곧 메이지 시대 일본의 군대 · 전쟁 · 정치의 실상을 스케치하는 것이다. 야마가타 · 노기 · 도고와 함께 생활했거나 전쟁터를 누볐던 인물들의 옆모습도 자연스럽게 그려질 것이다. 그 과정에서 메이지 시대 일본군의 고질이었던 사쓰마번薩摩藩(가고시마번)과 조슈번長州藩(야마구치번), 육군과 해군의 심리구조와 경쟁 구도가 적나라하게 드러날 것이다.

야마가타는 일본 육군의 군제를 확립하고 근대화의 기틀을 마련한 인물이다. 일본 육군의 아버지라고 일컬어진다. 청일·러일전쟁 때 일본 육군을 지휘한 사령관이기도 했다.

노기는 러일전쟁 때 제3군을 이끌고 뤼순旅順을 공략하며 많은 전상자를 냈지만, 물러서지 않고 돌격하는 전술로 러시아군에게 공포심을 심어주었다. 이때 "어떠한 희생을 치르더라도 반드시 적을 무찌르는 일본군"이라는 이미지가 형성되었다.

도고는 러일전쟁 때 일본의 연합함대를 이끌고 대한해협에서 러시아의 발틱함대를 궤멸시킨 영웅이다. 그는 쇼와 천황昭和天皇의 후원에 힘입어 1930년대 중반까지 해군은 물론 육군과 정부에 절대적인 영향력을 행사했다.

메이지 정부 수립 후, 사이고 다카모리西鄕隆盛가 사쓰마·조슈번의 군사를 주축으로 하는 신정부군을 이끌고 막부 세력을 무찔렀다. 그때 야마가타 아리토모가 조슈번 군사를 이끌고 동북 지방에서 싸웠다. 1872년 2월 정부가 병부성을 폐지하고 육군성과 해군성을 설치했다. 야마가타가 육군대보陸軍大輔(육군성 차관)에 임명되었다. 정부는 육군성 경卿(장관)을 임명하지 않았다. 야마가타가 사실상 군권을 장악했다.

1873년 10월 정한론쟁에서 오쿠보 도시미치大久保利通에게 패배한 사이고 다카모리가 관직을 버리고 고향 가고시마鹿兒島로 돌아갔다. 1876년 10월 말에 사족士族의 반란이 잇따라 일어났다. 1877년 2월 15일 사이고 다카모리가 거병했다. 세이난 전쟁西南戰爭이었다.

야마가타가 정토 사령관에 임명되었다. 사이고군이 구마모토熊本로 진격했다. 하지만 사이고군은 정부군을 이기지 못하고 후퇴했다. 그 후의 전투는 정부군이 사이고군 잔당을 소탕하는 작전에 불과했다. 9월 24일 사이고가 전투 중에 사망하며 전쟁이 끝났다.

1878년 4월 야마가타가 육군경에 취임했다. 그해 8월에는 야마가타가 오쿠보 도시미치의 추천으로 참의參議(대신)에 임명되었다. 야마가타는 서른여섯 살의 나이에 육군경·근위도독·참모국장·참의를 겸임하며 권력을 행사했다.

1875년 9월 일본이 강화도 사건을 일으켰을 때 야마가타가 조선에 군사를 파견하는 책임을 맡았다. 야마가타가 군사권을 장악하면서 그동안 사쓰마·조슈번 출신이 균형을 이루었던 육군이 조슈번 출신 야마가타의 수중에 들어오게 되었다.

 야마가타는 천황에 절대 충성하는 군대를 만들기 위해 힘썼다. 1878년 10월 「군인훈계」를 작성해 육군에 배포했다. 야마가타는 대원수 천황에 절대적으로 복종하고 군기를 엄정하게 지키라고 명령했다. 1879년 10월 「육군직제」를 제정했다. 제1조에 "제국 일본의 육군은 모두 천황 폐하에 직속한다."라고 규정했다. 1882년 1월 메이지 천황이 육군과 해군에 「군인칙유」를 내렸다.

 야마가타는 사이고 다카모리가 확립한 군제를 더욱 세밀하게 다듬고, 군대의 기강을 세우고, 사단을 증설하고, 전국 각지에 진대鎭台, 즉 요충지를 방어하는 부대를 배치하고, 육군의 지휘체계를 확립하고, 훈련을 강화하고, 육군의 근대화 개혁을 빈틈없이 추진했다.

 1890년 6월 야마가타가 육군 중장에서 대장으로 승진했다. 천황 일족을 제외하고 대장의 지위에 오른 것은 사이고 다카모리에 이어 야마가타가 두 번째였다.

 1894년 7월 일본이 청일전쟁을 일으켰다. 메이지 천황이 야마가타를 제1군 사령관으로 임명했다. 제1군은 제3사단과 제5사단을 거느렸다. 9월 15일 제5사단이 평양에서 청국군을 무찌르고 압록강을 건너 만주로 진격했다. 야마가타가 만주에서 일본군을 지휘했다.

1898년 1월 메이지 천황이 야마가타 대장을 육군 원수에 임명했다. 원수는 평생 현역 대장의 직위를 유지한 채 천황을 가까이에서 보좌하는 자리였다.

1904년 2월 일본이 러일전쟁을 일으켰다. 야마가타 원수가 대본영大本營, 즉 전쟁 지휘본부에서 메이지 천황을 보좌했다. 대본영은 제1군·제2군·제3군을 잇따라 만주로 보내며 만주군사령부를 편성했다. 6월 20일 야마가타 원수가 참모총장 겸 병참총감에 임명되었다. 메이지 천황이 참석하는 대본영회의는 형식적으로 보고하는 절차에 불과했다. 야마가타 원수가 사실상 전쟁에 관한 최고 의사결정권자였다.

1913년 11월 야마가타가 추밀원樞密院 의장직을 사임할 뜻을 밝혔다. 다이쇼 천황大正天皇이 추밀원 의장에 걸맞은 후임자가 없으니 유임하라고 명령했다. 그 후 추밀원은 야마가타의 권력 기반이 되었다. 야마가타는 1922년 2월 1일 사망할 때까지 현역 육군 대장·원수·추밀원 의장의 지위를 유지하며 정치는 물론 군사軍事에 적극적으로 개입했다.

◇◇◇◇◇◇◇◇◇◇◇◇◇◇◇◇◇◇◇

  1871년 1월 스물세 살이 된 노기 마레스케가 친병대 육군 소좌(소령)에 임명되었다. 그 후 노기는 야마구치번 출신 선후배들과 어울려 요정에 드나드는 방탕한 나날을 보냈다. 그러나 1875년 12월 노기가 구마모토 진대 보병 제14연대장에 임명되면서 엄격한 지휘관으로 거듭났다.

  1877년 2월에 세이난 전쟁이 일어나자 병력을 이끌고 전쟁터로 달려갔다. 그런데 전투 중에 적에게 연대의 군기軍旗를 빼앗겼다. 군기는 천황의 권위를 상징하는 것이었다. 노기는 천황의 처벌을 기다렸다. 그러나 천황은 노기를 용서했다. 이때부터 노기는 죽을 때와 장소를 찾는 군인이 되었다.

  1886년 11월 정부는 육군 소장 노기 마레스케에게 독일 유학을 명했다. 독일 군사제도의 실태를 연구해 일본 육군의 기틀을 마련하기 위한 목적이었다. 노기에게 독일 유학은 인생의 전환점이 되는 계기가 되었다.

귀국 후 노기는 스스로 바람직한 장교가 되려고 노력했다. 일본군의 장교로서 이상적인 인간상을 설정하고 그것에 다가가려고 마음을 수양하고 몸을 단련했다. 그가 생각하는 이상적인 장교는 자신과 가정을 돌보지 않고 오로지 천황에게 충성을 바치는 인간이었다.

노기의 생활 태도가 완전히 바뀌었다. 요정에 드나들며 술에 취해 지내던 방탕하고 무절제한 생활과 결별했다. 옷은 물론 아끼던 물건을 다른 사람에게 나누어주고 집에서나 밖에서나 항상 군복을 입고 생활했다. 식사도 쌀밥을 먹지 않고 강피밥에 호박 무침이 전부였다. 손님이 와도 평소의 식단에 된장국을 더할 뿐이었다. 손님 중에서 군복을 입은 사람을 상석에 앉게 했다. 누구를 막론하고 군복을 입지 않은 사람은 말석에 앉도록 했다. 두 아들도 군대식으로 교육했다.

1894년 8월 일본이 청일전쟁을 일으켰다. 그해 11월부터 노기 마레스케가 이끄는 제1사단 보병 제1여단이 청국군 공격의 선봉에 섰다. 1895년 4월 청일전쟁에서 큰 공을 세운 노기 마레스케가 중장으로 진급했다.

1898년 10월 노기가 신설된 제11사단의 초대 사단장에 임명되었다. 노기는 부대에서 10여 리 떨어진 곳에 있는 천태종 사원의 방 한

칸을 빌어 생활했다. 그는 아침 일찍 말을 타고 출근했다. 사령부 장교 중에서 그보다 더 일찍 출근하는 자는 한 사람도 없었다. 훈련 때는 병사와 함께 자고 병사와 같이 먹었다.

1904년 2월 일본이 러일전쟁을 일으켰다. 노기가 제3군 사령관에 임명되었다. 노기가 제3군사령부 지휘부를 이끌고 만주로 떠나면서 부인에게 말했다. "아버지와 아들 둘 이렇게 세 명이 전쟁터로 나아간다. 누가 먼저 죽을지 알 수 없다. 누가 먼저 죽더라도 장례를 치르지 말고 세 개의 관이 한자리에 모일 때까지 기다려라."

6월 6일 만주의 뤼순旅順에 도착한 노기가 육군 대장으로 승진했다. 노기 대장이 이끄는 제3군은 8월 말에서 12월 말까지 세 번에 걸쳐 뤼순 총공격을 감행했다. 1905년 1월 2일 제3군이 뤼순을 점령했다. 그러나 일본군의 피해가 너무나 컸다. 일본군 사상자가 5만 9,000여 명이었다. 노기는 죄책감에 시달렸다.

뤼순 공략 중에 노기 대장의 두 아들이 전사했다. 주변 사람이 두 아들의 전사를 애도했다. 노기가 말했다. "두 아들은 군인으로서 죽을 자리를 찾았을 뿐이다." 이때부터 노기의 말수가 눈에 띄게 줄었다.

1906년 1월 14일 노기 대장이 도쿄로 개선해 메이지 천황을 알현했다. 노기가 머리를 조아렸다. "폐하의 사병이 너무 많이 죽거나 다쳤습니다. 평생 유감스럽고 통한한 마음을 지울 수 없을 것입니다." 말을 마친 노기가 울면서 엎드려 아뢰었다. "신에게 죽음을 내리소서. 할복으로 사죄하고 싶습니다." 천황이 말했다. "지금은 죽을 때가 아니다. 경이 만약에 죽기를 원한다면 짐의 치세가 끝난 후에 하도록 하라."

1912년 7월 30일 메이지 천황이 붕어했다. 9월 13일 메이지 천황의 장례식이 거행되었다. 그날 아침 노기와 그의 부인 시즈코가 사진사를 불러 사진을 찍었다. 그리고 부부가 함께 메이지 천황의 빈소에 다녀왔다. 저녁 8시경에 궁전의 사쿠라다桜田 대문이 열리고 큰길 양옆에 늘어선 근위포병대가 쏜 조포가 은은하게 울려 퍼졌다. 조포를 신호로 도쿄 각지의 사원과 신사의 종이 일제히 울렸다. 장례 행렬이 출발했다. 노기가 하인들에게 나가서 장례 행렬을 지켜보라고 명령했다. 하인들이 밖으로 나가자 노기 부부가 함께 자결했다.

도고 헤이하치로는 1871년부터 1878년까지 국비장학생으로 선발되어 영국 포츠머스의 상선학교에서 국제법과 항해술을 배웠다. 영국 유학을 마치고 귀국한 도고는 1878년 7월에 중위, 그해 12월에 대위, 다음 해 12월에 소좌로 승진했다.

1886년경부터 1890년까지 기관지염 치료를 위해 휴직을 되풀이하며 업무에 소홀했다. 하지만 도고는 여러 군함의 함장을 역임하며 대좌로 승진했다. 1893년 하와이에서 미국·영국인이 쿠데타를 일으켜 왕정을 전복시켰을 때, 영어에 능통한 도고가 군함을 이끌고 하와이로 가서 교포를 보호하며 쿠데타 세력을 견제했다.

1894년 7월 일본이 청일전쟁을 일으켰다. 군함 나니와浪速의 함장 도고 대좌가 조선의 아산만으로 입항하는 선박에 포격을 가했다. 이때 청국군 1,100여 명이 물에 빠져 숨졌다. 그해 9월과 11월에 황해해전에서 청국의 북양함대와 싸워 이겼다.

그 후 도고는 해군장관회의 의원, 해군기술회의 의장, 해군대학교 교장, 요코스카橫須賀 진수부 장관 대리, 사세보佐世保 진수부 장관, 상비함대 등 요직을 거쳐서 1903년 10월에 연합함대 사령관에 임명되었다.

1904년 2월 일본이 러일전쟁을 일으켰다. 도고가 이끄는 연합함대가 인천·뤼순 앞바다에 정박한 러시아 군함을 공격하면서 전쟁이 시작되었다. 도고가 대장으로 승진했다. 그해 10월 발트해의 러시아 함대가 동북아시아로 향했다.

1905년 5월 27일 새벽 도고 사령관이 이끄는 일본의 연합함대가 대한해협에서 러시아의 발틱함대를 맞이해 싸웠다. 원래 일본의 연합함대는 발틱함대가 블라디보스토크에 도착하기까지 7회에 걸쳐서 공격할 계획이었다. 그런데 첫 전투에서 발틱함대 전함 80퍼센트를 격파하는 예상 밖의 승리를 거두었다.

1913년 4월 도고가 원수에 임명되었다. 다음 해 4월 1일 히로히토裕仁 황태자를 교육하기 위한 도구고가쿠몬조東宮御学問所, 즉 황실학문소가 개설되었다. 도고 원수가 황실학문소 총재에 취임했다. 도고는 1914년 봄부터 1921년 봄까지 7년간 오로지 황태자 한 사람의 교육에 전념했다.

황실학문소 총재직에서 물러난 도고가 실로 오랜만에 원수회의에 참석해 다이쇼 천황의 자문에 응했다. 그 무렵 국제정치의 주도권을 장악한 미국이 일본의 해군 전력을 억제하려고 했다. 1921년 7월에 워싱턴 군축회의, 1927년 2월 제네바 군축회의, 1930년 1월 런던 군축회의가 잇달아 열렸다.

1930년 4월 22일 미국 · 영국 · 일본 3개국이 런던 군축조약에 서명했다. 일본이 미국 · 영국에 비해 대형순양함 60퍼센트, 경순양함 · 구축함 70퍼센트, 잠수함은 동률로 하는 타협안이 성립되었다.

그러자 도고와 그 추종자들이 조약 반대운동을 전개했다. 도고는 전함과 순양함 보유량을 줄이면 "국방상의 결함"이 생기니 억제한 군사비를 해군이 다른 전력을 강화하는 데 사용할 수 있도록 정부가 보증하라고 요구했다. 결국 정부는 도고 원수의 요청을 받아들여 해군 전력 보전책을 1936년 말까지 실시하기로 보증했다.

만년의 도고는 이미 해군을 넘어 육해군을 대표하는 원로였다. 그는 쇼와 천황과의 친분과 원수라는 공적 지위를 이용해 해군은 물론 육군의 인사에도 개입했다. 육군은 작전에 관한 기밀을 도고 원수에게 보고했다. 정부가 총리대신 후보를 정할 때도 도고의 의견을 물었다.

정부는 혼란한 국내외 정세를 수습하려면 도고의 협력이 절대적으로 필요하다고 판단했다. 도고는 정부에 협력하며 군부를 통제해 정국을 안정시키려고 노력했다. 그러나 도고는 이미 여든 살이 넘은 노인이었다. 1933년 봄부터 병상에 누워지내다가 다음 해 5월 30일 여든여섯 살의 나이로 세상을 떠났다.

2025년 가을

구 태 훈

제1부

야마가타 아리토모

◎ *chapter.1*

조슈번의 무사

　야마가타 아리토모山県有朋(1838~1922)는 1838년 윤4월에 조슈번長州藩의 본거지 하기萩의 가와시마川島(야마구치현 하기시 가와시마)에서 부친 야마가타 아리토시山県有稔와 모친 마쓰코松子의 아들로 태어났다. 어릴 때 이름은 다쓰노스케辰之助였다. 훗날 고스케小典 또는 교스케狂助 등으로 불리기도 했고, 청년기에는 하기와라 시카노스케萩原鹿之助라는 가명을 쓰면서 활동하기도 했다. 그가 야마가타 아리토모라는 성명을 정식으로 사용하기 시작한 것은 1871년 2월경이었다. 이 책에서는 야마가타 아리토모로 칭하겠다.

1860년대의 하기성

 조슈번은 하기성에서 가까운 곳에 상급 무사의 저택, 이어서 중·하급 무사의 주택을 차례로 배치했다. 야마가타 아리토모의 부친 아리토시는 조슈번에 직속한 주겐中間 신분이었다. 주겐은 정식 무사가 아닌 무가봉공인武家奉公人이었다. 야마가타의 거주지는 정식 무사의 거주지 외곽의 하시모토가와橋本川 인근에 있었다.

 주겐은 직접 전투에 나아갈 수 없었다. 전시에는 무기를 운반하고 평시에는 관청에서 각종 허드렛일하며 생활했다. 야마가타 아리토모도 열다섯 살에 겐푸쿠元服, 즉 성인식을 올린 후 관청이나 조슈번이 세운 학교 메이린칸明倫館에서 허드렛일했다. 하지만 아리토모는 어려서부터 매우 총명하고 성실했다. 열일곱 살이 되었을 때 오가치메쓰케御徒目付라는 부서에 배치되어 하급 경찰 임무를 수행했다.

1858년 7월 조슈번이 여섯 명의 청년을 교토로 파견해 견문을 넓히도록 했다. 야마가타가 그중의 한 명으로 선발되었다. 그는 교토에서 구사카 겐즈이久坂玄瑞(1840~64)를 처음 만났다. 구사카는 존왕양이尊王攘夷 사상가였던 요시다 쇼인吉田松陰(1830~59)이 가장 아꼈던 제자였다. 야마가타는 구사카의 소개로 오바마번小浜藩(시가현 다카시마시高島市)의 무사 우메다 운핀梅田雲浜(1815~59)과 교류했다. 우메다는 전국적으로 이름이 난 존왕양이파 지사志士였다. 스무 살이 된 야마가타는 구사카와 우메다를 만나면서 자연스럽게 존왕양이 사상을 받아들였다.

야마가타는 약 3개월 후에 교토에서 고향으로 돌아왔다. 그는 구사카의 소개로 요시다 쇼인이 세운 학교 쇼카손주쿠松下村塾에 입학했다. 조슈번에서 파견한 청년들이 교토에서 지내는 동안 구사카는 야마가타를 눈여겨보았던 것 같다. 야마가타보다 세 살 어린 이토 히로부미伊藤博文(1841~1909)는 이미 1857년 9월부터 쇼카손주쿠에서 배우고 있었다. 야마가타는 쇼카손주쿠 최후의 입학생이 되었다. 그가 쇼카손주쿠에 입학한 직후인 1858년 11월 말에 요시다 쇼인이 자택에 연금되었고, 이어서 12월 말에 하기萩의 노야마野山의 감옥에 갇혔다. 결국 쇼인은 1859년 5월에 에도江戶로 압송되어 그해 10월 27일에 처형되었다.

야마가타는 스물두 살 때부터 오가치메쓰케 부서에서 중요한 임무를 수행하는 인물이 되었다. 조슈번은 은밀히 야마가타를 다른 다이묘

1. 조슈번의 무사 **23**

大名가 다스리는 지역으로 보내 그곳의 동향을 정탐하는 임무를 부여했다. 성품이 과묵하고 맡은 일을 성실하게 마무리했던 야마가타는 조슈번의 개혁파 지도자 다카스기 신사쿠高杉晋作(1839~67), 기도 다카요시木戶孝允(1833~77), 마에바라 잇세이前原一誠(1834~76) 등의 신임을 얻었다. 이토 히로부미도 야마가타를 믿고 의지했다. 특히 훗날 메이지 유신의 3걸로 일컬어졌던 기도 다카요시는 메이지 정부 수립 후에 야마가타를 중용했다.

1863년 6월 다카스기 신사쿠가 조슈번 번주 모리 다카치카毛利敬親(1819~71)의 명에 따라 기헤이타이奇兵隊라는 부대를 창설하고 시모노세키下關에 본부를 두었다. 이 부대는 조슈번의 정규군이 아니었다. 조슈번에 충성을 서약한 자라면 누구라도 입대할 수 있는 신개념 부대였다. 기헤이타이에 지원한 자 중에는 하급 무사 출신도 있었지만, 부대원의 대부분이 농민과 상공인의 자제였다. 다카스기가 기헤이타이의 총관總管에 취임했다. 그는 기헤이타이 병사들을 근대전에 익숙한 전투원으로 양성할 계획을 세웠다. 1863년 12월 다카스기가 야마가타를 총관의 참모인 군감軍監에 임명했다. 야마가타의 나이 스물다섯 살 때였다. 이 무렵 조슈번이 야마가타에게 정식 무사 신분을 부여했다.

1864년 6월 5일 이케다야池田屋 사건이 일어났다. 곤도 이사미近藤勇(1834~68)가 이끄는 신센구미新選組가 교토 산조三条에 있는 여관 이케다야에 모여 있던 존왕양이파 지사들을 급습했다. 이때 조슈번의 지사일곱 명이 살해되고 스물세 명이 체포되었다. 야마가타의 쇼카손주쿠 친우 스기야마 마쓰스케杉山松介(1838~64)도 희생되었다.

6월 15일 조슈번 무사 기지마 마타베에来島又兵衛(1817~64)가 유격대를 이끌고 교토로 진격했다. 구사카 겐즈이와 이리에 구이치入江九一(1837~64)가 이끄는 부대도 뒤따랐다. 이때 야마가타가 조슈번에 교토로 출진할 수 있게 해 달라고 청원했다. 번주 모리 다카치카는 야마가타의 청원을 물리치며 시모노세키 방비에 힘쓰라고 명령했다.

7월 19일 교토 시내로 진격한 조슈군과 천황 궁전을 지키던 아이즈번会津藩(후쿠시마현 서부 · 니가타현 및 도치기현 일부) · 구와나번桑名藩(미에현 구와나시) · 사쓰마번薩摩藩(가고시마현)의 군대가 교토 시내에서 교전했다. 조슈군이 대패했다. 기지마와 이리에가 전사하고 중상을 입은 구사카 겐즈이가 자결했다. 이 전투에서 사이고 다카모리西郷隆盛(1827~77)가 지휘한 사쓰마군이 분전했다. 긴몬禁門의 변이었다. 당시 교토에 있던 기도 다카요시가 다지마但馬(효고현 북부)로 도망해 몸을 숨겼다. 조정은 조슈번을 조적朝敵으로 규정했다. 7월 24일 조정이 조슈 정벌의 칙서를 내렸다. 막부가 서부 일본 21개 번에 동원령을 내렸다.

긴몬의 변 후, 영국 · 프랑스 · 미국 · 네덜란드의 연합함대가 내습한다는 소식이 조슈번에 전해졌다. 조슈번은 시모노세키 해변에 10여 개소의 포대를 설치했다. 야마가타 아리토모가 기헤이타이 대원을 지휘

시모노세키를 점령한 4개국 연합함대

하며 단노우라壇の浦에 진지를 구축했다. 1864년 8월 2일 영국·프랑스가 4개국 연합함대 군함 16척을 이끌고 시모노세키로 향했다. 8월 5일 정오부터 전투가 시작되었다. 하지만 조슈번 대포의 위력이 4개국 연합함대에 비해 너무나 초라했다. 연합함대가 대포를 쏘아 조슈군 포대를 파괴하고, 다음 날 2,000여 명의 육전대를 상륙시켜 시모노세키를 점령했다. 8월 8일 대패한 조슈번이 항복했다. 다카스기 신사쿠가 협상에 나섰다. 강화가 성립하면서 조슈번이 위기에서 벗어났다. 그러나 다시 전운이 몰려왔다.

8월 21일 막부는 오와리尾張(아이치현)를 비롯한 35개 번에서 15만여 명의 군사를 동원해 조슈 정벌군을 편성했다. 조슈번에서 무쿠나시 도

타쿠梨藤太(1805~65)를 중심으로 하는 보수파가 대두했다. 9월 6일 야마가타를 비롯한 기헤이타이 간부들이 막부에 맞서 싸워야 한다는 건백서를 제출했다. 그러나 보수파는 막부에 공순한 태도를 보여야 한다고 주장했다. 9월 25일 보수파의 압력을 견디지 못한 스후 마사노스케周布政之助(1823~64)가 조슈번을 궁지에 몰아넣은 책임이 자신에게 있다는 유언을 남기고 자결했다. 막부군이 조슈번을 포위했다. 제1차 조슈 정벌이 시작되었다. 그러자 11월 12일 조슈번의 보수파가 세 명의 가로家老를 자결 형식으로 처형하고 네 명의 참모를 참형에 처했다. 번주 모리 다카치카 부자가 막부에 대해 공순의 뜻을 표했다. 막부군이 조슈번 처분을 유보하고 철병한다는 방침을 정했다.

12월 15일 밤 다카스기 신사쿠가 시모노세키에서 거병했다. 보수파 정권을 타도하기 위해서였다. 1865년 1월 다카스기가 하기萩로 진격했다. 야마가타가 이끄는 기헤이타이가 오다大田・에도絵堂(야마구치현 미네시)에서 조슈번의 정규군을 무찔렀다. 그러자 보수파 정권이 맥없이 무너졌다. 다카스기는 조슈번 번주 모리 다카치카의 재가를 얻어 그동안 보수파가 표방한 사죄공순謝罪恭順, 즉 막부에 공순한 태도로 사죄하면서 조슈번의 존속을 꾀한다는 방침을 파기하고, 무비공순武備恭順, 즉 일단 공순한 태도를 보여 위기를 벗어난 후에 군비를 갖추어 막부에 대항한다는 방침을 정했다. 1865년 4월 막부가 제2차 조슈 정벌을 선언했다.

조슈번은 긴몬의 변 후에 다지마의 이즈시出石(효고현 도요오카시)로 도망해 숨어지내던 기도 다카요시를 불러 요직에 임명했다. 이 무렵 야마가타가 병이 들어 오고오리小郡(야마구치현 야마구치시)에서 요양한 후 기헤이타이 군감으로 복귀했다. 기도 다카요시가 군제개혁을 단행했다. 그런데 전쟁에서 패배한 조슈번은 서양 무기를 구매할 수 없었다. 기도는 사쓰마번에 도움을 요청했다. 군제개혁에 필요한 서양의 소총과 선박을 구매하려고 하니 사쓰마번의 명의를 빌려달라고 했다. 사이고 다카모리가 협력을 약속했다. 조슈번은 이토 히로부미와 이노우에 가오루井上馨(1836~1915)를 나가사키長崎로 보내 서양의 신식 소총과 선박을 구매했다. 소총은 사카모토 료마坂本竜馬(1836~67)가 사쓰마번의 선박에 싣고 시모노세키로 운송했다. 1866년 1월 21일 교토의 사쓰마번 번저에서 조슈번의 기도 다카요시와 사쓰마번의 사이고 다카모리가 비밀리에 동맹을 맺었다.

야마가타 아리토모는 기도 다카요시 · 이토 히로부미 · 이노우에 가오루와 같은 화려한 역할을 담당하지 않았다. 기헤이타이 군감으로서 시모노세키 일대의 방비에 전념했다. 야마가타는 다카스기 신사쿠를 극진히 섬기면서 마에바라 잇세이와 친밀한 관계를 유지했다. 그는 기도 · 이토와 같은 정치 공작에 능한 인물을 좋아하지 않았다. 오히려 마에바라 잇세이 · 후쿠다 교헤이福田侠平(1829~68) · 도키야마 나오하치時山直八(1838~68)와 같은 무사 기질이 강한 기헤이타이 장교들과 어울렸다.

1865년 4월 막부가 제2차 조슈 정벌을 선언했다. 5월 16일 14대 쇼군 도쿠가와 이에모치德川家茂(재위:1858~66)가 직접 대군을 이끌고 오사카로 향했다. 쇼군 이에모치는 오사카에 머물며 조슈 정벌을 준비했다. 1866년 6월 7일 막부가 10만여 명의 대군을 동원해 조슈번을 공격했다. 야마가타는 기헤이타이를 이끌고 규슈에서 다카스기 신사쿠가 지휘하는 해군과 협력하며 고쿠라성小倉城(후쿠오카현 고쿠라시)을 점령했다. 과감한 다카스기 신사쿠와 신중한 야마가타 아리토모가 함께 이끄는 조슈군이 규슈 일대의 막부군을 차례로 무찔렀다. 다른 지역에서도 서양식 소총으로 무장한 조슈군이 대부분 구식 무기로 무장하고 전의도 상실한 막부군을 압도했다. 7월 20일 쇼군 도쿠가와 이에모치가 오사카에서 급사했다. 막부군이 서둘러 강화를 맺고 물러났다.

1867년 4월 14일 다카스기 신사쿠가 폐결핵으로 사망했다. 향년 27세였다. 4월 16일 야마가타를 비롯한 기헤이타이 대원이 다카스기의 장례식을 치렀다. 그 후 조슈번이 야마가타를 교토京都로 보냈다. 교토의 정세를 파악하기 위해서였다. 당시 조슈번의 무사는 1864년 7월에 일어난 긴몬의 변 이후 교토로 들어갈 수 없었다. 야마가타는 사쓰마번 무사를 칭하며 입경했다. 5월 2일 야마가타가 시모노세키에서 배를 타고 5월 7일 오사카의 사쓰마번 번저에 도착했다. 5월 9일 오사카에서 배를 타고 요도가와淀川를 거슬러 교토에 이르렀다. 사쓰마번의 구로다 기요타카黑田清隆(1840~1900) · 가와무라 스미요시川村純義(1836~1904), 도사번土佐藩(고치현)의 다나카 미쓰아키田中光顯(1843~1939), 조슈번의

1. 조슈번의 무사

시나가와 야지로品川弥二郎(1843~1900) 등이 선착장으로 나와 야마가타를 맞이했다. 야마가타는 쇼코쿠지相国寺에 있는 사쓰마번 번저(교토시 가미교쿠)에 머물렀다.

야마가타는 사쓰마번 무사들과 함께 교토 시내를 관광하고 술을 마시며 친분을 다졌다. 5월 18일 야마가타가 사쓰마번의 교토 주재 군사령관 사이고 다카모리를 만났다. 야마가타 스물아홉 사이고 서른아홉 살이었다. 6월 15일 사이고가 쇼코쿠지의 사쓰마번 번저로 와서 야마가타를 다시 만났다. 야마가타와 사이고가 시국에 대해 격론을 벌였다. 이때 사이고는 야마가타를 사쓰마번과 조슈번의 가교역할을 할 수 있는 인물이라고 판단했던 것 같다.

6월 16일 야마가타와 시나가와가 사쓰마번의 시마즈 히사미쓰島津久光(1817~87)를 알현했다. 당시 사쓰마번 번주는 히사미쓰의 아들 시마즈 타다요시島津忠義(1840~97)였지만, 히사미쓰가 사쓰마번의 실권을 장악하고 있었다. 히사미쓰는 야마가타에게 앞으로 사쓰마번과 조슈번이 일본의 앞날을 위해 협력할 필요성이 있으니, 이러한 뜻을 번주 모리 다카치카 부자에게 전하라고 명했다. 그리고 자세한 내용은 가까운 시일 내에 고마쓰 기요카도小松清廉(1835~70)와 사이고 다카모리가 조슈번으로 가서 전하겠다고 말했다. 이때 시마즈 히사미쓰는 야마가타에게 호신용 권총을 하사했다.

시마즈 히사미쓰를 알현한 야마가타는 사이고의 안내로 고마쓰 기요카도와 오쿠보 도시미치大久保利通(1830~78)를 만났다. 고마쓰가 말했다. "막부의 부당한 행동은 보통의 수단으로는 바로잡을 수 없다. 사쓰마번과 조슈번이 손을 잡고 대의를 이루어야 한다. 사쓰마번은 가까운 시일 내에 사이고 다카모리를 조슈번으로 보내 의견을 들은 후에 본격적으로 움직이려고 한다." 야마가타는 사쓰마·조슈번이 막부에 어떻게 맞설 것인지 물었다. 고마쓰가 말했다. "먼저 조정을 지킨다는 명분으로 천황의 칙명을 얻어서 막부의 잘못을 바로잡은 후 국가의 근본을 세울 것이다." 사쓰마번은 막부의 정치체제를 무너뜨린 후 지난 1월에 막부의 15대 쇼군에 취임한 도쿠가와 요시노부德川慶喜(재위:1866~67)를 어떻게 대우할 것인지 방침을 정하지 않았지만, 사쓰마번이 주도하는 정권을 세울 준비를 하고 있었다.

10월 14일 쇼군 도쿠가와 요시노부가 천황에게 정권을 반환한다는 상주문을 제출했다. 그런데 그날 이와쿠라 도모미岩倉具視(1825~83)가 메이지 천황明治天皇(재위:1867~1912)의 외조부 나카야마 타다요시中山忠能(1809~88), 사쓰마번의 사이고 다카모리·오쿠보 도시미치 등과 모의해 사쓰마·조슈번에 각각 막부를 토벌하라는 밀칙을 내렸다. 그런데 밀칙에 당시 조정의 의사결정에 관여해야 마땅한 귀족 누구도 서명하지 않았다. 요컨대 밀칙은 이와쿠라와 나카야마가 위조한 것이었다. 하지만 밀칙이 내려졌다는 소식을 들은 조슈번 무사들이 한껏 고무되었다.

1. 조슈번의 무사 **31**

메이지 천황이 쇼군이 제출한 상주문을 수리하자 밀칙이 취소되었다. 하지만 토막파討幕派는 무력으로 막부를 타도한다는 계획을 포기하지 않았다. 토막파가 사쓰마·조슈번 병력을 교토로 집결시켰다. 11월 13일 3,000여 명의 사쓰마번 군사를 거느린 사이고 다카모리가 번주 시마즈 타다요시를 받들고 가고시마를 떠났다. 타다요시는 조슈번의 미타지리三田尻(야마구치현 호후시防府市)에서 모리 다카치카 부자와 회담한 후 23일 교토에 도착했다. 11월 25일 조슈번의 선발대 500여 명이 군함을 타고 미타지리를 떠나 11월 29일에 입경했다.

1867년 12월 9일 조정의 급진파 귀족과 사이고·오쿠보가 쿠데타를 감행했다. 사쓰마·도사·히로시마広島·오와리·후쿠이번福井藩 (후쿠이현)의 병사들이 교토의 천황 궁전을 경비하는 가운데, 토막에 동조하는 친왕親王과 귀족들을 소집해 왕정복고를 선언하는 대호령을 발포했다. 천황을 중심으로 하는 새로운 정부가 수립되고 정권이 막부에서 조정으로 옮겨졌다. 토막파 귀족과 위에서 열거한 다섯 번의 연합정권이 성립되었다. 그동안 조적으로 규정되었던 조슈번이 사면되었다. 그러자 조슈번이 정예 군사를 교토로 급파했다. 그날 저녁에 열린 어전 회의에서 쇼군 도쿠가와 요시노부에게 관직을 사퇴하고 영지를 조정에 반환하라는 명령을 내리기로 의결했다.

◙ chapter.2

메이지 정부의 고위 관료

1868년 1월 3일 저녁 막부군과 사쓰마군이 조난구城南宮(교토시 후시미쿠) 인근에서 충돌했다. 보신 전쟁戊辰戰爭이 시작되었다. 3월 17일 야마가타 아리토모가 이끄는 조슈번의 기헤이타이 본대가 시모노세키를 떠나 3월 21일 아침 오사카에 상륙해 진을 쳤다. 이 무렵 동정대총독부 참모 사이고 다카모리가 신정부군을 이끌고 에도 입성을 준비하고 있었다. 야마가타는 조슈군을 이끌고 전선으로 향했다.

4월 19일 야마가타가 에치고越後(니가타현) 지역 동정군 총독 참모로 임명되었다. 당시 관례상 귀족이 총독으로 임명되었지만, 사쓰마·조슈번에서 각각 한 명씩 임명되는 참모가 사실상 사령관이었다. 에치고 지역 사쓰마 측의 참모는 구로다 기요타카였다. 야마가타가 기헤이타이를 포함한 조슈군을 이끌고 전투에 임했다.

야마가타는 에치고의 해안선을 따라 북동쪽으로 진군하며 적을 무찔렀다. 5월 19일에는 나가오카성長岡城(니가타현 나가오카시)을 점령했다. 9월에는 와카마쓰성若松城(후쿠시마현 아이즈와카마쓰시)을 점령하고 아이즈번会津藩을 항복시켰다. 1869년 5월 18일 신정부군이 홋카이도北海道의 하코다테函館 외곽에 있는 반란군의 본거지 고료카쿠五稜郭(홋카이도 하코다테시)를 점령하면서 보신 전쟁이 끝났다. 일본이 통일되었다. 정부는 야마가타에게 상전록賞典禄 600石을 수여했다.

야마가타는 와카마쓰성을 점령한 후 에도로 돌아와 휴식했다. 그 무렵 기도 다카요시가 관동 지방을 순행하는 메이지 천황을 수행하고 있었다. 그 소식을 들은 야마가타가 도카이도東海道를 따라 남하했다. 도중에 기도 다카요시를 만나기 위해서였다. 기도는 에도 막부를 타도하는 과정을 거치며 조슈번을 대표하는 실력자로 부상했고, 메이지 정부 수립 후에는 사쓰마번의 사이고·오쿠보와 함께 신정부의 정치 전반을 관장하고 있었다.

1868년 10월 7일 야마가타가 미시마三島(시즈오카현 미시마시)에서 기도를 만났다. 야마가타는 기도에게 서양 여러 나라를 돌아볼 수 있는 기회를 만들어달라고 간청했다. 1869년 3월 6일 정부는 조슈번의 야마가타 아리토모와 사쓰마번의 사이고 쓰구미치西鄕從道(1843~1902)의 서양 시찰을 허가했다. 6월 28일 야마가타·사이고가 요코하마橫浜(가나가와현 요코하마시)에서 배를 타고 유럽으로 향했다. 두 사람은 프랑스·영국·벨기에·독일·오스트리아·러시아·네덜란드·미국을 시찰하고 1870년 8월 2일에 일본으로 돌아왔다.

8월 3일 야마가타와 사이고가 메이지 천황을 알현했다. 야마가타는 기도 다카요시를 방문해 서양 여러 나라 사정에 대해 보고했다. 8월 29일 기도의 저택에 야마가타 아리토모·사이고 쓰구미치·이토 히로부미가 모여 서양 시찰 체험담과 국내 문제에 대해 의견을 교환했다. 기도는 야마가타가 말하는 유럽의 징병제에 깊은 관심을 보였다. 기도는 무엇보다도 야마가타가 사이고 다카모리의 동생 쓰구미치와 함께 서구 여러 나라를 시찰하면서 친분을 쌓은 것을 매우 든든하게 여겼다. 사이고 다카모리도 동생과 친분이 있는 야마가타를 각별하게 생각했다.

1870년 8월 28일 야마가타가 병부소보兵部少輔(병부성 차관보)에 임명되었다. 그때는 아직 폐번치현廢藩置縣 이전이었다. 각 번의 다이묘가 군사를 거느리고 있었다. 병부성 산하의 육군은 조슈번에서 파견한 2개 대대가 전부였다. 그 임무는 천황 궁전을 경비하는 것이었다. 병부경兵部卿은 아리스가와노미야 다루히토有栖川宮熾仁(1835~95) 친왕이었

2. 메이지 정부의 고위 관료 **35**

으나 실무에 관여하지 않았다. 이와쿠라 · 기도 · 오쿠보가 병부성 일에 관여했다. 당시 조슈번 출신 마에바라 잇세이가 병부대보兵部大輔(병부성 차관)를 겸하고 있었다. 하지만 그는 기도와 사이가 좋지 않았다. 야마가타가 병부소보로 임명되면서 마에바라가 사직했다. 병부소보에 취임한 야마가타는 후원자 기도 다카요시의 뜻에 충실히 따르면서 개혁을 추진했다.

1871년 2월경에 야마가타가 오쿠보 도시미치 · 사이고 쓰구미치와 상의하면서 전국 각지에 진대鎭台, 즉 요충지를 방어하는 부대를 배치하는 작업에 착수했다. 4월 하순 야마가타가 이시마키石巻(미야기현 이시마키시)와 고쿠라에 진대를 둘 계획을 세웠지만 실현되지 않았다. 7월 14일 정부가 폐번치현을 단행했다. 다이묘가 일본열도를 나누어 지배하던 봉건제가 철폐되었다. 지번사는 현령県令에 임명되었다. 이날 야마가타가 병부대보에 임명되었다. 병부경은 임명되지 않았다. 8월 20일 도쿄 · 오사카 · 구마모토熊本(구마모토현 구마모토시) · 센다이仙台(미야기현 센다이시)에 진대를 설치했다.

야마가타의 라이벌 이토 히로부미가 공부성 공부대보工部大輔에 임명되었다. 공부경은 공석이었다. 이토는 공부성의 최고 책임자로서 식산흥업 정책을 추진했다. 이노우에 가오루는 폐번치현 직후에 민부성의 민부대보에 임명되었다. 민부성이 대장성大蔵省에 합병되면서 이노우에가 대장대보에 취임했다. 대장경은 오쿠보 도시미치였다. 야마가타는 이토보다 세 살 위였고 이노우에는 이토보다 여섯 살 위였다. 이 토는 기도 다카요시의 절대적인 신임을 얻고 있었다. 그리고 이토는 이 노우에와 매우 친밀했다. 두 사람은 청년 시절에 함께 영국으로 밀항해 생사고락을 함께한 사이였다. 하지만 야마가타에게는 일단 유사시에 군사를 움직일 수 있는 권한이 있었다.

1872년 2월 28일 정부가 병부성을 폐지하고 육군성과 해군성을 설치했다. 야마가타가 육군대보에 임명되었다. 3월 9일 정부가 야마가타의 주청으로 친병대를 폐지하고 근위대를 설치했다. 이때 근위대 관련 조례를 정했다. 육군 중장 야마가타가 근위도독의 지위를 겸했다. 육군 소장 사이고 쓰구미치가 육군소보 겸 근위부도독에 임명되었다. 사쓰마번 출신 가와무라 스미요시川村純義가 해군성 해군소보에 임명되었다. 정부는 육군·해군성 모두 경卿(장관)을 임명하지 않았다. 야마가타와 가와무라가 경(장관)의 역할을 했다. 특히 야마가타는 육군성의 실권을 장악했을 뿐만이 아니라 일본에서 가장 강력한 무력을 보위한 근위병의 사령관을 겸했다.

1872년 3월 정부가 진대조례를 정하고 도쿄·오사카·구마모토·센다이 진대의 정비에 착수했다. 이 무렵 야마가타가 징병령의 내용을 정비했다. 20세가 된 남자는 2년간 현역으로 복무하고, 제대 후에는 4년간 예비역으로 편성되었다. 보통 교육을 받은 남자를 징병 대상으로 정했다. 12월 28일 징병에 관한 명령이 내려졌고 1873년 1월 10일 징병령이 발령되었다. 하지만 당시 전국적으로 신병을 모집할 분위기가 아니었다. 1873년에는 도쿄 진대에서만 신병을 모집했다. 나고야名古屋(아이치현 나고야시)·히로시마広島(히로시마현 히로시마시)에도 진대가 설치되었다. 6진대 체제가 완성되었다.

이 무렵 야마가타 아리토모가 궁지에 몰렸다. 이른바 야마시로야山城屋 사건이었다. 야마가타가 조슈번 기혜이타이 지휘관으로 있을 때 야마시로야 와스케山城屋和助(1836~72)라는 부하가 있었다. 그는 보신 전쟁 후에 요코하마에서 무역업에 종사하면서 조슈번 출신 인맥을 활용하며 정부 기관에 물품을 납품해 큰 이익을 얻었다. 야마시로야는 정부 기관의 관리들에 금품을 제공하기도 했다. 시정에서는 야마가타가 야마시로야를 후원한다는 소문이 돌았다. 사쓰마번 출신 관리들이 야마가타를 배척하는 움직임을 보였다. 1872년 6월 29일 야마가타가 근위도독에서 물러났다. 11월 29일 야마시로야가 육군성 응접실에서 자살했다. 그 후에도 야마가타에 대한 비난이 끊이지 않았다. 1873년 4월 야마가타가 육군대보에서 물러났다. 그러나 얼마 후 사이고 다카모리·이노우에 가오루·오쿠마 시게노부大隈重信(1838~1922) 등이 힘써서 야마가타가 육군경에 취임했다.

1873년 10월 정한론쟁에서 패배한 사이고 다카모리·에토 신페이江藤新平(1834~74)·소에지마 다네오미副島種臣(1828~1905)·이타가키 다이스케板垣退助(1837~1919)·고토 쇼지로後藤象二郎(1838~97) 등 정한론에 동조했던 국내잔류파 참의가 사직했다. 그러자 사이고의 심복 기리노 도시아키桐野利秋(1839~77) 소장을 비롯한 사쓰마번 출신 장교들이 동반 사직했다. 메이지 6년의 정변이었다. 야마가타는 여러 지역의 부대를 순시하느라 정변에 직접 관여하지 않았다. 10월 30일 도쿄로 돌아온 야마가타가 기도 다카요시를 만나 사쓰마번 출신 장병들의 동요가 심각하다고 보고했다. 1874년 2월 야마가타가 육군경에서 물러나 근위도독에 취임했다. 2월 22일에는 참모국(훗날 참모본부)이 신설되면서 야마가타가 참모국장에 취임했다.

1874년 6월 오쿠보 도시미치가 사이고 쓰구미치를 견제하기 위해 야마가타를 육군경에 복귀시켰다. 8월에는 야마가타가 오쿠보의 추천으로 참의에 임명되었다. 야마가타는 서른여섯 살에 육군경·근위도독·참모국장을 겸임하면서 참의에 취임했다. 이 무렵 야마가타는 매우 사려 깊고 신중하게 처신하는 권력 지향 인간이 되어 있었다. 이상을 실현하기 위해 인맥을 관리하고 파벌을 관리하기 시작했다. 그는 사쓰마번 출신 오쿠보 도시미치에게 충성하는 한편 잠시 소원했던 조슈번 출신 기도 다카요시에게 접근했다. 서른일곱 살이 된 야마가타가 정치에 눈을 떴다.

1875년 9월 일본이 강화도 사건을 일으켰다. 10월 27일 산조 사네토미三条実美(1837~91)·이와쿠라 도모미·오쿠보 도시미치가 강화도 사건 처리에 관해 의논했다. 12월에 구로다 기요타카를 정사, 이노우에 가오루를 부사로 임명했다. 구마모토·히로시마 진대의 군사를 조선에 파병하기로 했다. 야마가타가 시모노세키에 머물며 조선과 전쟁이 일어날 상황에 대비했다. 1876년 2월 13일 야마가타가 기도 다카요시에게 다음과 같은 내용의 서신을 보냈다. "조선에 파병할 준비를 마쳤는데, 군사를 운송할 선박과 강화도 지역의 지세가 어떤지 걱정이 됩니다." 2월 27일 구로다 기요타카가 조일수호조규를 맺었다.

1875년 12월 야마가타가 오쿠보를 만나 육군의 인사안을 제시했다. 거기에는 사이고 쓰구미치 중장 해임 건이 포함되어 있었다. 오쿠보는 야마가타의 뜻에 따랐다. 오쿠보는 내심 사이고 쓰구미치가 독단으로 타이완 출병을 강행한 것에 대해 엄중하게 책임을 물어야 한다고 생각하고 있었다. 1876년 1월 야마가타는 육군대보에 자신의 심복인 도리오 고야타鳥尾小弥太(1848~1905) 중장을 임명했다. 1월 12일 사이고 쓰구미치가 미국 캘리포니아에서 개최되는 만국박람회 사무총재에 임명되었다. 2월 22일 사이고가 미국으로 떠났다. 그동안 사쓰마·조슈번 출신이 균형을 이루었던 육군이 조슈번 출신 야마가타의 수중에 들어왔다.

1876년 10월 24일 구마모토에서 진푸렌神風連의 난이 일어났다. 10월 27일에는 후쿠오카福岡에서 아키즈키秋月의 난이 일어났다. 10월 29일에는 야마가타의 옛 동료 마에바라 잇세이가 하기萩의 난을 일으켰다. 모두 정부의 정책에 불만을 품은 사족士族이 일으킨 반란이었다.

참의 겸 내무경 오쿠보 도시미치와 참의 겸 육군경 야마가타 아리토모가 의논해 육군대보 도리오 고야타 중장을 현지로 보냈다. 진푸렌의 난·아키즈키의 난이 곧 진압되었고, 11월 5일 마에바라 잇세이가 시마네현島根県에서 체포되면서 하기의 난도 진압되었다. 12월 3일 마에바라가 처형되었다.

11월 7일 기도 다카요시가 야마다 아키요시山田顕義(1844~92)에게 보낸 것으로 추정되는 서신에 다음과 같은 내용이 있다. "오쿠보·이토·야마가타는 국가를 위해 진력하는 마음이 같다. 개혁의 방향도 대체로 정해졌다. 나는 지병이 있으니 이제 정부의 일에서 물러나고 싶다." 기도 다카요시가 오쿠보 도시미치·이토 히로부미와 함께 야마가타 아리토모를 거론했다. 기도는 야마가타가 장래 메이지 정부를 이끌 중심인물이라고 생각하고 있었던 것이다.

◎ chapter.3

육군 지휘체계 확립

　사족의 반란이 잇따라 일어났을 때 가고시마현에서 사이고 다카모리를 받들던 자들이 반란에 동조하는 움직임이 있었다. 위험을 감지한 정부는 가고시마의 육군성 화약고에 보관하던 탄약을 은밀히 오사카로 옮기려고 했다. 그러자 1877년 1월 29일에 사이고가 세운 사학교 학생들이 육군성 화약고를 습격했다. 31일 밤에는 그들이 해군성 관할 조선소의 화약고를 습격해 탄약을 탈취했다. 2월 5일에는 학생들이 조선소를 점령하고 스스로 탄약과 병기를 제작했다. 그 무렵 사이고 추종자들이 정부가 파견한 10여 명의 경찰을 체포했는데, 그들이 사이고 다카모리를 암살하기 위해 파견되었다고 자백했다.

이 무렵 야마가타는 기도 다카요시·이토 히로부미와 함께 교토·오사카 일대를 순행하던 메이지 천황을 수행하고 있었다. 2월 5일 가고시마에서 반란의 조짐이 있다는 보고가 있었다. 오쿠보 도시미치를 비롯한 가고시마번 출신 고관은 물론 이와쿠라 도모미와 메이지 천황도 사이고 다카모리가 반란에 가담하지 않을 것이라고 믿었다. 야마가타가 말했다. "사이고가 반란에 가담할 생각이 없어도 사학교 학생들이 반드시 사이고를 받들고 반란을 일으킬 것이 틀림없을 것입니다." 야마가타는 인정에 무른 사이고의 성격을 정확하게 간파하고 있었다.

야마가타는 도쿄에 있는 조슈번 출신 육군소보 오야마 이와오大山巖(1842~1916)에게 경거망동하지 말라고 엄명하고, 고쿠라 기지의 1개 중대를 나가사키長崎로 보냈다. 그리고 구마모토 진대의 다니 다테키谷干城(1837~1911) 사령장관에게 계엄 태세를 강화하라고 명령했다. 야마가타는 다음과 같이 예상했다. "만약에 사이고가 거병한다면 육로로 대군을 보내 구마모토 진대를 공격하는 작전, 아니면 가고시마에서 해로로 군대를 보내 나가사키를 점령하고 선박을 빼앗아 직접 대군을 이끌고 오사카를 거쳐 고베·교토로 진격하는 작전을 펼칠 것이다." 2월 9일 야마가타가 전국의 진대 사령장관에게 경계 훈령을 내렸다. 2월 10일에는 근위병 1개 연대, 도쿄 진대 보병 1개 대대·포병 1개 대대, 오사카 진대 보병 1개 대대·포병 1개 대대의 출동 준비를 명령했다.

2월 15일 사이고 다카모리가 거병했다. 세이난 전쟁이 시작되었다.

사이고가 출진했다는 소식이 야마가타에게 전달되었다. 2월 18일 태정대신 산조 사네토미 · 기도 다카요시 · 이토 히로부미 · 야마가타 아리토모가 교토에서 회의를 열어 사이고군을 토벌한다는 방침을 정했다. 2월 19일 토벌령이 포고되었다. 야마가타와 해군대보 가와무라 스미요시가 참군參軍에 임명되었다. 작전 지휘권은 야마가타에게 있었다. 정부는 징집된 군대를 총동원했다. 세이난 전쟁은 3월 20일 사이고군이 다바루자카田原坂(구마모토현 구마모토시) 전투에서 패퇴하면서 사실상 정부군이 승리했다. 그 후 사이고군은 정부군에 쫓겨 가고시마를 향해 도주하기에 바빴다. 9월 24일 사이고 다카모리가 사망하면서 전쟁이 끝났다.

1877년 10월 16일 전쟁에서 승리한 야마가타 아리토모가 요코하마 항에 도착했다. 메이지 천황은 대신 · 참의에게 모두 나가 야마가타 일행을 맞이하라고 명령했다. 야마가타가 요코하마에서 기차를 타고 12시경에 도쿄 신바시역新橋驛에 도착했다. 그는 메이지 천황이 보낸 의장대를 사열한 뒤 보병 1개 대대의 호위를 받으며 궁전으로 들어가 천황을 알현했다. 천황은 야마가타의 전공을 치하하는 칙어를 내렸다. 11월 2일 야마가타 아리토모 · 구로다 기요타카 · 가와무라 스미요시에게 욱일대수장旭日大綬章이 수여되었다. 같은 날 오쿠보 도시미치 · 이토 히로부미 · 오쿠마 시게노부 등 5명의 문관 참의에게도 야마가타와 같은 욱일대수장이 수여되었다.

1878년 5월 14일 참의 겸 내무경으로 사실상 총리대신의 지위에 있던 오쿠보 도시미치가 암살되었다. 이시카와현石川縣 출신 정한론자의 범행이었다. 5월 15일 이토 히로부미가 공부경에서 물러나 내무경에 취임했다. 야마가타가 참의 겸 육군경에 임명될 수 있었던 것은 오쿠보와 이토의 덕분이었다. 야마가타는 이토를 중심으로 하는 체제를 지지할 수밖에 없었다.

8월 23일 밤 11시경에 다케바시竹橋 소동이 일어났다. 천황 궁전 출입문의 하나인 다케바시 대문을 지키던 근위병 포병대대 다케바시 부대 병사 250여 명이 대대장과 주번 사관을 살해하고 반란을 일으켰다. 반란군을 진압하기 위해 근위보병 제1·제2연대가 출동했다. 반란군과 진압군이 총격전을 벌였다. 수세에 몰린 반란군이 인근에 있던 대장경 오쿠마 시게노부의 공관에 총격을 가하며 퇴로를 찾았다. 그런 와중에 90여 명의 반란군이 메이지 천황이 머무는 아카사카고쇼赤坂御所로 몰려갔다. 궁전 정문을 경비하던 근위보병대가 반란군을 제압하고 무장을 해제시켰다. 24일 새벽 1시경이었다.

정부가 육군성의 경비를 절감한 것이 다케바시 소동의 직접적인 원인이었다. 세이난 전쟁 후 정부의 재정이 극도로 악화했다. 그 결과 병졸의 의복·급식비가 적게 책정되었을 뿐만이 아니라 급료도 5퍼센트 이상 삭감되었다. 세이난 전쟁의 논공행상에도 차별이 있었다. 은상은 대위 이상의 장교에 한정되었고, 중위·소위·하사관과 병졸에게 아

3. 육군 지휘체계 확립

무런 경제적 보상이 이루어지지 않았다.

　8월 24일 오전 8시부터 육군재판소에서 반란에 가담한 자들을 신문하기 시작했다. 10월 15일 판결이 내려졌다. 55명이 총살형, 15명이 징역형, 4명이 금고형, 1명이 태형에 처해졌다. 판결이 내려지기 직전인 10월 12일 야마가타가 「군인훈계軍人訓戒」를 작성해 육군에 배포했다. 야마가타는 대원수 천황의 명령에 절대적으로 복종하고, 군기를 엄정하게 지키라고 훈계했다. 1879년 10월 「육군직제」를 제정했다. 「육군직제」의 제1조에 "제국 일본의 육군은 모두 천황 폐하에 직속한다."라고 규정했다.

　다케바시 소동 후, 야마가타 육군경을 비판하는 장교들이 늘어났다. 충격을 받은 야마가타가 병석에 누웠다. 참의 겸 문부경 사이고 쓰구미치가 육군경을 겸임했다. 야마가타는 11월 7일에 육군경에 복귀했지만, 더 이상 육군을 통솔하기 어렵다고 판단했다. 야마가타는 육군경의 지위를 사이고 쓰구미치에게 물려주고 자신은 참모국장에 취임하려고 했다. 그러나 당시 야마가타의 심복 도리오 고야타가 참모국장이었다. 야마가타가 취임하기에는 어울리지 않는 낮은 직책이었다. 그 무렵 육군 장교들 사이에서 참모국이 육군성에서 독립해야 한다는 여론이 조성되었다. 이와쿠라 도모미와 이토 히로부미가 참모국을 참모본부로 확충해 육군성에서 독립시키고 야마가타를 초대 참모본부장에 임명하기로 합의했다.

12월 5일 정부가 참모국을 폐지하고 참모본부를 설치하는 조례를 제정했다. 참모본부는 군대의 교육을 감찰하는 감군부監軍部와 근위대 및 여러 진대의 참모부를 거느리고 나아가 조선·청국 연해와 홋카이도는 물론 사할린·만주·시베리아 일대의 지리와 정세 등을 조사하는 일을 관장하기로 했다. 12월 7일 육군 중장 오야마 이와오가 참모본부 차장에 임명되었다. 12월 24일 야마가타가 육군경에서 물러나 참의 겸 초대 참모본부장에 취임했다. 사이고 쓰구미치 중장이 문부경에서 물러나 육군경에 취임했다. 독일 유학을 마치고 돌아온 가쓰라 타로桂太郎(1848~1913) 중좌가 참모본부 국장에 임명되었다.

1879년 5월 내무경 이토 히로부미와 공부경 이노우에 가오루가 내각의 개혁을 단행하기로 합의했다. 이토와 이노우에가 야마가타를 만

육군참모본부

나 참모본부장에서 물러나 내각 개혁에 앞장서 달라고 요청했다. 야마가타가 말했다. "육군을 발전시키기 위해 내가 참모본부에 있어야 한다." 그는 4년 가까이 참모본부장으로 있으면서 육군 근대화의 기틀을 마련했다.

야마가타는 청국과의 전쟁에 대비하기 시작했다. 그는 10여 명의 장교를 청국으로 보내 병제·군비·지리를 조사하도록 했다. 가쓰라 타로 중좌도 청국에 파견되었다. 1879년 가을 가쓰라 중좌가 청국의 톈진天津·베이징北京을 비롯한 중국 북부 여러 지역을 여행하고 귀국해 청국에 대응하기 위한 작전을 세웠다. 야마가타는 다음 해에도 10여 명의 장교를 청국에 파견해 군대와 군비 실태를 조사했다. 야마가타는 청국으로 파견한 장교들이 제출한 보고서를 기반으로 『인방병비략隣邦兵備略』을 편찬했다. 그는 청국이 영국·독일의 지원으로 군비를 강화하고 있고, 여러 곳에 포대를 설치하고 있다고 소개하면서 일본도 군비를 강화해야 한다고 주장했다.

1880년 2월 오야마 이와오가 육군경에 취임했다. 오야마 육군경은 사쓰마번 출신이었으나 조슈번 출신 야마가타 참모본부장의 뜻을 거스르지 않았다. 야마가타가 사실상 전권을 행사했다. 야마가타와 오야마는 1881년 5월에 연명으로 해안방위에 관한 의견서를 정부에 제출하면서 도쿄 만 일대에 포대를 설치해야 한다고 역설했다.

당시 육군은 오늘날 여단 규모의 진대鎭台로 편성되어 있었는데, 야마가타는 군수품의 수송 능력을 갖추고 독립적으로 전투를 수행할 수 있는 사단師團 창설을 준비했다. 사단은 2개 여단을 합한 규모였다. 그는 가쓰라 타로 중좌에게 「사단장정師團章程」을 기초하도록 했다. 야마가타는 참모본부의 조직을 확대했다. 1880년 1월에 전신과, 1882년 1월에 해방국海防局을 증설했다.

이 무렵 정부는 해군에도 참모본부를 설치하고, 참모본부장에 가와무라 스미요시 중장을 임명하는 방안을 논의했다. 그러자 야마가타 참모본부장이 서구 여러 나라 중에서 해군에 참모본부를 둔 예가 없다고 반대했다. 좌대신 겸 육군대장 아리스가와노미야 다루히토도 해군 참모본부 설립에 반대했다. 해군 참모본부 설립이 무산되었다.

야마가타가 참모본부장으로 있을 때 메이지 14년의 정변이 일어났다. 정변의 실마리가 된 것은 1881년 7월 홋카이도개척사 관유물 불하 사건이었다. 개척사 장관 구로다 기요타카는 정부가 12년간 약 1,400여만 엔의 거액을 투자한 관유물을 약 39만 엔, 그것도 무이자 30년 상환이라는 조건으로 간사이무역회사에 불하하려고 했다. 이러한 계획이 신문에 폭로되자 여론이 악화했다. 이토 히로부미를 비롯한 사쓰마·조슈번 출신 세력은 관유물 불하에 관한 정보를 유출한 자로 오쿠마 시게노부를 지목했다. 1881년 10월 사쓰마·조슈번 출신 세력이 오쿠마 시게노부와 그 추종 세력을 정부에서 추방했다. 그와 동시에 관

홋카이도개척사 청사

유물 불하를 중지했다. 메이지14년 정변으로 이토 히로부미와 이노우에 가오루가 정권을 장악했다. 이 무렵 야마가타는 대외전쟁에 대비하기 위한 조사와 작전 수립에 골몰했다. 이토의 의견에 동조했으나 정변에 개입하지는 않았다.

정부는 홋카이도개척사 폐지 방침을 정했다. 그러나 참의 겸 개척사 장관 구로다 기요타카가 관유물 불하를 중지한 이상 홋카이도개척사 폐지를 연기해야 한다고 주장했다. 구로다는 자신의 의견이 받아들여지지 않으면 사직하겠다고 말했다. 조슈·사쓰마번 출신의 연대를 중시했던 이토는 구로다의 의견을 물리치지 못했다. 그러나 야마가타가 개척사 폐지가 연기되면 자신이 참의직에서 물러나고 참모본부장 지위만 유지하겠다고 말했다. 결국 이노우에 가오루가 이토·야마가타의 의견을 조정하면서 개척사 폐지 방침을 재확인했다. 1882년 1월 구로다가 참의 겸 개척사 장관에서 물러났다. 2월 8일 홋카이도개척사가 폐지되었다.

메이지 14년 정변 후 자유민권운동이 고조되었다. 이 운동이 군대에 영향을 미치는 것이 두려웠던 야마가타가 「군인칙유」 제정을 서둘렀다. 1882년 1월 4일 메이지 천황이 육군과 해군에 「군인칙유」를 내렸다. 이것은 세이난 전쟁 직후에 작성한 「군인훈계」를 더욱 명확하고 알기 쉽게 정리한 것이었다. 하지만 군인훈계와 군인칙유는 성격과 위상이 근본적으로 달랐다. 군인훈계는 육군경 야마가타 아리토모가 육군에 배포한 것이었지만, 군인칙유는 메이지 천황의 이름으로 육군과 해군에 '하사'된 것이었다.

「군인칙유」는 "짐은 너희 군인의 대원수이다."로 시작되었다. "병마의 대권" 즉 군대를 지휘·통솔하는 대권은 천황이 장악하고 있으며, 군대는 "대대로 천황이 통솔하는" 집단이라는 점을 분명히 밝혔다. 군대는 곧 천황의 군대라는 점을 명확히 선언한 것이다. 그리고 군인이 여론에 마음이 흔들리거나 정치에 관여하는 것을 금지하는 것은 물론 충절·무용·신의·예의·질소質素를 군인이 지켜야 할 덕목으로 제시했다. 충절의 항에 국가의 보호와 국권의 유지라는 군인의 임무가 명기되었지만, 그것은 어디까지나 천황에 대한 충성을 통해서 실현되는 것이었다. 이후 일본군이 황군皇軍으로 불렸다.

1882년 3월 이토 히로부미는 히라타 도스케平田東助(1849~1925)·이토 미요지伊東巳代治(1857~1934)를 비롯한 헌법조사단을 이끌고 유럽으로 향했다. 이토가 직접 헌법과 법전을 연구하기 위해서였다. 이토가 출발하기 전 이와쿠라 도모미를 비롯한 정부 수뇌부는 독일의 헌법을 모범으로 하겠다는 방침을 정했다. 독일의 정세가 일본과 흡사하다는 이유였다. 이토는 출국 직전에 자신의 후임으로 야마가타 아리토모를 참사원參事院 의장에 천거했다. 이토는 독일에서 헌법이론과 운용 방법을 배우고 1883년 8월에 귀국했다.

국회를 개설하고 헌법·법률을 제정하기 위해 설립된 참사원은 여러 관청의 법령을 취급하는 기관이었다. 참사원 원장은 국정 전반을 파악하고 또 영향력을 행사할 수 있었다. 참사원 원장 야마가타는 육군뿐만이 아니라 해군의 업무에도 관여할 수 있었다. 8월 15일 야마가타는 참사원 원장의 이름으로「육해군 확장에 관한 재정 상신서」를 정부에 제출했다. 그는 서양 열강에 맞서려면 해군의 군함 48척과 여러 척의 수송선이 필요하고, 육군은 상비군 4만 명을 확보할 필요가 있다고 주장했다. 현재의 재정 상황으로 예산을 확보하는 것이 쉽지는 않겠지만, 연초세煙草稅를 비롯한 세금을 늘려 점차로 군사력을 강화해야 한다고 역설했다. 11월 15일 야마가타와 상의한 해군경 가와무라 스미요시 중장이 매년 6척씩 8년간 48척의 군함을 건조할 것을 건의했다.

　1882년 7월 23일 병제 개혁에 반대하는 조선의 구식 군대 병사들이 반란을 일으켰다. 반란군과 일본 상인의 경제 침탈에 곤궁해진 조선 민중이 함께 한성의 일본공사관을 습격했다. 임오군란이었다. 하나부사 요시모토花房義質(1842~1917) 공사를 비롯한 공사관 직원들이 반란군의 포위망을 뚫고 구사일생으로 탈출했다. 그들은 영국 함선을 타고 7월 29일 나가사키에 도착했다. 당시 이토 히로부미는 헌법을 연구하기 위해 독일에 머물고 있었고, 우대신 이와쿠라 도모미는 병석에 누워있었다. 7월 30일 아침 야마가타 참사원 원장과 이노우에 외무경이 상의해 조선에 군함을 파견했다.

　7월 31일 임오군란 대책을 논의하기 위한 각의가 열렸다. 각의에서 호위병을 거느린 사절을 조선에 파견하기로 의결했다. 메이지 14년의 정변으로 내각 고문이라는 한직으로 물러난 구로다 기요타카가 사절로 가고 싶다는 뜻을 전했다. 하지만 이노우에 외무경이 하나부사 공사가 호위병 2개 중대를 거느리고 한성으로 가도록 했다. 이노우에는 호위병 지휘관에게 적이 공격해도 방어만 하고, 하나부사 공사와 협의한 후에 행동하라고 명령했다. 야마가타는 가능한 한 청국과의 전쟁을 피하고 싶다는 이노우에 외무경의 뜻을 존중했다. 하지만 야마가타는 청일전쟁에 대비하기 시작했다.

1882년 8월 9일 청국이 조선에 육군과 해군을 보냈다. 청국의 파병은 일본 정부에 충격을 안겨주었다. 청국과의 전쟁을 피할 수 없다는 분위기가 조성되었다. 야마가타는 전쟁이 불가피하다면 청국이 군비를 갖추지 않은 "지금"이 좋다는 내용의 의견서를 산조 사네토미 태정대신에게 제출했다. 청국은 일본의 움직임을 알지 못했다. 8월 26일 청국군이 대원군을 납치했다. 대원군 정권이 붕괴했다.

　8월 30일 하나부사 공사가 청국의 협력하에 조선과 교섭을 벌여 제물포조약을 맺었다. 조약의 내용은 다음과 같았다. (1) 조선이 임오군란으로 일본 측에 피해를 준 것에 사죄하고 범인을 처형한다. (2) 일본 측의 유족과 부상자에게 보상한다. (3) 일본공사관의 피해 복구와 공사를 호위하는 일본군의 주둔 비용을 분담한다. (4) 공사관을 지키기 위해 일본군의 주둔을 허용한다.

　1883년 12월 12일 참의 개편이 있었다. 야마가타가 참사원 의장에서 물러나 내무경에 취임했다. 내무경 야마다 아키요시가 사법경, 사법경 오키 다카토大木喬任(1832~99)가 문부경, 문부경 후쿠오카 다카치카가 참사원 의장에 각각 취임했다.

　1884년 3월 17일 제도취조국制度取調局이 설치되었다. 7월 7일 이토를 중심으로 하는 제도취조국이 화족령을 반포하고, 이어서 공작·후작·백작·자작·남작 작위가 수여된 504명의 이름을 발표했다. 공작·후작 작위는 귀족 가문과 도쿠가와 가문 그리고 유력한 다이묘 가문에 수여되었다. 야마가타는 이토 히로부미, 이노우에 가오루, 구로다 기요타카, 오야마 이와오 등과 함께 백작이 되었다.

1884년 2월 오야마 이와오 육군경을 단장으로 하는 군사시찰단이 유럽으로 갔다. 미우라 고로三浦梧楼(1847~1926) 중장, 노즈 미치쓰라野津道貫(1841~1908) 소장, 가와카미 소로쿠川上操六(1848~99) 대좌, 가쓰라 타로 대좌 등이 동행했다. 시찰단 파견 목적은 유럽 특히 독일의 군사 및 병제를 연구해 일본 육군을 개혁하기 위한 것이었다. 당시 일본 육군은 프랑스 병제를 채용하고 있었는데, 1880년에 프랑스 군사고문단이 돌아간 후 일본군의 훈련이 제대로 이루어지지 않고 있었다. 군사시찰단은 프랑스식 병제를 버리고 독일식 병제를 도입해 일본의 실정에 맞게 개혁하려고 했다. 독일식 병제의 채용은 야마가타의 뜻에 따른 것이었다.

군사시찰단이 귀국한 후, 대좌에서 소장으로 승진한 가쓰라 타로와 가와카미 소로쿠가 육군성 총무국장, 참모본부 차장에 각각 취임해 육군 개혁을 추진했다. 1885년 3월 독일의 야콥 멕켈Jakob Meckel 소좌가 내일했다. 오스트리아–프로이센 전쟁과 보불전쟁에 참전한 경험이 있는 멕켈은 당시 베를린 군사학술원 교수로 재직하고 있었다. 그는 독일을 표본으로 삼아 일본 육군을 전면적으로 개혁했다. 일본 육군을 위해 강령과 조례를 제정하고, 도쿄에 군사학술원을 설립했다. 멕켈은 육군경 오야마 이와오의 지원 아래 약 3년간 일본에 머물며 가쓰라 타로·가와카미 소로쿠와 함께 일본 육군의 개혁에 힘썼다.

참고로 1885년 12월 22일 내각 관제가 개정되면서 장관의 칭호가 "경卿"에서 "대신大臣"으로, 차관의 칭호가 "대보大輔"에서 차관으로 변경되었다. 예를 들면, 육군경이 육군대신, 육군대보가 육군차관으로 개칭되었다.

멕켈의 제안으로 육군성이 군제개혁안을 마련했다. 그중에서 진급 조례개정은 대략 다음과 같았다. (1) 최상위 장성의 진급은 천황의 뜻에 따라 임명한다. (2) 영관·위관의 진급은 육군대신이 육군차관·참모본부장·회계국장·의무국장을 육군성으로 불러 진급 후보 명부를 작성한다. (3) 일정한 근무 연한이 지나야 상위 계급으로 진급할 수 있다. 예를 들면, 소위로 2년 이상 근무하지 않으면 중위로 진급할 수 없다.

이제까지 육군대신에 필적하는 권한을 가졌던 참모본부장의 지위가 격하格下되고, 군정이 육군대신을 중심으로 개혁되었다는 것을 알 수 있다. 야마가타 내무대신과 오야마 육군대신은 독일의 육군을 모델로 하면서도 육군대신 중심으로 운영하는 방식으로 군제를 개혁하려고 했던 것이다.

◙ chapter.4

군인에서 정치가로

　1885년 12월 일본 최초로 내각제도가 시행되었다. 초대 내각 총리 대신으로 태정대신의 지위에 있던 산조 사네토미와 오쿠보 도시미치가 사망한 후 사실상 메이지 정부를 이끌던 이토 히로부미가 물망에 올랐다. 초대 내각 총리대신을 추대하는 참의 회의에서 이노우에 가오루가 말했다. "앞으로 총리대신은 외국이 보낸 전보를 읽을 수 있어야 한다." 그러자 야마모토 아리토모가 말을 이었다. "그렇다면 이토 히로부미 이외에는 없지 않은가?" 산조 태정대신을 지지하는 보수파 참의가 반격을 가하지 못하고 침묵했다. 이리하여 영어를 구사할 수 있었던 이토가 초대 내각 총리대신에 취임했다. 그 후 이토는 네 번이나 총리대신을 지냈다.

이토 총리대신은 내무대신에 야마가타 아리토모, 외무대신에 이노우에 가오루, 대장대신에 마쓰카타 마사요시松方正義(1835~1924), 육군대신에 오야마 이와오, 해군대신에 사이고 쓰구미치, 사법대신에 야마다 아키요시, 문부대신에는 모리 아리노리森有礼(1847~89)를 각각 임명했다. 야마가타는 1888년 12월 2일까지 3년 가까이 내무대신으로 있으면서 이토 내각을 뒷받침하기 위해 진력했다. 그동안 야마가타는 이토 총리대신의 정치적 지원에 힘입어 육군의 방위개혁 문제를 원만하게 마무리했다.

당시 이노우에 가오루 외무대신이 조약개정을 추진하고 있었다. 1886년 5월 제1회 조약개정 회의가 개최되었다. 이노우에는 적극적인 내지 개방과 치외법권의 일부 철회 방침을 취했다. 각의의 재가를 얻은 이노우에는 영국·독일 양국 공사와 교섭해 국회 본회의에 안건을 제출했다. 그 내용은 치외법권을 일부 폐지하는 대신에 일본의 재판소에 외국인을 법관으로 임용하고, 외국인이 관련된 사건은 외국인 법관이 재판을 할 수 있도록 하고, 관세율을 올리는 대신에 외국인이 국내 어디서나 자유롭게 거주하도록 하는 것이었다.

이노우에는 조약개정안이 민권파에게 유출되지 않도록 주의했다. 하지만 내각 법률고문 에밀 보아소나드G. E. Boissonade가 조약개정안에

이의를 제기했다. 조약개정안에 따르면 일본인이 원고일 때뿐만 아니라 피고일 때도 외국인 법관의 재판을 받게 된다는 것, 일본의 입법권도 외국의 간섭을 받게 된다는 것 등을 지적했다. 또 조약개정안은 이제까지 거류지에 한정되었던 불이익을 일본 전국으로 확산하는 것으로 이전 조약보다 개악된 것이라고 비판했다. 에밀 보아소나드는 정부 고관에게도 비준을 거부하라고 촉구했다. 유럽을 시찰하고 귀국한 농상무대신 다니 다테키谷干城도 조약개정안에 반대했다.

에밀 보아소나드와 다니 다테키의 조약개정 반대 의견서가 민간에 유포되었다. 민권파를 중심으로 민중운동이 전개되었다. 전국 각지에서 조약개정에 반대하는 건백서가 원로원으로 쇄도했다. 신문은 조약개정 반대운동의 실상을 보도했다. 이 시기는 의회개설과 제1회 총선거를 앞두고 민권파가 정치적으로 다시 결집하는 시점이었다. 민권파는 로쿠메이칸鹿鳴館에서 벌어진 추태, 즉 이토 히로부미가 고관 부인을 성폭행한 사건을 들추며 정부를 공격하던 중이었다. 이노우에의 조약개정안은 민권파가 전국적으로 결집할 수 있는 기폭제 역할을 했다.

1887년 7월 17일 이토 총리대신이 이노우에 외무대신에게 조약개정 교섭을 중지하라고 권고했다. 야마가타도 내심 이노우에의 조약개정안에 찬성하지 않았다. 하지만 이노우에의 사임에는 반대했다. 그는 이토 내각이 흔들리는 것을 원하지 않았다. 야마가타는 이노우에 외무대신이 사임하면 정한론에 패배한 후 자유민권운동을 이끌던 이타가키 다이스케를 비롯한 재야 세력이 기세를 올릴 것이 명약관화하다고 판단했다. 그러나 1887년 9월 17일 정치적 부담을 견디지 못한 이노우에 외무대신이 결국 조약개정을 포기한다고 선언하고 사직했다.

야마가타의 예상대로 자유민권운동이 더욱 거세졌다. 정세를 관망하던 고토 쇼지로後藤象二郞가 1887년 10월 유지간담회有志懇談會를 개최했다. 고토는 내외의 곤란한 정세에 대하여 국민은 사소한 다툼을 하지 말고 대동단결하고, 정치가는 여론을 존중하는 정치를 해야 한다고 촉구했다. 그리고 데이가이클럽丁亥俱樂部을 결성하여 분열된 민권운동을 통합하고, 세금 감면, 언론·집회의 자유, 조약개정 교섭의 쇄신 등을 내세워 정부를 압박했다. 자유민권운동 지지자들이 속속 도쿄로 몰려들었다.

야마가타 내무대신은 자유민권운동에 적극적으로 대처했다. 그는 기요우라 게이고淸浦奎吾(1850~1942) 내무성 경보국장에게 반정부운동을 탄압하는 조례 초안을 기초하라고 지시했다. 그 결과 몇몇 치안 관련 법령이 성립했다. 1887년 12월 25일 「보안조례」가 발포되었다. 이 조례는 천황 궁전 또는 천황이 있는 곳에서 약 12킬로미터 이내에 거주 또는 체재하고 있는 자로, 치안을 방해할 위험이 있다고 여겨지는 자를, 경시총감 또는 각 지방의 지사가 내무대신의 허가를 받아 퇴거 또는 3년 정도 출입 금지를 명령할 수 있는 법령이었다. 그 밖에 정부의 허가를 받아 야외에서 집회를 여는 개인이나 단체라고 해도 경찰이 필요에 따라서 해산할 수 있는 조항이 있었다.

야마가타는 조례가 시행되자 경찰뿐만이 아니라 헌병도 집회 현장에 배치했다. 또 천황 궁전 주변에 근위병 2대 대대를 배치하고, 대장성과 고이시카와小石川(도쿄토 분쿄쿠)의 포병공창 등에도 군대를 주둔시켰다. 야마가타는 내란을 두려워했다. 조례가 시행되기 전날, 야마가타는 비서관을 데리고 경계 상태를 시찰한 후 새벽 2시경에 총리대신 관저를 방문해 이토 히로부미와 밀담을 나누었다. 야마가타 내무대신과 이토 총리대신이 긴밀하게 협력해 보안조례가 큰 혼란 없이 시행되었다. 보안조례가 시행되면서 대동단결운동이 큰 타격을 받았다.

1887년 12월 27일 이토 총리대신이 구로다 기요타카에게 오쿠마 시게노부와의 만남을 주선해 달라고 요청했다. 이토는 오쿠마를 입각시키고 구로다에게 정권을 물려줄 심산이었다. 이토는 오쿠보 도시미치가 암살된 후부터 10여 년 동안 사실상 정부를 이끌어왔다. 그는 이미 정권을 유지하겠다는 의욕이 없었다. 정권 유지에 매달리는 것보다 일본의 앞날을 결정짓는 헌법제정에 몰두하는 것이 더욱 중요하다고 생각했다. 이토는 헌법을 연구하면서 영국을 포함한 유럽 여러 나라의 역사를 공부하고 있었다. 대동단결운동과 같은 민주화 운동이 일어나는 것은 어쩌면 당연한 일이고, 그런 운동을 계속 탄압하는 것은 무리라고 판단했을 것이다. 그래서 오쿠마와 연대함으로써 민주화 운동의 기세를 누그러뜨리려고 했다. 또 이노우에 가오루가 사임하면서 자신이 겸임하고 있던 외무대신에 오쿠마 시게노부를 임명해 조약개정 교섭을 이어 나가려고 생각했다.

1888년 1월 11일 이토 총리대신이 이노우에 가오루에게 사임할 뜻을 내비쳤다. 소식을 들은 야마가타는 1월 21일 이토에게 장문의 서신을 보내 총리대신직을 사임하지 말라고 간청했다. 그는 이토가 계속 총리대신으로 있으면서 헌법을 제정하고 국회를 개설하는 등 중요한 정무를 처리해야 한다고 생각하고 있었다. 그러나 이토의 결심은 흔들리지 않았다. 2월 1일 오쿠마 시게노부가 외무대신으로 입각했다. 4월 30일 이토 히로부미가 총리대신에서 물러나면서 구로다 기요타카 내각이 출범했다. 이토 내각의 각료가 대부분 구로다 내각의 각료로 임명되었다. 이토와 야마가타의 정치 감각의 차이는 보안조례가 시행되면서 분명하게 드러났다. 이러한 차이는 의회가 개설되면서 두 사람이 대립하는 요인이 되었다.

1880년대 후반 메이지 정부의 중요 과제는 헌법제정과 지방자치제도의 창출이었다. 전자는 이토 히로부미가 직접 담당했다. 앞에서 살펴본 바와 같이, 이토는 직접 유럽으로 건너가 여러 나라의 헌법을 연구했고, 1886년 5월경부터 헌법초안을 기초하기 시작했다. 1888년 4월에 헌법초안이 완성되었다. 후자는 야마가타가 내무경에 취임하면서 본격적으로 추진했다. 1887년 1월 27일 야마가타 내무대신을 위원장으로 하는 지방제도편찬위원회가 발족했다. 위원은 외무차관 아오키 슈조青木周蔵(1844~1914), 내무차관 요시카와 아키마사芳川顕正 (1842~1920), 체신차관 노무라 야스시野村靖(1842~1909), 법률고문에 임명된 알베르트 못세Albert Mosse 등이었다. 야마가타와 같은 고향 출신이었던 아오키는 주독 일본 공사를 지낼 때 지방자치제에 대한 자료를 수집해 야마가타 내무경에게 보낸 인물이었다.

지방제도편찬위원회는 일본 정부가 고용한 독일인 법률가 알베르트 못세가 마련한 「지방제도편찬강령」에 따라 논의를 진행했다. 먼저 부현府県 밑에 여러 마을을 통합한 광역 행정 기구를 두는 방안이 논의되었다. 즉 농촌에는 여러 무라村의 상위에 군郡, 도시에는 여러 마치町의 상위에 시市나 구区를 두는 것이었다. 이어서 부현이나 시·군·구에는 참사회参事会를 설치하고 행정을 관장하도록 하는 방안이 논의되었다. 모두 독일의 지방자치제도를 모방한 것이었다.

1887년 3월 야마가타 내무대신이 지방관회의를 열어 「지방제도편찬강령」에 대해 설명하면서 지사知事들의 의견을 청취했다. 지사들은 시·군·구를 새로이 자치체로 두는 것이나 참사회를 설치하는 것이 너무 급격한 개혁이고, 그것이 지방을 더욱 혼란스럽게 할 것이라고 반대했다. 그러나 야마가타는 지사들을 설득해서 「지방제도편찬강령」의 큰 틀을 바꾸지 않고 시정촌제市町村制 시행안을 마련해 그해 9월에 각의에 제출했고, 여러 번 수정을 거쳐 11월에 원로원元老院의 심의에 붙여졌다. 원로원은 1888년 2월 8일에 「지방제도편찬강령」의 심의를 마쳤다. 야마가타가 수정된 안을 다시 각의에 제출했다. 2월 13일 야마가타가 지방관회의를 열어 법안의 취지를 설명하고 지사들의 의견을 청취했다. 이런 과정을 거쳐 마련된 부현제府縣制와 군제郡制는 1890년 5월 17일에 공포되었다.

그동안 야마가타는 구미 여러 나라를 시찰했다. 1888년 12월에 일본을 떠나 다음 해 10월에 귀국했다. 1889년 1월에 파리에 도착해 프랑스 수뇌와 회견했다. 당시 프랑스에서는 반정부운동이 한창이었다. 혼란한 프랑스 상황을 견문한 야마가타는 "중앙집권을 국회에 방임하는" 것이 혼란을 부추긴다고 생각했다. 2월 17일 야마가타는 프랑스 파리에서 이탈리아로 향했다. 그는 그곳에 약 1개월 머물며 지방 관청과 군사학교를 견학했다. 3월 18일 야마가타가 독일의 베를린에 도착했다. 당분간 그곳에 머물며 지방자치의 실정을 조사했다. 비스마르크의 안내로 빌헬름 2세를 알현하기도 했다. 4월 5일에는 베를린의 제국의회를 견학하고 회의와 선거 장면을 지켜보았다. 그는 요시카와 아키마사 내무차관에게 다음과 같은 내용의 서신을 보냈다. "의회에서 침착하고 노련하게 논의하면 인기를 얻지 못하고 소리를 높이 지르고 과격하게 주장하는 자가 명망을 얻는다."

야마가타는 일본의 정당에 대해서도 불신감을 가졌다. 그래서 국회 개설에 대해 적극적이지 않았다. 야마가타는 이토와 달랐다. 서구 민주주의를 유연하게 수용할 수 있는 준비가 되어 있지 않았다. 일본 정치의 배경이라고 할 수 있는 유럽 각국의 입헌제 발달의 역사를 배울 기회가 없었기 때문이다. 그런데 야마가타가 베를린에 머물 때 독일의 법학자이며 정치가였던 루돌프 그나이스트Rudolf von Gneist(1816~95)의 가르침을 받을 수 있었다. 그나이스트는 1889년 5월 3일부터 15일까지 매일 두 시간씩 야마가타를 위해 강의했다. 그나이스트는 권력을 가진 정부가 신속하고 효과적인 정책을 펼칠 필요가 있다고 역설했다. 그는 도로와 교량의 보수, 치안, 빈민구제, 주민 자치활동 등의 중요성을 강조했다.

5월 중순 야마가타는 오스트리아의 수도 빈Wien으로 갔다. 그곳에서 로렌츠 폰 슈타인Lorenz von Stein(1815~1890)의 가르침을 받았다. 슈타인은 오늘날에는 그다지 주목받지 못하지만, 일본 헌정사에 지대한 영향을 끼친 인물이었다. 이토 히로부미가 1882년부터 다음 해까지 유럽에서 헌법을 조사할 때 빈 대학에서 슈타인의 강의를 들었다. 야마가타도 이토의 주선으로 슈타인의 강의를 들을 수 있었다. 슈타인은 다음과 같이 말했다. (1) 국가에는 국경이라고 할 수 있는 주권선主權線과 그 외부에 있는 이익선利益線이 있다. (2) 외국 세력이 이익선으로 진출했을 때는 의연하게 대응해야 한다. 그래야 다른 나라가 일본을 만만하지 않게 여기고, 일본이 다른 나라로 세력을 넓힐 수 있다. 야마가타는 슈타인의 강의를 듣고 외교론을 확립했다.

야마가타는 오스트리아 방문 중에 요한 폰 클루메키Johann von

Chlumecký(1834~1924)를 만났다. 오스트리아의 농무대신과 상공대신을 역임한 클루메키는 당시 오스트리아 의회 의장이었다. 클루메키는 야마가타에게 의원들을 조종하는 수법을 가르쳐주었다. 야마가타는 벨기에와 영국을 방문하고 미국으로 건너가서 여러 정치인을 만나고 1889년 10월 2일 귀국했다. 야마가타의 구미 순방 목적은 지방제도와 군사 관련 연구였으나 서구 여러 나라의 학자와 정치인을 만나서 국회, 선거, 지방자치, 외교 등에 대해 폭넓은 지식을 쌓을 수 있었다.

1889년 12월 24일 야마가타 아리토모가 제3대 총리대신에 취임했다. (제1차 야마가타 내각) 메이지 천황은 야마가타가 육군 중장이라는 현역 군인 신분을 유지하도록 했다. 제1차 야마가타 내각은 야마가타 총리대신이 내무대신을 겸임하고, 외무대신에 아오키 슈조를 임명했다. 당시 30대 중반의 메이지 천황이 정치 현안에 개입하는 일이 잦아졌다. 야마가타는 메이지 천황이 조약개정과 제국의회 개설에 관심을 기울이고 있다는 것을 알았다. 1890년 5월 야마가타 총리대신이 내각을 개편했다. 그동안 총리대신이 겸임하던 내무대신에 사이고 쓰구미치, 농상대신에 무쓰 무네미쓰陸奥宗光(1844~97), 해군대신에 가바야마 스케노리樺山資紀(1837~1922), 문부대신에 요시카와 아키마사를 임명했다.

1890년 6월 야마가타가 육군 중장에서 대장으로 승진했다. 천황 일족을 제외하고 대장의 지위에 오른 것은 사이고 다카모리에 이어 야마가타 아리토모가 두 번째였다. 7월 1일 야마가타 내각은 제1회 중의원 선거를 치렀다. 선거에서 정부에 비판적인 의원들이 당선되었다. 정부가 의회에 제출하는 예산이나 법안이 중의원을 무난히 통과한다고 장담할 수 없는 상황이 되었다. 7월 25일 야마가타 총리대신이 「집회 및 정당법」을 공포했다. 야마가타는 이토에게 귀족원 의장에 취임하라고 권했으나 이토가 받아들이지 않았다. 그러자 천황이 직접 이토를 설득했다. 10월 24일 이토 히로부미가 귀족원 의장에 취임했다.

1890년 10월 「교육칙어」가 공포되었다. 이것은 이노우에 고와시井上毅(1844~95)가 입안하고, 모토다 나가자네元田永孚(1818~91)가 기초한 것이었다. 유학의 정신을 기조로 했다. 일본인 스스로가 선조 대대로 천황에게 충성을 바친 충량忠良한 신민臣民임을 자각하게 하여 일단 유사시에 목숨을 바쳐서 천황과 천황제를 수호하라고 강조했다. 교육칙어가 발표되자 문부성은 도쿄대학 교수 이노우에 데쓰지로井上哲次郎(1856~1944)가 주석한 『칙어연의勅語衍義』를 발행해 교육칙어의 취지가 일본인에게 철저하게 전달되도록 했다. 그 후 교육칙어는 학교 교육의 기본이 되었고 국민도덕의 규범이 되었다.

제국의회는 중의원과 귀족원이 대등한 권한을 행사했다. 그래서 정부는 귀족원뿐만이 아니라 중의원 다수당의 동의를 얻을 필요가 있었다. 야마가타는 이토 귀족원 의장이 큰 힘이 되어줄 것이라고 믿었다. 12월 6일 야마가타 총리대신이 의회에서 시정방침에 대해 연설했다.

그는 국가의 평화를 위해서는 국경선이라고 할 수 있는 주권선을 지키고, 국가의 안위와 불가분의 관계가 있는 범위라고 할 수 있는 이익선, 즉 한반도를 보호할 필요가 있다고 말했다. 육군과 해군에 막대한 자금을 투입하는 것도 바로 그 때문이라고 역설했다. 그런데 12월 27일 중의원 예산의원회는 정부가 제출한 예산액의 약 10퍼센트를 삭감하는 사정안을 작성했다. 야마가타는 육군과 해군의 예산을 확보하기 위해 과격파 의원들을 매수하는 공작을 벌였다.

1892년 8월 8일 제2차 이토 히로부미 내각이 출범했다. 총리대신을 지낸 야마가타 아리토모가 법무대신으로 입각했다. 내무대신에 이노우에 가오루, 체신대신에 구로다 기요타카, 육군대신에 오야마 이와오 등 조슈·사쓰마번 출신 거물들이 입각했다. 이토 내각은 번벌 세력이 다시 결집한 모양이 되었다. 그러자 중의원의 다수당이 된 야당과 정부의 긴장 관계가 조성되었다. 중의원은 정부가 제출한 군함 건조비 전액을 삭감했을 뿐만 아니라 관리의 봉급과 사무비를 포함한 880만 엔을 삭감하는 사정안을 작성해 정부의 동의를 구했다. 정부는 1893년 1월 16일 본회의에서 중의원의 사정안을 거부했다. 중의원과 정부의 관계가 경색되었다. 중의원은 정부를 문책하는 상주안을 마련해 천황에게 제출했다.

1893년 2월 6일 이토 히로부미 총리대신이 야마가타와 함께 대응책을 모색했다. 2월 9일 이토는 정부와 중의원의 협치 또는 중의원의 해산을 명하는 방안을 마련해 천황의 뜻을 물었다. 2월 10일 천황은 6년간 매년 천황 궁전 운영비용의 10퍼센트에 해당하는 30만 엔과 관리의 봉급 10퍼센트를 군함 건조비로 보충하겠으니 중의원과 정부가 협치하라는 조칙을 내렸다. 이토 내각은 즉시 중의원과 협의해 2월 26일 원안보다 세입 43만 엔을 늘리고, 세출 262만 엔을 삭감해 예산을 확정했다. 그리고 제5차 의회까지 행정부의 경비를 절감하고 해군의 개혁을 추진하겠다고 공약했다.

◎ *chapter.5*

청일 · 러일전쟁

　1893년 10월 야마가타 육군 대장 겸 추밀원 의장이 「군비의견서」를 내각에 제출했다. 야마가타는 서구 여러 나라의 군사 동향에 대해 언급하면서 일본군의 전력, 특히 해군 군비를 충실히 해야 한다고 주장했다. 야마가타는 조선에서 언제 사건이 일어나도 이상하지 않고, 중국도 러시아 · 프랑스 · 영국의 침략을 받을 것이라고 말했다. 그리고 향후 10년 이내에 동북아시아에서 전란이 일어날 것인데, 그때 일본과 전쟁을 하는 것은 조선 · 중국이 아니라 영국 · 프랑스 · 러시아 3국이 될 것이라고 예견했다.

1894년 봄부터 조선에서 동학농민전쟁이 전국적으로 확산했다. 지도자는 동학교도 전봉준이었다. 그는 악정의 개혁과 반일·반침략의 기치를 내걸고 봉기를 이끌었다. 농민군은 순식간에 조선 남부지역을 장악했다. 일본은 동학농민전쟁의 추이를 예의 주시했다. 농민군이 전라도 전역을 거의 수중에 넣었을 무렵, 농민군 수뇌부가 전주에서 조정과 화의를 체결했다. 조정은 농민봉기가 계속되면 조선이 외국군의 전장이 될 수 있다고 농민군을 설득했다. 농민군이 물러났다. 조정은 은밀히 청국에 파병을 요청했다.

청국의 위안스카이袁世凱(1859~1916)는 조선의 파병요청을 기화로 조선에 대한 지배력을 강화하려고 했다. 일본도 동학농민전쟁을 조선침략의 구실로 이용하려고 했다. 일본의 우익단체 현양사玄洋社 사원들이 가와카미 소로쿠 육군성 참모차장과 긴밀히 연락을 취하면서 동학농민군을 지원했다. 농민군을 부추겨서 청일전쟁의 실마리를 만들기 위한 책략이었다.

1894년 6월 9일 청국군 2,400명이 아산만에 상륙했는데, 이틀 전인 6월 7일에 청국이 출병 사실을 일본에 통고했다. 텐진조약에 따른 조치였다. 그런데 일본의 이토 히로부미 내각은 이미 청국의 통보가 있기 전인 6월 2일 일본공사관과 거류민을 보호한다는 구실로 조선 출병을 의결했다. 무쓰 무네미쓰 외무대신과 육군은 청국과의 대결을 각오했다. 6월 5일 참모본부에 대본영을 설치하고 동원령을 내렸다. 마침 귀국 중이던 오토리 게이스케大鳥圭介(1833~1911) 공사가 400명의 육전대를 이끌고 6월 9일에 조선으로 떠났고, 그날 약 1만 명으로 구성된 일본군 제5사단 혼성여단이 일본을 떠나 조선으로 향했다.

일본이 혼성여단을 조선에 보내자, 6월 10일 청국이 일본에 조선은 자기 나라의 속국이라고 통지했다. 청일 양국의 대결 가능성이 커졌다. 6월 12일 일본군 혼성여단이 조선의 인천에 상륙했다. 6월 15일 이토 내각은 청국이 찬성하지 않아도 일본이 독자적으로 조선의 개혁을 주도한다고 의결했다. 사이고 쓰구미치 해군대신과 야마모토 곤베에山本權兵衛(1852~1933) 해군성 관방주사가 함대 결전으로 제해권을 확보한 후 육군이 중국 본토에 상륙하는 작전을 제안했다. 6월 하순 야마가타 아리토모가 작전에 대한 의견서를 제출했다.

일본의 신속한 대응에 청국이 당황했다. 청국은 위안스카이를 통해 양국이 동시에 철군하자고 제안했다. 조선 정부의 부탁을 받은 다른 나라 공사들도 양국이 동시에 철군할 것을 촉구했다. 그러나 일본은 철군할 의사가 전혀 없었다. 일본은 오히려 오토리 공사에게 개전의 구실을 찾으라는 훈령을 내렸다. 오토리 공사는 일본이 조선의 내정개혁에 간섭하는 데 청국이 동의하라고 요구했다. 청국은 일본의 제안을 거절했다. 그러자 일본은 조선 평화를 위한 근본 원인을 제거하기 전에는 철군하지 않겠다고 선언했다.

일본이 개전을 불사하겠다는 태도를 보이자 러시아가 일본에 경고했다. 영국도 청국과 일본의 관계를 조정하려고 했다. 하지만 청국이 소극적으로 대응했다. 영국의 노력이 실패로 끝났다. 이토 내각은 오토리 공사에게 "실제 행동을 취하라."고 명령했다. 개전에 즈음해 무쓰 무네미쓰 외무대신은 영국을 비롯한 서양 열강이 간섭하지 않는다는 것을 확인했다. 정부와 야당이 정쟁을 즉시 중단했다. 야당은 전쟁에 적극적으로 협력할 것을 선언했다. 의회는 국가 세입 2년분에 해당하는 1억5,000만 엔의 임시군사비와 1억 엔이 넘는 공채 발행에 관한 예산안을 겨우 5분 만에 만장일치로 가결했다. 야당이 앞장섰다.

7월 20일 일본은 조선에 청국과 맺은 모든 조약을 폐기할 것, 청국 군대를 철수시킬 것, 일본군의 한성 – 부산 간 군용 전신의 가설을 허용할 것 등을 내용으로 하는 최후통첩을 보냈다. 조선은 청국과의 관계는 조선이 해결할 문제이며, 청국군의 출동도 조선의 요청에 따른 것으로 일본이 관여할 문제가 아니라고 답했다. 청국은 전쟁이 임박했음에도 아무런 준비를 하지 않았다. 최고사령부도 두지 않았다. 만주와 조선 문제를 관장하던 리훙장李鴻章(1823~1901)이 소규모 증원부대를 조선으로 보냈을 뿐이다. 그러나 그 부대가 조선의 아산에 상륙할 무렵 일본군이 이미 한성·인천·부산을 장악하고 있었다. 아산의 청국군이 고립되었다.

7월 23일 새벽 일본군이 불시에 경복궁을 점령하고 조선 국왕을 협박해 모든 정무를 대원군에게 위임하도록 했다. 7월 25일 대원군은 일본의 각본대로 "조선은 청국의 속국이 아니"라고 선언하고 오토리 일본 공사에게 청국을 몰아내달라고 요청했다. 일본군은 즉시 청국군을 공격했다. 일본 해군이 아산 만(경기도 안산시 단원구 대부남동 앞바다)으로 입항하는 청국군이 승선한 수송선을 불시에 습격했다. 청국군 1,100여 명이 물에 빠져 죽었다. 7월 29일 일본군이 성환·아산을 점령했다. 청국군이 평양으로 후퇴해 증원부대와 합류했다.

8월 1일 승기를 잡은 일본이 뒤늦게 선전을 포고했다. 일본 해군이 인천 앞바다 제해권을 확보한 후, 8월 중순에 육군이 경기도를 거쳐 북상하는 작전을 개시했다. 이 무렵 야마가타 아리토모가 직접 출진하기를 희망했다. 8월 30일 메이지 천황이 야마가타를 제1군 사령관에 임명했다. 9월 4일 야마가타가 제1군 지휘부를 거느리고 도쿄에서 히로시마로 향했다. 제1군은 제3사단과 제5사단을 거느렸다. 제3사단장은 조슈번 출신 가쓰라 타로 중장, 제5사단장은 사쓰마번 출신 노즈 미치쓰라 중장이었다. 8월 중순 제5사단이 한성에 이르러 주둔했다. 야마가타는 9월 8일 제3사단과 함께 히로시마 군항을 떠나 9월 13일에 한성에 도착했다.

9월 13일 대본영을 히로시마広島로 이전했다. 9월 15일 제5사단이 평양에서 청국군을 물리쳤다. 패배한 청국군이 압록강을 건너서 만주로 도망했다. 9월 17일에는 일본의 연합함대와 청국의 북양함대가 황

히로시마 대본영

해(압록강 하구)에서 교전했다. 청국의 북양함대 주력이 괴멸되었다. 야마가타는 이노우에 가오루에게 서신을 보냈다. "평양 점령은 의외의 승리였고, 황해해전은 예상 밖의 대승이었다." 10월 23일 야마가타가 의주에 도착했다. 10월 24일과 25일에 일본군이 차례로 압록강을 건너서 청국군을 공격했다. 10월 26일 야마가타 사령관이 청국군의 거점인 주롄성九連城에 입성해 제1군사령부를 설치했다. 일본군이 물러나는 청국군을 향해 진격했다. 11월 21일 제1군사령부가 안동安東으로 이전했다. 이 무렵 야마가타의 건강이 악화했다. 메이지 천황이 야마가타의 귀국을 명했다. 야마가타는 제1군의 지휘권을 노즈 5사단장에게 넘기고 귀국길에 올랐다. 1894년 12월 17일 야마가타가 메이지 천황을 알현하고 전황을 보고했다.

제해권을 장악한 일본 해군은 10월 하순에 오야마 이와오가 이끄는 제2군을 랴오둥遼東 반도에 상륙시켰다. 일본의 제2군이 진저우金州와 다롄大連을 점령하자 청국군이 전의를 상실했다. 청국군 지휘관은 일본군과 싸우려 하지 않았다. 11월 22일 일본군이 뤼순旅順을 점령했다. 청국군이 버리고 도망한 대량의 무기와 탄약이 일본군의 수중에 들어왔다. 1895년 2월 일본군이 웨이하이웨이威海衛를 점령했고, 웨이하이웨이 만 해전에서 일본의 연합함대가 청국의 북양함대 기함을 대파하고 전함 4척을 격침했다. 북양함대 사령관 딩루창丁汝昌 제독이 자결했다. 수세에 몰린 청국이 강화를 모색하기 시작했다.

이미 전의를 상실한 청국이 일본의 강화조건을 타진했다. 1895년 3월부터 일본과 청국의 강화교섭이 시작되었다. 일본이 강화조약 초안을 제시했다. 그것은 청국의 예상을 훨씬 뛰어넘는 것이었다. 하지만 리훙장은 이토 히로부미의 협박에 밀려 강화조약에 서명했다. 1895년 4월 17일이었다. 그 내용은 청이 조선의 독립을 인정하고, 랴오둥 반도 · 타이완 · 펑후 제도를 일본에 할양하고, 당시 일본 화폐로 3억 6,000만 엔에 상당하는 배상금을 일본에 지불하고, 중국의 사스沙市 · 충칭重慶 · 수저우蘇州 · 캉저우杭州를 개항하는 것이었다.

당시 야마가타는 러시아가 일본에 호의적이라고 생각했다. 그래서 일본이 접근해야 하는 나라는 영국이 아니라 러시아라고 판단했다. 그는 무쓰 무네미쓰 외무대신에게 러시아와 동맹을 맺어 러시아가 일본의 한반도 지배를 양해하도록 할 필요가 있다는 서신을 보내기도 했다. 그런데 4월 23일 러시아·프랑스·독일이 랴오둥 반도를 청국에 반환하라고 권고했다. 러시아는 일본이 랴오둥 반도를 차지하면 자국의 남하정책이 좌절될 것으로 판단했다. 프랑스는 프러동맹을 맺어서 러시아를 도왔고, 독일은 러시아의 관심을 극동으로 돌리려고 러시아의 행동을 지지했다. 영국이 군사 원조를 할 수 없다는 정보를 입수한 이토 히로부미의 고민이 깊어졌다.

러시아가 삼국간섭을 주도했다. 러시아는 영국에도 삼국간섭에 동참할 것을 요청했다. 그러나 영국은 러시아의 요청에 응하지 않았다. 야마가타의 외교 감각이 현실에서 벗어나 있다는 것이 드러났다. 이토 히로부미 총리대신과 무쓰 무네미쓰 외무대신은 현실을 냉정하게 판단할 수 있는 능력이 있었다. 이에 비해 야마가타는 서구 열강이 동아시아를 바라보는 외교 감각을 제대로 이해하지 못하고 있었다. 자신감을 잃은 야마가타는 강화 문제에 더 이상 발언하지 않았다. 이토 총리대신이 무쓰 외무대신과 논의를 거듭한 끝에 삼국간섭을 받아들였다. 5월 10일 일본이 랴오둥 반도를 반환하겠다고 발표했다.

강화조약으로 타이완이 일본의 영토가 되었다. 일본은 타이완에 근위사단을 파견했다. 1895년 5월 29일부터 일본군이 타이완을 점령하기 시작했다. 6월 7일에 타이페이台北를 점령했다. 일본의 식민지가 된 타이완 원주민이 크게 반발했다. 원주민은 타이완 민주국 수립을 선언하고 각지에서 일본군과 격전을 벌였다. 일본군은 타이완 원주민의 투쟁을 무자비하게 진압했다. 타이완 원주민의 투쟁은 그해 10월에 지도자가 아모이로 도망하면서 끝났다. 일본군의 희생도 컸다. 일본군의 사상자가 5,000명을 넘었다.

1896년 2월 21일 이토 히로부미 내각은 니콜라이 2세 러시아 황제 대관식에 야마가타 아리토모를 보내기로 했다. 당시 이토 히로부미는 민 왕후 암살 후 여론이 악화한 조선 문제 해결에 골몰하고 있었다. 하지만 서구 열강과 협의한 후에 조선 정세에 대응할 것인지, 특히 이해관계가 충돌하는 러시아와 협정을 맺을지 확실한 방침을 정하지 않고 있었다. 이토는 야마가타에게 러시아가 청일전쟁 후의 조선 문제를 어떻게 생각하고 있는지 간파한 후 일본과 러시아의 협상 가능성을 타진하라고 지시했다. 2월 28일 야마가타는 제3사단장 가쓰라 타로 중장에게 서신을 보냈다. 자신이 러시아가 조선 문제를 어떻게 인식하고 있는지 그 의중을 떠보는 임무를 수행하기로 했다는 내용이었다.

1896년 5월 26일 야마가타가 니콜라이 2세 대관식에 참석했다. 그동안 일러 협상 교섭은 주조선 일본 공사 고무라 주타로小村寿太郎(1855~1911)와 주조선 러시아 공사 카를 베베르Carl Friedrich Waeber(1841~1910) 사이에 진행되었고, 5월 14일 일본·러시아의 교섭

원칙이 확정되었다. 그 내용은 조선의 치안이 회복할 때까지 일본의 거류지와 전신선 보호를 위한 최소한의 일본군 주둔을 허용하고, 러시아도 일본군과 같은 규모의 군대를 조선에 파병한다는 것이었다. 야마가타는 러시아의 외무대신 알렉세이 로바노프Aleksei Rovanov(1824~96)와 교섭을 시작했다. 6월 9일 야마가타·로바노프 협정이 성립했다. 일본과 러시아가 조선의 내정에 간섭할 수 있는 동등한 권리를 갖고 또 양국이 다른 열강에 우선해 조선 문제에 관여할 수 있다는 내용이었다. 이 협정으로 일본은 청일전쟁 후에 수세에 몰렸던 위신을 회복할 수 있었다.

1898년 1월부터 러일전쟁이 일어날 때까지 일본의 육군대신 지위는 가쓰라 타로, 고다마 겐타로児玉源太郞(1852~1906), 데라우치 마사타케寺内正毅(1852~1919) 등 조슈번 출신으로 야마가타 아리토모를 따르는 장성이 독점했다. 같은 시기에 참모총장에는 가와카미 소로쿠, 오야마 이와오 등 사쓰마번 출신 장성이 잇달아 임명되었다. 1898년 1월 20일 원수부元帥府가 설치되었다. 고마쓰노미야 아키히토小松宮彰仁 친왕, 야마가타 아리토모, 오야마 이와오, 사이고 쓰구미치 네 명이 원수에 임명되었다.

1898년 11월 8일 제2차 야마가타 아리토모 내각이 출범했다. 대장대신大蔵大臣에 마쓰카타 마사요시, 내무대신에 사이고 쓰구미치, 육군대신에 가쓰라 타로, 법무대신에 기요우라 게이고, 농상대신에 소네 아라스케曾禰荒助(1849~1910), 체신대신에 요시카와 아키마사, 외무대신에 아오키 슈조, 해군대신에 야마모토 곤베 등 모두 조슈·사쓰마번 출신들로 내각을 구성했다. 정당에서 입각한 인물은 한 사람도 없었다.

야마가타는 본래 내각은 의회의 밖에 초연하게 존재해야 한다고 생각하던 초연주의자였다. 정당의 역할을 인정하려고 하지 않았다. 그러나 의회의 영향력이 커지면서 초연주의를 유지하는 것이 불가능했다. 야마가타 내각은 초연주의를 수정하지 않을 수 없었다. 호시 도오루星亨(1850~1901)를 비롯한 야당 정치인과 반정부 성향의 이타가키 다이스케가 이끄는 헌정당憲政党과 제휴했다. 그리하여 농민과 보수주의자들의 반대에 직면한 지조증징안을 통과시킬 수 있었다.

그러나 야마가타를 비롯한 조슈·사쓰마번 관료는 정당 세력이 정부 기관에 진출하는 것을 여전히 두려워했다. 그래서 1899년 3월 28일 「문관임용령」을 개정해 정당원이 관리가 되는 길을 제한했다. 시험 임용의 범위를 확대하고 정실 임용의 범위를 축소했다. 정당원이라도 자격을 갖추지 못하면 관료로 임명할 수 없도록 했다. 천황이 자유롭게 임용할 수 있었던 칙임관勅任官 조차도 자격과 실력을 갖춘 자로 임명한다는 방침을 정했다. 칙임관도 고등문관시험에 합격한 자 중에서 선발하는 원칙이 성립했다.

「문관임용령」과 함께 「문관분한령文官分限令」이 제정되었다. 문관분한령은 칙임관을 비롯한 문관임용령이 적용되지 않고 임명되는 관리에는 적용되지 않았다. 일반 문관의 신분과 징계에 관한 칙령이었다. 문관분한령으로 관리의 지위가 보장되었다. 관리는 금고나 징역형이 선고되어 관직에서 파면되거나 문관분한령 규정에 저촉되지 않으면 관직에서 물러나게 할 수 없었다. 내각이 교체되어도 함부로 관리를 면직시킬 수 없게 되었다. 문관의 자격임용제도가 강화되면서 관리의 신분이 보장되었다.

1899년 5월 러시아 해군이 한국의 마산馬山 항구에 거점을 마련하려는 움직임이 있었다. 일본의 육군과 해군 내에서 위기감이 고조되었다. 10월 11일 야마가타 총리대신이 「대한정책의견서」를 집필했다. 거기에 다음과 같은 내용이 있다. (1) 러시아가 한국의 마산 항구나 거제도 그 밖의 지역에 군함 정박소나 요새로 사용하기 위한 토지를 점령하거나 빌릴 목적으로 한국 정부를 압박하면 일본은 좌시하지 않을 것이다. (2) 만약에 러시아가 일본의 충고를 거절하는 경우 한국에 대한 일본의 이익을 포기할 것인지 아닌지 어전회의에서 결정해야 할 것이다. 야마가타는 러시아가 한반도 남부로 진출한다면 전쟁도 각오해야 한다고 생각하고 있었다.

이 무렵 서양 열강의 중국침략 움직임이 특히 화북 지역에서 현저했다. 열강의 중국 분할 경쟁이 치열해지면서 중국 농민이 토지를 잃고 몰락했다. 도시 수공업자와 교통 노동자들도 실업했다. 중국인들은 침략의 상징이라고 생각한 외국인 선교사와 교회에 반감을 품었다. 산둥성山東省에서 비밀결사 단체 의화단義和團이 일어나 세력을 넓히면서 제국주의와 크리스트교 반대 투쟁을 전개했다. 도시 수공업자, 교통 노동자, 광산 노동자, 유민 등 여러 계층의 중국인이 의화단에 가입했다. 의화단 세력에 동조하는 청국군이 늘어났다.

1900년 1월 베이징北京 열국 공사단이 청국에 의화단 진압을 요구했다. 그러나 청국 정부도 의화단 세력을 진압할 수 없었다. 그해 5월에 의화단이 철도와 정거장을 파괴하거나 방화하기 시작했다. 의화단은 베이징과 톈진天津 일대를 제압하고 크리스트교 교회당과 크리스천의 주택·점포에 방화했다. 6월에는 베이징에 있는 각국 공사관이 의화단에 포위되고 청국이 서양 여러 나라에 선전을 포고하는 사태에 이르렀다. 베이징에 재류하던 외국인은 중국인 크리스천과 함께 각국 공사관으로 들어가 농성하면서 의화단과 대치했다.

서구 열강은 자국민을 보호한다는 구실로 청국에 군대를 파견했다. 당시 영국은 보아 전쟁으로 발이 묶여있었다. 미국은 필리핀의 독립전쟁을 탄압하느라 청국에 많은 군대를 보낼 수 없는 형편이었다. 러시아의 남하를 두려워한 영국이 일본에 파병을 요청했다. 6월 11일 베이징의 일본공사관 서기가 청국군에게 살해되었다. 6월 15일 야마가타 내각이 청국에 육군을 파견하기로 의결하고 각국 공사에게 알렸다. 7월 5일 아침 야마가타 총리대신이 메이지 천황을 알현하고 청국에 군대를 파견하는 일을 보고했다. 천황은 야마가타에게 외교에 관한 일은 이토 히로부미와 논의하라고 명령했다. 그날 저녁 천황이 이토를 불러 여러 대신에게 청국 문제에 대해 조언하라고 명령했다. 7월 6일 각의에서 혼성 1개 사단을 청국에 파견하기로 의결했다. 그리고 각국 공사에게 일본이 2만 2,000여 명을 파견한다고 통고했다. 8월 14일 일본을 비롯한 열강의 군대가 베이징에 입성했다. 북청사변北淸事變이었다.

8월 22일 이토 히로부미는 야마가타 총리대신과 아오키 슈조 외무대신에게 출병의 목적이 달성되었으니 여러 나라에 철병을 제의해야 한다고 권고했다. 그러나 야마가타는 이토의 권고를 받아들이지 않았다. 일본군을 베이징 주변에 주둔시켰다. 일본의 발언력을 높이고 장래 대륙으로 세력을 확장할 준비를 하는 것이 중요하다고 판단했다. 실제로 야마가타는 8월 20일에 「북청사변선후책」을 집필했다. 장래 반드시 열강에 의한 중국 분할이 일어날 것이고, 그에 앞서 일본의 세력범위를 확보할 필요가 있다는 내용이었다. 야마가타는 푸젠성福建省과 저장성浙江省을 일본의 세력범위로 삼아야 한다고 주장했다.

의화단의 저항운동으로 러시아가 만주에 부설하던 동청철도가 파괴되었다. 1900년 7월 러시아가 동청철도와 그 주변 지역을 지킨다는 구실로 15만 명이 넘는 군대를 만주에 파견했다. 만주는 사실상 러시아군이 지배했다. 러시아는 계속 만주에 주둔하면서 조선에도 영향력을 행사했다. 이러한 상황은 러시아와 대립하던 영국을 긴장시켰고 한

반도를 발판으로 만주까지 지배하려는 야심을 품은 일본을 당황하게 했다.

일본의 정치가들은 열강의 어느 한 세력과 제휴하지 않고서는 침략전쟁을 할 수 없다는 데 의견의 일치를 보았다. 하지만 어느 나라와 손을 잡을 것인가 하는 문제로 의견이 대립했다. 야마가타 아리토모를 비롯한 군부의 실력자와 가토 다카아키加藤高明(1860~1926)를 비롯한 외교관들이 일영동맹을 주장했다. 이토 히로부미, 이노우에 가오루, 무쓰 무네미쓰 등은 러시아와 직접 대결을 피하고 협상하는 것이 바람직하다고 주장했다.

협상론자들은 일본이 러시아의 만주 지배를 인정하고, 러시아도 일본의 한반도 지배를 인정하는 이른바 만한교환론을 내세웠다. 그들은 일영동맹은 러시아와의 협상 가능성을 봉쇄하는 것이라고 주장했다. 이에 비해 일영동맹을 주장하는 자들은 러시아의 만주 지배를 인정하면 일본의 한국 지배도 실현될 수 없으며, 영국과 동맹을 하는 것만이 러시아에 대항하고 일본이 중국을 침략할 수 있는 기회를 확보하는 방책이라고 주장했다. 자본가들은 후자의 의견에 동조했다.

1901년 6월 2일 가쓰라 타로가 현역 육군대장 지위를 유지한 채 총리대신에 취임했다. 가쓰라 내각은 10명의 대신 중에 7명이 야마가타 아리토모의 측근이었다. 9월 7일 일본, 영국, 미국, 러시아, 프랑스, 독일, 이탈리아 등 11개국이 청국과 베이징 의정서를 조인해 청국에 4억 5,000만 냥(6억 3,350만 엔)이라는 거액의 배상금을 강요했다. 조인식에는 고무라 주타로 주청 일본 공사가 대표로 참석했다. 일본에는 배상금의 7.7퍼센트가 분배되었다. 청국은 베이징 의정서에 따라 연합국이 베이징 공사관에 경비병을 상주시키고 외국군이 각지의 요충지를 점령하는 것을 승인했다. 일본도 이 협정에 따라 중국 북부에 군대를 배치했다. 훗날 중국 주둔군의 기원이 되었다.

일본은 러시아와 대결한다는 방침을 정했다. 1902년 1월 30일 가쓰라 총리대신이 야마가타 아리토모, 마쓰카타 마사요시, 사이고 쓰구미치 등의 지원에 힘입어 일영동맹을 맺었다. 중요한 내용은 두 나라 중 한 나라가 제3국과 전쟁을 하면 서로 중립을 지키고, 상대가 한 나라 이상일 경우에는 공동으로 대처한다는 것이었다. 당시 영국은 중국에서 기득권을 지키기 위해서도, 중국 민중의 저항을 억압하기 위해서도, 러시아의 남하정책을 저지하기 위해서도 일본과 동맹을 맺지 않을 수 없는 상황이었다. 일본은 한반도를 손에 넣은 뒤 만주로 권익을 확장한다는 계획을 세웠다. 영국은 일본이 러일전쟁에서 승리한다면 자국 자본이 만주로 진출할 수 있다고 믿었다. 일본이 그 역할을 충실히 수행해 줄 것으로 기대했다. 그래서 일본을 지원했다. 미국도 일본을 지원했다. 일영동맹을 맺은 일본은 러시아에 만주에서 군대를 철수하라고 요구했다.

1902년 4월 8일 러시아는 청국에 만주의 반환을 약속하고 순차적으로 철병할 계획을 세웠다. 그러나 일본이 청국과 교섭해 만주로 진출하려고 하자 철병을 중단하고 오히려 청국에 만주에서 러시아의 영향력을 보장하라고 요구했다. 그리고 압록강 일대의 토지를 매수하는 등 한국에 거점을 마련하려는 움직임을 보였다. 위기감을 느낀 가쓰라 내각은 6월 23일에 어전회의를 열어 대러 교섭 방침을 정했다. 8월 12일 가쓰라 내각은 러시아에 만주에서 철병하고 한국에서 일본의 지위를 인정하라고 요구했다. 교섭은 난항이 예상되었다. 그러자 가쓰라 내각은 전쟁을 불사한다는 방침을 정했다.

1903년 8월 주러 일본 공사 구리노 신이치로栗野慎一郎(1851~1937)가 협상안을 러시아에 제시했다. 그 내용은 다음과 같았다. "일본은 한국에 러시아는 만주의 철도 경영에 각각 특수 이익을 가지며, 이것을 보장하기 위해 서로 출병권을 인정한다. 러시아는 일본이 한반도 철도를 만주 철도에 연결하는 것을 방해하지 않는다. 러시아는 일본이 한국에 대한 내정간섭과 조언의 전권을 가지는 것을 승인한다." 이 제안에 대해 러시아는 다음과 같이 요구했다. "한반도를 군사상 목적으로 사용하지 말 것, 한국 해협의 통행을 방해할 수 있는 요새를 구축하지 말 것, 북위 39도 이북은 중립지대로 할 것, 만주와 그 연안을 이익 범위에서 제외할 것."

한반도 북부가 중립지대로 설정되면 한국을 지배하려는 일본의 계획이 무산될 수밖에 없었다. 1903년 12월 16일 가쓰라 총리대신이 주요 관료와 원로를 관저로 불러 대응책을 논의했다. 이 자리에서 야마가타는 만한교환론으로 최후의 교섭을 시도한 후에 러시아가 일본의 제안을 받아들이지 않으면 개전할 수밖에 없다고 주장했다. 데라우치 마사타케 육군대신, 고다마 겐타로 참모본부 차장도 야마가타의 의견에 동의했다. 12월 23일 일본이 다시 러시아에 협상안을 제시했다. 1904년 1월 6일 러시아가 회답했다. 하지만 러시아는 한반도 북부를 중립지대로 설정하는 방안을 포기하지 않았다. 1월 16일 일본이 다시 한반도 전체를 일본의 세력권으로 요구했다. 러시아가 회답하지 않았다. 2월 4일 야마가타 아리토모를 비롯한 다섯 원로, 가쓰라 타로 총리대신·고무라 주타로 외무대신을 비롯한 다섯 각료가 어전회의를 열어 개전을 의결했다.

어전회의 분위기는 고무되어 있었다. 러시아가 일본의 요구를 인정한다고 해도 언젠가는 전쟁을 피할 수 없을 것이고, 그렇다면 일거에 러시아를 격파하는 것이 좋다고 판단했다. 여론도 강경론이 우세했다. 언론은 무력으로 러시아를 만주에서 쫓아내라고 떠들었다. 귀족원 의원들도 전쟁으로 일거에 만주 문제를 해결하라고 외쳤다. 도쿄대학 교수들이 만한교환론으로는 러시아의 침략을 근본적으로 해결할 수 없다는 의견서를 정부에 제출했다. 반정부 지식인조차 전쟁불가피론을 폈다. 일부 지식인들이 반전론을 폈지만 그들의 의견은 전쟁을 열망하는 여론에 묻혀버렸다.

전쟁을 결심한 일본은 즉시 군사행동을 감행했다. 2월 8일 일본 해군이 인천 항구에 정박한 러시아 군함 두 척에 포격을 가했다. 같은 시각에 도고 헤이하치로東鄕平八郎 사령관이 이끄는 연합함대가 은밀하게 뤼순 군항에 접근해서 러시아 함대에 포격을 가했다. 그런데도 러시아는 경계태세에 돌입한 함대에 "발포하지 말고 의심되는 사태가 발생하면 귀환하라."라고 명령했다. 러시아는 가능하면 전쟁으로 치닫는 것을 피하려고 했다. 영국에 조정을 요청하기도 했다. 그러나 일본의 도발은 멈추지 않았다. 2월 10일 일본이 러시아에 선전을 포고하고 다음 날 대본영을 설치했다.

일본이 선제공격을 개시한 것은 러시아가 아직 전쟁 태세를 갖추지 못했다고 판단했기 때문이다. 일본이 전쟁을 시작했을 때 러시아의 극동군은 12만 명이었다. 시베리아철도는 1903년에 일단 개통되었으나 아직 단선이어서 수송 능력에 한계가 있었다. 또 러시아의 함대가 극동으로 돌아오는 데 상당한 시일이 걸렸다. 야마가타 아리토모를 비롯한 일본군 지휘부는 그사이에 러시아에 큰 타격을 입히면 승산이 있다고 판단했다.

1904년 3월 8일 메이지 천황이 야마가타 아리토모 원수에게 대본영에 합류하라고 명령했다. 일본 해군이 뤼순을 기습해 제해권을 장악한 다음, 1904년 3월에 육군 제1군이 한국에 상륙해 북상을 개시했다. 4월 말에는 일본군이 압록강을 건너 만주로 진격했다. 이어서 제2군이

강을 건너 러시아군을 추격하는 일본군

뤼순 북방에 상륙했다. 5월 25일 일본군이 진저우金州 인근 전투에서 4,400명의 사상자를 내며 북진했다. 대본영은 뤼순을 공략하기가 쉽지 않다고 판단하고 6월 30일 제2군을 나누어 제3군을 편성했다. 제3군 사령관은 노기 마레스케乃木希典였다.

6월 20일 야마가타가 참모총장 겸 병참총감에 임명되었다. 이어서 만주군총사령부가 편성되었다. 오야마 이와오 대장이 만주군총사령관, 참모차장 고다마 겐타로가 대장으로 승진하며 만주군총참모장에 임명되었다. 전쟁에 관한 모든 사안은 야마가타 원수, 가쓰라 대장 겸 총리대신, 데라우치 육군대신, 오야마 총사령관, 고다마 총참모장이 참석하는 정례회의에서 논의되었다. 메이지 천황이 참석하는 대본영회의는 형식적으로 보고하는 절차에 불과했다. 야마가타 아리토모가 사

참모총장 시절의 야마가타

실상 전쟁에 관한 최고 의사결정권자였다.

오야마 이와오 만주군총사령관이 일본군을 통괄하면서 작전을 지휘했다. 이 무렵 대본영이 제4군을 편성했다. 제3군은 뤼순으로 향했고, 제4군은 제1군·제2군을 따라 북상했다. 일본군이 랴오양遼陽까지 진격하는 과정은 매우 험난했다. 일본군의 병기·탄약·식량의 보급이 원활하지 못했다. 국지 전투가 치열해지면서 특히 탄환이 부족했다. 2~3일분으로 지급된 탄환이 하루 전투에서 모두 소비되기도 했다. 6월에는 블라디보스토크의 러시아 함대가 탄환을 수송하던 일본 군함을 격침했다. 7월에 예정된 랴오양 공격이 1개월 늦춰질 수밖에 없었다. 8월 29일부터 벌어진 랴오양 전투에서 러시아군이 후퇴하기는 했지만 실제로는 일본군이 더 큰 타격을 입었다.

대본영은 러시아가 함대를 극동으로 보내기로 했다는 정보를 입수했다. 해군은 육군에 러시아 함대가 동북아시아 해안에 모습을 드러내기 전에 뤼순을 점령해 달라고 요구했다. 제3군은 8월 19일부터 20여 일간 뤼순 총공격을 감행했다. 그러나 러시아 수비대의 완강한 저항에 부딪혔다. 대본영은 제3군에 반드시 뤼순을 함락시키라고 명령했다. 제3군은 11월 26일부터 뤼순 총공격을 감행했다. 일본군이 많은 사상자를 내며 러시아군 요새 중에서 가장 약한 203고지를 점령했다. 12월 5일이었다. 일본군은 203고지에 포대를 설치하고 뤼순 군항의 러시아 함대를 포격했다. 1905년 1월 2일 일본군이 뤼순을 점령했다.

한편 일본 해군은 대서양에서 아프리카 남단을 돌아 멀고 먼 길을 항해해 온 러시아의 발틱함대를 대한해협에서 맞이해 싸웠다. 1905년 5월 27일 새벽에 개시된 해전에서 러시아 함대가 큰 타격을 입었다. 원래 일본의 연합함대는 발틱함대가 블라디보스토크에 도착하기까지 7회에 걸쳐서 공격할 계획이었다. 그런데 5월 27일 새벽 전투에서 발틱함대 전함 80퍼센트를 격파하는 예상 밖의 승리를 거두었다. 다음 날 발틱함대의 잔여 함대 여러 척이 연합함대에 포위되어 자폭하거나 항복했다. 이에 비해 일본의 연합함대는 수뢰정 3척이 격침되는 데 그쳤다. 일본 해군의 완승이었다.

 그러나 일본군은 총체적인 위기에 처했다. 무엇보다도 더 이상 동원할 병력이 없었다. 현역병은 물론 예비역·보충역까지 동원해 전선으로 보냈다. 바다를 건넌 일본군은 102만 명에 달했다. 훈련된 장교와 하사관이 사망하거나 부상했다. 더 이상 전쟁을 수행하기 어려운 상황이었다. 재정도 이미 바닥나 전쟁 물자를 공급할 수 없는 형편이었다. 일본은 미국에 중재를 요청했다. 미국 대통령 루스벨트Theodore Roosevelt가 러시아 황제를 설득했다. 때마침 러시아에서 혁명의 기운이 고조되어 몹시 혼란했다. 러시아가 루스벨트의 중재 요청을 받아들였다. 9월 5일 강화조약이 성립되었다. 이 조약으로 일본은 그동안 러시아가 누리던 남만주의 이권 및 한국의 지배권을 쟁취하고 사할린 북위 50도 이남의 땅을 차지했다.

chapter.6

원로 정치인

러일전쟁 후 일본 정부의 당면과제는 한국을 식민지화하는 것과 민중의 저항을 무마하는 것이었다. 국내 모순이 격화해 민중운동이 거세지면 이토 히로부미의 후계자로 입헌정우회立憲政友會 총재를 지낸 화족 출신 사이온지 긴모치西園寺公望(1849~1940)를 중심으로 하는 온건주의 내각이 등장해 정국을 수습했다. 정국이 안정되면 야마가타 아리토모의 후계자로 조슈번 출신 가쓰라 타로를 중심으로 하는 군벌 내각이 정치를 담당했다. 그러면서 일본은 일관되게 대외 팽창 정책을 추진했다.

1912년 7월 30일 메이지 천황이 세상을 떠났다. 야마가타는 천황의 죽음에 동요하지 않았다. 오히려 침착하게 새로운 정치체제 구상에 몰두했다. 메이지 천황은 병상에서 황태자 요시히토嘉仁에게 다음과 같이 말했다. "가쓰라 타로에게 정권을 맡겨라." 야마가타는 그 말을 분명히 기억하고 있었다. 메이지 천황이 붕어했을 때 가쓰라는 유럽을 순방하고 있었다. 러시아의 페테르부르크에서 천황의 부음을 들은 가쓰라가 서둘러 귀국길에 올라 8월 11일 도쿄에 도착했다. 야마가타는 자신의 부하였던 가쓰라 타로가 정치의 거물로 부상하는 것이 못마땅했다. 그는 원로들을 설득해 가쓰라를 내대신 겸 시종장에 취임하도록 했다.

내대신은 메이지 정부 초기에 귀족 산조 사네토미가 맡았던 고위 관직으로 산조가 사망한 후 공석이었다. 내대신은 천황을 항상 보필해야 하는 막중한 직책이었다. 하지만 만년의 산조 사네토미는 정치력을 발휘하지 않았다. 그래서 내대신은 그다지 실권이 없는 자리라고 여겨졌다. 야마가타는 가쓰라 타로를 천황 궁궐로 들여보내고 차기 총리대신으로 자신의 심복인 데라우치 마사타케 조선 총독을 추천할 심산이었다. 야마가타를 추종하던 조슈번 출신 관료나 군인들도 그의 뜻에 동조하는 분위기였다. 그러나 가쓰라 타로 내대신은 정당을 결성해 정치계를 쇄신하겠다는 야심을 포기하지 않았다. 가쓰라가 자신을 궁지로 몰아넣으려고 획책한 야마가타를 멀리하기 시작했다.

당시 제2차 사이온지 긴모치 내각이 정치를 담당하고 있었다. 사이온지 내각은 군비확장 정책을 일시 중단하고 행정과 재정 정비에 주력했다. 러일전쟁 후 재정 궁핍을 타개하기 위한 정책은 민중이 열망하는 것이기도 했다. 그런데 군벌이 대륙의 불안한 정세에 대처하기 위해 현안의 2개 사단을 증설해야 한다고 주장했다. 1912년 8월 29일 사이온지 총리대신이 야마가타 원수를 방문해 사단 증설이 어렵다는 뜻을 전했다. 야마가타가 타협안을 제시했다. 하지만 사이온지 내각은 끝내 사단 증설 불가 방침을 확정했다. 그러자 가쓰라 타로가 우에하라 유사쿠上原勇作(1856~1933) 육군대신을 선동했다. 12월 2일 우에하라 육군대신이 천황에게 직접 사표를 제출한 후 후임 육군대신을 추천하지 않는 전략으로 사이온지 내각을 붕괴시키려고 했다.

12월 3일 사이온지 총리대신이 사의를 표명하기 위해 야마가타 원수를 방문했다. 야마가타는 사이온지에게 육군의 요구를 일부 수용하는 선에서 타협하라고 권고했다. 그러나 사이온지는 야마가타의 권고를 받아들이지 않았다. 당시 육군은 사이온지 내각을 붕괴시킨 후, 육군대신을 역임하고 초대 조선 총독으로 부임한 데라우치 마사타케를 총리대신으로 옹립할 계획이었다. 그러나 육군의 오만함이 민중의 감정을 자극했다. 벌족 타파 · 책임 내각의 실현을 목표로 하는 헌정옹호 운동이 순식간에 전국적으로 번졌다. 육군은 제2차 사이온지 내각을 붕괴시켰지만, 사단 증설 계획을 관철하지 못했다.

1912년 12월 17일 다이쇼 천황大正天皇(재위:1912~26)이 가쓰라 타

다이쇼 천황

로를 총리대신으로 내정하고 조각組閣을 명했다. 12월 21일 제3차 가쓰라 내각이 출범했다. 외무대신에 가토 다카아키, 내무대신에 오우라 가네타케大浦兼武(1850~1918), 대장대신에 와카쓰키 레이지로若槻礼次郎(1866~1949), 체신대신에 고토 신페이後藤新平(1857~1929)가 취임했다. 1913년 1월 20일 가쓰라 총리대신이 신당 계획을 발표하는 등 의욕적으로 정치개혁에 착수했다. 그런데 내대신 겸 시종장으로 근무하면서 천황을 섬기던 가쓰라가 총리대신에 취임하는 과정에서 천황의 칙명을 이용하고, 유임을 꺼리는 사이토 마코토斎藤実(1858~1936) 해군대신을 칙명으로 유임시켰다. 위헌의 소지가 있는 가쓰라의 행위가 비난의 대상이 되었다. 야마가타 원수도 가쓰라에 우호적이지 않았다.

가쓰라 내각의 출현은 국민을 매우 격앙하게 했다. 특히 긴축재정과 감세를 요구하던 실업가들 사이에서 군벌을 비판하는 목소리가 커졌다. 도쿄에서 헌정옹호회가 결성되었다. 헌정옹호회는 헌정옹호·벌족타파의 기치를 내걸고 전국적인 운동을 전개했다. 입헌국민당의 이누카이 쓰요시犬養毅(1855~1932)와 입헌정우회의 오자키 유키오尾崎行雄(1858~1954)가 진두에서 운동을 지휘했다. 정세를 관망하던 입헌정우회 간부들도 호헌운동에 참여했다. 다이쇼 천황은 입헌정우회 총재 사이온지 긴모치에게 정부에 협력하라는 칙령을 내렸다. 하지만 입헌정우회 간부들은 내각의 해산을 요구하며 호헌운동에 나섰다.

호헌운동을 두려워한 가쓰라 타로 총리대신은 스스로 입헌동지회를 조직하겠다는 방침을 밝혔다. 그는 의회를 해산시켜 호헌운동에 대항하려고 했다. 그러자 의회가 재개되는 날인 1913년 2월 10일 민중이 의회를 포위하며 폭동을 일으켰다. 이 사건으로 가쓰라 내각이 출범한 지 53일 만에 총사직하고 말았다. 이 사건을 제1차 호헌운동 또는 다이쇼 정변이라고 한다. 다이쇼 정변은 일본 역사상 민중운동으로 내각을 붕괴시킨 첫 번째 사건이었다.

가쓰라 내각이 붕괴한 후, 1913년 2월 20일 사쓰마 해군 군벌의 거두였던 야마모토 곤베에가 입헌정우회와 제휴해 내각을 구성했다. 당시 입헌정우회 회원 일부가 탈당해 정우클럽政友俱樂部을 결성했다. 야마모토 내각은 재정·행정 정리를 단행했다. 「문관임용령」을 개정해 정당원이 관직에 나아갈 수 있는 길을 넓혔다. 현역 무관뿐만이 아니라 예비역도 육군·해군대신에 임용될 수 있도록 했다. 야마모토 내각은 민중의 요구를 수용했다. 그러자 헌정옹호운동의 기세가 꺾였다.

1913년 11월 19일 야마가타 아리토모가 추밀원 의장직을 사임하면서 원로 마쓰카타 마사요시를 후임으로 추천했다. 그러나 12월 2일 다카쓰카사 히로미치鷹司熙通(1855~1918) 시종장이 야마가타 저택을 방문해 천황의 말을 전했다. (1) 몸이 불편하면 편안하게 요양하라. (2) 새로운 시대의 정치에 야마가타의 도움이 필요하니 사직을 허락하지 않는다. (3) 더욱이 천황의 즉위식이 다가오고 추밀원 의장에 걸맞은 후임자도 없으니 유임하라. 다이쇼 천황은 추밀원 부의장이 사무를 총괄하니 야마가타는 추밀원 회의에 출석하지 않아도 좋다는 뜻을 전했다. 그 후 추밀원은 야마가타의 권력 기반이 되었다.

1914년 1월 시멘스 사건, 즉 해군의 뇌물거래 사건이 터졌다. 3월 24일에 야마모토 곤베에 내각이 총사직했다. 3월 26일 야마가타가 원로 회의를 소집했다. 야마가타 아리토모, 마쓰카타 마사요시, 오야마 이와오 등 세 명의 원로 이외에 이노우에 가오루가 회의에 참석했다. 야마가타는 혼란한 정국을 안정시킨 후 2개 사단을 증설할 수 있는 내각을 출범시키고 또 차제에 원로제도를 확립하겠다는 뜻을 품고 있었다. 야마가타는 마쓰카타 마사요시에게 차기 총리대신을 맡아달라고 요청했다. 마쓰카타는 노령이라는 이유로 고사했다. 야마가타는 구마모토번 출신 기요우라 게이고清浦奎吾(1850~1942)를 총리대신으로 추천했다. 하지만 기요우라는 내각 구성에 실패했다. 그러자 원로들은 메이지 정부의 원훈인 오쿠마 시게노부를 추천했다. 4월 16일 제2차 오쿠마 내각이 출범했다. 오쿠마 총리대신은 입헌동지회를 여당으로 하고, 입헌동지회 총재 가토 다카아키를 외무대신으로 영입해 내각을 구성했다. 정당 세력이 점차로 세력을 강화했다.

1914년 6월 제1차 세계대전이 일어났다. 야마가타 원수는 오쿠마 내각에 「대중국정책의견서」를 제출했다. (1) 세계대전이 끝나고 유럽의 정치·경제가 질서를 회복하면 유럽 여러 나라가 동양의 이권을 차지하려고 할 것이다. 그러면 백인과 유색인종의 경쟁이 심해질 것이다. 백인이 우리 유색인종의 적이 될 수 있을 것이다. (2) 그것에 대응하기 위해 중국과 친밀하게 지내며 서로의 이익을 지키기 위해 노력해야 할 것이다. (3) 중국이 일본을 신뢰할 수 있는 분위기를 조장해야 할 것이다. (4) 만주·몽고에서 일본의 이익이 매우 중요하다. 그것을 지키기 위해 러시아와 친교를 유지하는 한편 중국과의 관계를 원활하게 할 필요가 있다. (5) 동시에 일본은 영국과의 동맹, 러시아·프랑스와의 협상 나아가 미국과 교섭할 필요가 있다.

일본이 제1차 세계대전에 참전한 후, 일본군이 칭다오青島로 진격할

칭다오를 공격하는 일본군 포병대

때 산둥 철도를 강제로 점거했다. 중국은 일본군의 만행에 항의했다. 중국은 미국에 도움을 요청하는 한편 11월 18일 일본군의 철수를 요구했다. 1915년 1월 7일 중국은 재차 일본군의 철수를 요구했다. 그러자 1월 18일 일본이 중국의 위안스카이 정부에 21개조의 요구사항을 제시했다. 일본은 유럽 열강이 전쟁의 수렁에 빠졌을 때 그 틈을 이용해 허약한 중국을 압박해 이권을 챙기려는 야심을 숨기지 않았다.

일본이 요구한 내용은 대략 다음과 같다. 산둥에서 독일이 보유하던 권리를 일본이 승계하도록 할 것, 남만주·내몽고에서 일본의 특수한 권익을 인정하고 뤼순·다롄의 조차 기간을 99년으로 연장할 것, 중국 최대의 제철 기업을 일본과 공동으로 경영할 것, 일본의 요구는 주로 중국에서 독일이 보유하던 권리를 일본이 승계하는 것과 일본이 러일전쟁 후에 차지했던 권리를 연장하고 추가하는 것이었다. 그런데 제4호의 "중국 연안을 다른 나라에 양도하거나 대여하지 말라."라는 요구와 제5호의 여러 조항은 중국의 내정에 노골적으로 간섭하는 내용이었다. 제5호에는 정치·군사고문으로 일본인을 초빙할 것, 필요한 지역에서 중국과 일본이 공동으로 경찰권을 행사할 것, 중국과 일본이 합작으로 무기공장을 설립할 것, 중국은 일본에서 일정량 이상의 무기를 공급받을 것, 철도부설권을 일본에 양도할 것 등 7개조가 열거되었다. 만약 제5호가 승인된다면 중국은 실질적으로 일본의 보호국이 되는 것이었다. 명백한 주권 침해였다. 그래서 일본도 제5호의 내용을 다른 나라에는 비밀로 했다.

21개조 요구에 관한 일본과 중국의 교섭이 시작되자, 오우라 가네타케 내무대신이 야마가타 원수에게 교섭 진행 과정을 보고했다. 야마가타는 가토 다카아키 외무대신에게 일본이 최종안을 중국에 제시하기 전에 "반드시 영국·미국·러시아와 충분히 소통"해야 한다고 말했다. 그런데 위안스카이가 제5호의 내용을 주청 미국 공사에게 알려주었다. 그러자 미국과 영국이 제5호 요구를 비난했다. 중국 신문이 제5호의 내용을 보도했다. 중국인들이 분노했다. 상하이를 중심으로 항일운동이 일어났다. 그러나 일본은 강경한 자세로 일관했다. 일본은 최후통첩을 보내 위안스카이 정부를 협박했다. 최후통첩에는 제5호의 내용 중에서 몇 개 조를 철회했으나 여전히 16개 조의 내용이 있었다. 베이징 정부는 16개 조를 모두 승인했다. 1915년 5월 9일이었다.

1916년 3월 오쿠마 시게노부 총리대신이 자신의 후임으로 가토 다카아키가 적임자라는 뜻을 밝혔다. 야마가타는 조선 총독 데라우치 마사타케나 가쓰라 타로 내각에서 내무대신을 지낸 히라타 도스케를 천거했다. 8월 3일 야마가타가 오야마 이와오·마쓰카타 마사요시·사이온지 긴모치를 저택으로 불러 차기 내각에 대해 의논했다. 9월 26일 오쿠마 총리대신이 다이쇼 천황에게 사의를 표명하면서 후임으로 가토 다카아키를 추천했다. 다음날 오쿠마가 오야마 이와오를 방문해 가토를 지지해 달라고 요청했다. 오야마는 오쿠마의 청을 거절했다. 10월 4일 오쿠마 총리대신이 사임을 표명했다. 그러자 다이쇼 천황이 야마가타 원수를 불러 차기 총리대신 건에 대해 하문했다. 야마가타는 다른 원로와 상의한 후 보고하겠다고 말했다. 야마가타·오야마·마쓰카타·사이온지 네 명이 원로회의를 열어 데라우치를 차기 총리대신으로 추천했다. 그러자 천황이 데라우치에게 조각을 명했다. 10월 9일 데라우치 마사타케 내각이 출범했다.

1917년 3월 러시아에서 혁명이 일어나 니콜라이 2세가 자리에서 물러났다. 4월에는 그동안 중립을 지키던 미국이 전쟁에 참전했다. 11월 7일 레닌과 볼셰비키 세력이 봉기해 정권을 쟁취하고 전쟁의 즉시 휴전과 강화회담 개최를 요구했다. 사회주의 정권의 성립은 자본주의에 위협적이었다. 일본은 소비에트 정부를 타도하려는 음모를 꾸미기 시작했다. 11월 참모본부는 시베리아 거류민을 보호한다는 구실로 파병계획을 세웠다. 때마침 영국·프랑스가 일본에 시베리아 출병을 요청했다. 독일과 전쟁 중이던 영국·프랑스는 러시아 정세에 간섭할 여력이 없었다. 데라우치 내각은 시베리아 출병이 대륙정책을 실현할 수 있는 절호의 기회라고 생각했다.

일본군은 1918년 1월에 연해주를 침략할 계획이었다. 외무성도 군대를 시베리아로 파병하는 계획을 마련했다. 그런데 야마가타 원수가 다음과 같이 경고했다. "많은 병사를 멀리 보내려면 문명전쟁의 이기인 비행기·자동차·총포 그리고 군량을 준비해야 한다. 그런데 지금은 쌀이 부족해서 매우 비싼 값에 거래되고 있다. 막상 출병할 때 식품 공급에 차질이 없는가?" 원로들도 일본이 단독으로 출병하는 것을 꺼렸다. 임시외교조사위원회가 열렸을 때 원로들이 파병에 반대했다. 데라우치 총리대신도 원로들의 뜻에 따라 출병을 허락하지 않았다.

1918년 2월 일본이 시베리아 출병계획을 미국·영국·프랑스에 알렸다. 3월 5일 미국이 일본의 시베리아 출병에 반대한다는 뜻을 밝혔다. 일본의 시베리아 출병을 사실상 묵인한다는 방침도 철회했다. 3월 19일 여론의 지지를 얻지 못한 단독출병론이 폐기되었다. 그러나 6월이 되자 상황이 급변했다. 레닌과 대립한 체코슬로바키아 군대가 시베리아에 고립되었는데, 그 군대를 구출하는 문제가 급부상했다. 7월 6일 미국이 시베리아 출병을 결정했고, 7월 8일에는 일본에 시베리아에 공동으로 군대를 파견하자고 제의했다. 단 시베리아 깊숙이 출병하는 것이 아니라 블라디보스토크 일대를 점령하자고 했다.

7월 12일 데라우치 내각이 출병을 결정했다. 야마가타 원수를 비롯한 출병 반대론자들도 태도를 바꿨다. 미국과 공동으로 출병한다면 문제가 없을 것이라고 확신했다. 8월 2일 일본이 드디어 시베리아 출병을 선언했다. 8월 4일 블라디보스토크 파견군 사령부가 설치되고 제2·제3사단이 블라디보스토크를 점령했다. 일본 이외에 미국이 9,000명, 영국이 5,800명, 중국·이탈리아·프랑스가 각각 1개 대대를 파견했다. 일본은 1만2,000명의 군사를 파견했다. 연합군이 바이칼 호 동쪽을 제압했다. 시베리아에 진지를 구축한 일본은 연이어 군대를 파병했다. 시베리아에 주둔한 일본군이 7만3,000명에 이르렀다. 일본의 전략은 대륙침략의 거점 조선과 만주의 배후를 확보하는 것이었다.

1918년 9월 27일 역사상 처음으로 작위가 없는 중의원 의원 하라 다카시原敬(1856~1921)가 총리대신에 내정되어 조각에 착수했다. 9월 29일 하라 총리대신은 육군대신에 다나카 기이치田中義一(1864~1929), 해군대신에 가토 도모사부로加藤友三郎(1861~1923), 외무대신에 우치다 고사이內田康哉(1865~1936) 등 모든 각료를 입헌정우회 회원으로 임명했다. 일본 최초의 본격적 정당내각이 실현된 것이다. 야마가타 아리토모는 총선거에서 제1당이 된 입헌정우회가 반정부의 기치를 내걸고 민중을 선동하면 정치가 위기에 처할 수 있다고 생각했던 인물이다. 그러나 그는 관료 중에서 사태를 수습할 수 있는 적임자를 찾을 수 없었다. 그래서 사이온지 긴모치가 입헌정우회 총재 하라 다카시를 총리대신으로 추천했을 때 동의하지 않을 수 없었다.

1920년 7월 하타노 요시나오波多野敬直(1850~1922) 궁내대신이 경질되고 후임에 원로 야마가타 아리토모의 심복 나카무라 유지로中村雄次郎(1852~1928)가 임명되었다. 당시 히로히토 황태자 교육을 담당하는 황실학문소 운영자가 도고 헤이하치로 총재를 비롯해 사쓰마번 출신이 많고 조슈번 출신이 한 사람도 없다고 불만을 품은 야마가타의 압력에 따른 것이라는 풍문이 돌았다. 그러나 하타노 궁내대신 경질 사건은 단순히 사쓰마·조슈번의 파벌 싸움으로 치부할 수 있는 사안이 아니었다. 매우 복잡한 문제가 얽혀 있었다. 당시 일반 국민에게 알려지지 않았지만, 황실은 물론 우익세력까지 관련된 복잡한 사건이었다.

1919년 5월 7일 열여덟 살이 된 히로히토 황태자가 성인식을 올렸다. 다음 달에 히로히토 황태자와 구니노미야 나가코久邇宮良子 여왕의 혼례가 발표되었다. 그런데 그 무렵 야마가타가 나가코의 모계에 색맹 유전자가 이어진다는 것을 알았다. 천황 자손이 색맹 유전자를 물려받으면 신성한 혈통을 지킬 수 없다고 판단한 야마가타는 원로 마쓰카타 마사요시와 사이온지 긴모치 그리고 하라 다카시 총리대신과 상의한 후 나가코의 부친 구니노미야 구니요시久邇宮邦彦(1873~1929) 왕에게 혼약을 물리라고 요구했다. 구니요시는 나가코 여왕의 교육을 담당

히로히토 황태자 혼인(1924. 01. 26)

하던 스기우라 주고杉浦重剛(1855~1924)와 상의했다. 그러자 황태자 혼약 파기 문제가 황실학문소에도 알려지면서 혼약 파기 찬성파와 반대파가 대립하게 되었다.

당시 스기우라는 황태자 히로히토에게 윤리학을 가르치고 있었다. 그는 일단 군주가 정한 방침은 절대적이며 그것을 번복해서는 안 된다는 윤리관의 소유자였다. 그는 도고 헤이하치로 황실학문소 총재에게 사표를 내고 집으로 돌아가 칩거했다. 고위 관료들과 친분이 없던 스기우라는 황태자 혼약 파기 문제를 우익세력의 거두 도야마 미쓰루頭山満(1855~1944)에게 상의했다. 도야마는 이 문제를 우익단체를 이끌던 미쓰카와 가메타로満川亀太郎(1888~1936)·기타 잇키北一輝(1883~1937)·오카와 슈메이大川周明(1886~1957)와 상의했다. 그러자 우익단체가 일어나 일제히 "야마가타의 음모"를 타파하기 위한 운동을 전개했다. 이들은 이미 발표한 황태자의 혼약을 파기한다면 국민이 황실을 경애하는 마음이 약화할 위험이 있다는 여론을 조장했다.

1921년 2월 내무성 경보국과 가나가와현 경찰서가 우익단체가 과격한 행동에 나설 위험이 있다는 정보를 입수했다. 이 정보는 도코나미 다케지로床次竹次郎(1867~1935) 내무대신에게 보고되었다. 궁내성을 비롯한 정부 각처가 동요하기 시작했다. 2월 9일 위험을 감지한 나카무라 유지로 궁내대신이 오다와라小田原에 있는 별장에 머물고 있던 야마가타 아리토모에게 달려갔다. 나카무라의 보고를 받은 야마가타는 자신이 이미 만회 불가능한 궁지에 몰렸다는 것을 알았다. 다음날 나카무라 유지로 궁내대신이 물러나고 후임에 마키노 노부아키牧野伸顕(1861~1949)가 임명되었다. 그리고 궁내성, 내무성, 경시청이 동시에 황태자 혼약이 변경되지 않는다고 발표했다. '궁중모중대사건'이라고 일컬어진 정변이었다. 천황 가문의 혼사에 개입한 야마가타 아리토모의 정치생명이 끝났다.

1921년 11월부터 야마가타가 오다와라 별장에 누워 고열로 신음하고 있었다. 1922년 1월 30일 마쓰카타 마사요시·기요우라 게이고·히라타 도스케·다나카 기이치 등이 야마가타를 방문했다. 야마가타는 병상에 누워 방문객들과 이야기를 나누었다. 2월 1일 오후 야마가타가 조용히 눈을 감았다.

2월 3일 다카하시 고레키요高橋是清(1854~1936) 총리대신이 야마가타 아리토모의 장례를 국장으로 치른다고 발표했다. 국장일인 2월 9일에 비가 내렸다. 1만 명을 수용할 수 있는 천막이 쳐졌다. 그러나 장례식에 참가한 사람은 1,000여 명에 지나지 않았다. 그들도 대부분이 군인들이었다.

제2부

노기 마레스케

◎ chapter.1

육군 장교가 되기까지

1849년 11월 11일 노기 마레스케乃木希典(1849~1912)는 에도江戶(도쿄) 아사부麻布의 히가쿠보日ヶ窪(도쿄토 미나토쿠 롯폰기)에서 조후번長府藩의 무사 노기 마레쓰구乃木希次(1805~77)의 셋째 아들로 태어났다. 모친은 쓰치우라번土浦藩 무사 하세가와 긴다유長谷川金太夫의 딸 히사코壽子였다. 조후번은 모리 히데모토毛利秀元(1579~1650)를 시조로 하는 조슈번의 지번支藩이었다. 본거지는 조후성長府城(야마구치현 시모노세키시)이었다. 번주는 참근교대參勤交代 시에 에도의 히가쿠보에 있는 번저藩邸에 머물렀다. 번주의 가족이 살던 번저에 여러 명의 무사가 근무하고 있었다. 그들 중의 한 명이 노기 마레쓰구였다.

마레스케가 태어났을 때 그의 두 형은 이미 사망하고 없었다. 마레스케의 아명은 나키토無人였다. 겐푸쿠元服, 즉 성년식을 올린 후에 겐조源三라는 정식 이름을 사용했다. 때에 따라서 요리토키賴時, 분조文蔵라는 이름을 사용하기도 하다가 육군 장교로 출세한 후에 부친 '希次'의 이름 중에서 '希'자를 취해서 마레스케라고 칭했다. 노기 가문을 계승하겠다는 뜻을 표명했다고 할 수 있다. 참고로 '나키토'는 '없는 사람'이라는 뜻이다. 에도 시대 일본인들은 어릴 때 천한 이름으로 불려야 장수한다고 믿었다. '나키토'에는 두 아이를 잇달아 잃은 마레스케의 부모가 새로 태어난 아들의 장수를 비는 간절한 마음이 담겨 있었다.

노기 마레스케의 부친은 아들이 훌륭한 무사가 되기를 희망했다. 그러나 마레스케는 어려서부터 몸이 나약하고 내성적인 성격이었다. 무예에 관심이 없고 책 읽는 것을 좋아했다. 아들이 훌륭한 무사가 되기를 바랐던 부모는 마레스케의 왜소한 체격과 여성적인 성격을 마땅치 않아 했다. 곧잘 마레스케보다 네 살 어린 동생 마코토真人와 비교했다. 마코토는 부친을 닮아 키도 컸고 매우 활달한 성격이었다. 그런데 마코토는 열다섯 살 무렵에 다마키 분노신玉木文之進(1810~76)의 양자가 되어 다마키 마사요시玉木正誼(1853~76)로 개명했다. 다마키 분노신은 요시다 쇼인吉田松陰(1930~59)의 숙부로 쇼카손주쿠松下村塾를 창립한 인물이었다.

1858년 12월 열 살이 된 노기 마레스케가 부친을 따라 조후성으로 돌아왔다. 1862년 6월 열네 살이 된 노기가 조후번이 세운 학교 슈도조集童場에 입학했다. 이 학교는 조후번 출신 유소년을 체계적으로 교육해 뛰어난 인재로 육성한다는 목적으로 설립되었다. 학생들이 부모 곁을 떠나 학교에서 침식을 함께하며 공부했다. 그런데 노기는 슈도조에서 공부하는 동안 친구들에게 나약한 울보 겁쟁이라고 따돌림을 당했다. 그의 외모가 왜소하고 성격이 여성적이었을 뿐만이 아니라 친구들보다 무예 실력이 뛰어나지 못했기 때문일 것이다. 그해 12월 어린 노기가 성인식을 올렸다.

마레스케의 부모는 아들을 문무를 겸비한 인재로 양성하기 위해 힘썼다. 마레스케는 여덟 살 때 글을 읽고 쓰는 법을 배웠다. 아홉 살 때 궁술을 익혔고 열한 살 때 한학자에게 한문과 시를 짓는 법을 배웠다. 열세 살 때부터 승마술·서양식 포술·병법·역사를 두루 배우기 시작했다. 열네 살이 되었을 때 창술과 검술을 익혔다. 그러나 노기는 여전히 누나에게 울보라고 놀림을 당했다. 그러나 노기가 슈도조의 기숙사 생활에 적응하면서 점차로 무사의 근성을 지닌 청년으로 성장했다.

1863년 5월 조슈번이 시모노세키下關 앞바다를 지나던 서양 선박에 포격을 가했다. 1864년 8월 5일 영국·프랑스·미국·네덜란드의 군함 16척이 시모노세키 앞바다에 모습을 드러냈다. 연합함대는 대포를 쏘아 조슈번의 포대를 파괴하고 2,000여 명의 육전대를 상륙시켜 시모노세키를 점령했다. 그때 종군할 수 없었던 열여섯 살의 소년 노기 마레스케는 언덕에 올라가 교전의 참상을 지켜보았다. 노기는 서양 군함과 대포의 위력을 실감했다. 조슈번이 속수무책으로 참패하자 서양 여러 나라에 대한 적개심을 주체하지 못했다.

1864년은 노기에게 잊을 수 없는 해였다. 그는 부모의 허락도 없이 가출해 하기萩(야마구치현 하기시)에 있는 다마키 분노신의 집으로 갔다. 노기는 어렸을 때부터 너무 엄격한 부모의 태도를 못마땅하게 여기고 있었다. 특히 그의 모친 히사코는 분노조절 장애가 있는 여성이었다. 그는 어렸을 때 모친의 무자비한 매질에 한쪽 눈의 시력을 잃었다. 그는 모성애를 갈망했다. 그러나 그의 부모는 주눅이 든 어린애의 마음을 보듬을 줄 모르는 위인이었다. 청년이 된 노기는 뛰어난 무사가 되기를 바랐던 부모에 반발해 무작정 하기로 갔다.

훗날 노기가 학습원 원장으로 있을 때 생도에게 다음과 같이 말했다. "나는 본래 허약한 체질이었다. 무사 집안에 태어났어도 문학에만 마음을 두고 무예를 좋아하지 않았다. 부친에게 학자가 되고 싶다고 말했다. 하지만 부친은 무사 가문에서 태어나 '그런 유약한 일에 마음을 두면 안 된다'라고 꾸중하며 허락하지 않았다. 나는 할 수 없이 무단으로 집을 나와 하기성 근처의 마쓰모토무라松本村로 가서 내 부친과 친분이 있던 친척 다마키 분노신 어른께 그곳에 머물며 학문을 할 수 있게 해달라고 청했다."

다마키 분노신은 가출한 노기를 크게 나무랐다. "무사 가문에서 태어난 자가 무예를 원하지 않는다면 농민이 되거라. 농민이 된다고 하면 우리 집에도 논밭이 있으니 여기 머물러 일하거라. 그렇지 않으면 잠시도 머물게 할 수 없다. 즉시 집으로 돌아가거라." 그러나 다마키의 부인 다쓰코辰子가 실심한 노기를 따뜻하게 보살폈다. 노기는 다쓰코의 배려로 그곳에 머물 수 있었다. 시간이 지나자 다마키 분노신도 노기에게 진정한 무사의 길을 가르치기 시작했다. 다마키는 요시다 쇼인을 가르친 지식인이었다. 그는 요시다 쇼인이 남긴 「사규칠칙士規七則」과 야마가 소코山鹿素行(1622~85)의 저서를 교재로 삼아 노기를 가르쳤다.

1866년 7월 열여덟 살이 된 노기가 조슈번이 세운 학교 메이린칸明倫館에 입학했다. 노기가 작성한 이력서에 다음과 같은 기록이 있다. "게이오慶應 2년(1866) 7월부터 메이지明治 원년(1868) 6월까지 하기萩의 메이린칸 문학료文学寮에서 공부했다." 당시 메이린칸에는 문학료와 병학료兵学寮가 있었다. 노기는 다마키에게 자신이 문학료에 입학해도 무예 수련을 게을리하지 않겠다고 약속했다. 노기는 유학과 역사를 공부하면서도 검도 사범 구루스 마타스케来栖又助에게 일도류一刀流 검법을 배웠다. 노기는 해박한 문학적 교양을 몸에 익혔을 뿐만 아니라 검술에도 뛰어난 청년으로 거듭났다.

1866년은 메이지 유신의 진통기였다. 그해 5월에도 막부가 조슈번의 번주 모리 다카치카毛利敬親 부자에게 근신을 명하고 영지를 삭감했

1. 육군 장교가 되기까지

다. 다카스기 신사쿠高杉晋作를 비롯한 존왕양이파 세력이 조슈번의 정권을 장악했기 때문이다. 6월 7일 막부의 함대가 오시마大島(야마구치현 스오오시마초周防大島町) 해안을 포격하면서 제2차 조슈정벌 전쟁이 시작되었다. 노기 마레스케는 조후번의 보국대報國隊에 편성되어 막부군과 싸웠다. 조슈군이 막부군을 연이어 무찔렀다. 7월 20일 막부의 14대 쇼군 도쿠가와 이에모치德川家茂가 21세의 젊은 나이에 오사카에서 병사했다. 12월 5일 도쿠가와 요시노부德川慶喜가 막부의 15대 쇼군에 취임했다. 12월 25일 고메이 천황孝明天皇(재위:1846~67)이 급사했다. 12월 29일 조정이 천황의 붕어를 공표했다.

고메이 천황

1867년 1월 9일 열다섯 살이 된 무쓰히토睦仁 친왕이 보위에 올라 메이지 천황明治天皇이 되었다. 개혁파 귀족들이 잇달아 조정으로 복귀했다. 그러자 막부를 타도하고 신정부를 수립할 수 있는 여건이 조성되었다. 이와쿠라 도모미岩倉具視를 비롯한 급진파 귀족과 사쓰마번의 사이고 다카모리·오쿠보 도시미치가 모의해 막부를 타도할 계획을 세웠다. 11월 말에 사쓰마번의 군사가 교토로 진군했다. 12월 9일 토막파土幕派가 쿠데타를 일으켜 새로운 정부의 수립을 선언했다. 신정부가에도 막부를 폐지했다. 막부군이 반발했다. 1868년 1월 3일 보신 전쟁戊辰戰爭이 일어났다. 사이고 다카모리가 이끄는 신정부군이 막부군을 무찔렀다. 1869년 5월 18일 전쟁이 끝나고 일본이 통일되었다.

　노기 마레스케는 보신 전쟁 때 조슈군 사령관 야마가타 아리토모가 이끄는 부대에 편성되어 막부군과 싸웠다. 1868년 10월 노기가 조후번의 보국대 참모가 되었다. 다음 해 11월 노기가 교토의 병영으로 파견되어 프랑스식 군사훈련을 받았다. 그 무렵 메이지 정부의 병부대보兵部大輔 오무라 마스지로大村益次郞(1825~69)가 신식 육군 양성에 힘을 기울였다. 당시 여러 번에서 소집한 군대의 훈련 방식이 각기 달랐다. 사쓰마번은 영국식, 기슈번紀州藩(와카야마현)은 독일식, 아이즈번会津藩(후쿠시마현)은 일본 전통의 나가누마식長沼式 그 밖의 여러 번은 대체로 네덜란드식 군사훈련을 받았다. 오무라는 군제를 프랑스식으로 통일하기 위해 여러 번의 군인을 소집했다. 이때 노기가 파견되었다.

1. 육군 장교가 되기까지　　**117**

1869년 1월 20일 사쓰마・조슈・도사・사가번佐賀藩(사가현)의 번주가 연서해 판적봉환 상표를 제출했다. 그러자 여러 번 번주가 잇달아 판적봉환에 동의했다. 판적봉환 후, 번명이 다이묘의 거성이 있던 지명으로 변경되었다. 예를 들면, 사쓰마번은 가고시마번鹿兒島藩, 조슈번은 야마구치번山口藩, 도사번土佐藩은 고치번高知藩 등으로 변경되었다. 새로운 번명은 훗날 폐번치현廢藩治縣 후 대부분 현명縣名이 되었다. 다이묘는 지번사로 임명되었다. 1869년 8월 7일 신정부의 방침에 따라 조후번이 도요라번豊浦藩으로 명칭을 변경했다.

1870년 1월 야마구치번(조슈번)의 번정 개혁에 불만을 품은 군대가 반란을 일으켰다. 야마구치번이 서민 출신 군인 3,000여 명을 해고한 것에 대한 반발로 1,200여 명의 군인이 집단 탈영했다. 탈영병은 재판소와 의회를 포위했다. 농민들도 합류하면서 반란군이 1,800여 명으로 늘어났다. 이 소식을 들은 기도 다카요시木戶孝允가 도쿄에서 귀향했다. 지번사 모리 모토노리毛利元德(1839~96)가 기도에게 반란군 진압을 요청했다. 기도는 800여 명의 군사를 거느리고 반란군을 진압했다. 이때 교토에서 훈련 중이던 노기가 야마구치로 소환되어 반란군 진압에 투입되었다. 2월 11일 반란군이 진압된 후 노기가 다시 교토의 병영으로 복귀해 훈련을 마치고 그해 12월 고향으로 돌아왔다.

1871년 1월 스물세 살이 된 노기 마레스케가 도요라번 육군 훈련 교관으로 임명되었다. 1월 23일 노기가 상경해 친병대 육군 소좌(소령)에 임명되었다. 1872년 4월 정부가 일본의 동부와 서부에 진대鎭台를 설치했다. 동부 진대의 본영은 이시노마키石卷(미야기현 이시노마치시)에 두고, 후쿠시마福島(후쿠시마현 후쿠시마시)와 모리오카盛岡(이와테현 모리오카시)에 각각 분영을 두었다. 서부 진대의 본영은 규슈의 고쿠라小倉에 두고, 하카타博多(후쿠오카시 하카타쿠)와 히타日田(오이타현 히타시)에 각각 분영을 두었다. 8월에는 도쿄와 오사카에도 진대를 설치하면서 서부 진대의 본영을 구마모토熊本(구마모토현 구마모토시)로 이전했다.

일본군 장교의 계급은 신정부의 공헌도에 따라 정해졌다. 사이고 다카모리가 대장, 야마가타 아리토모가 중장, 사이고 쓰구미치를 비롯한 6명이 소장, 오야마 이와오를 비롯한 5명이 대좌에 임명되었다. 노기 마레스케와 함께 하세가와 요시미치長谷川好道(1850~1924), 오쿠보 하루노大久保春野(1846~1915)가 소좌에 임명되었다. 이 무렵에 가와카미 소로쿠・가쓰라 타로가 대위, 니시 간지로西寬二郎(1846~1912)가 중위, 고다마 겐타로・데라우치 마사타케가 소위에 각각 임명되었다. 군대가 창설되는 시점이었다고는 하나 노기의 출세가 매우 빨랐다는 것을 알 수 있다.

1872년 2월 24일 친병대에서 9개월간 근무한 노기 마레스케가 도쿄 진대의 제2・제3 분영의 차장으로 부임했다. 그는 주로 여러 지역의 무기・탄약의 관리 책임을 맡았다. 1872년 3월 친병이 근위병으로 개칭되었다. 1873년 1월에 나고야名古屋(아이치현 나고야시)와 히로시마

広島(히로시마현 히로시마시)에도 진대가 설치되면서 6진대 체제가 완성되었다. 그해 4월 노기가 나고야 진대의 차장(참모장)에 임명되었다. 당시 정부는 나고야 진대에 보병 1개 대대를 주둔시키고 아이치현 · 미에현 三重県 · 시즈오카현静岡県 일대를 관할하게 했다. 1874년 5월 노기가 휴직하고 고향으로 돌아왔다. 그러나 4개월 후인 9월 10일 노기가 야마가타 아리토모 육군경의 부관에 임명되었다.

도쿄에서 생활하게 된 노기는 선배나 동료와 함께 요정에 자주 드나들었다. 젊은 나이에 고급 장교가 된 노기의 자만심이 극에 달한 시기였다. 근무를 마친 후 곧바로 집으로 돌아간 적이 거의 없었다고 한다. 그는 야마구치번 출신 상관은 물론 정치인들과도 자주 어울렸다. 신바시新橋 · 야나기바시柳橋 · 시나가와品川 · 신주쿠新宿 일대의 요정을 전전하며 게이샤芸者를 불러 밤새 술을 마셨다. 게이샤와 함께 자고 아침에 요정에서 부대로 출근하는 날도 많았다. 유흥에 탕진한 돈이 적지 않았다. 노기의 처신을 못마땅하게 여긴 육군경 야마가타가 노기를 여러 번 불러 훈계했다.

◎ *chapter.2*

사족의 난과 세이난 전쟁

 1875년 12월 4일 노기가 육군경 부관직에서 해임되고 구마모토 진대 보병 제14연대장에 임명되었다. 12월 8일 노기가 요코하마橫浜에서 배를 타고 규슈로 향했다. 노기의 일생에서 가장 화려하고 방탕했던 도쿄 생활이 막을 내렸다. 보병 제14연대는 규슈의 고쿠라에 있었다. 정부는 1873년 1월에 징병령을 공포하고, 이어서 그해 7월에 진대 조례를 개정하면서 고쿠라에 보병 1개 연대를 두기로 했다. 하지만 실제로 고쿠라에 부대가 주둔하기 시작한 것은 1874년 2월이었다. 노기가 부임한 후에 완전한 보병 연대 편제를 갖췄다. 노기의 선임 보병 제14연대장은 야마다 에이타로山田潁太郎(1850~76)였다. 그는 마에바라 잇세이

前原一誠의 친동생이었다.

 마에바라 잇세이는 조슈번의 지사로 막부 타도에 앞장섰고, 신정부 수립 후에 참의에 임명되었다. 메이지 유신 10걸의 한 사람으로 거론되는 거물이었다. 그러나 같은 조슈번 출신 기도 다카요시 · 이노우에 가오루와 자주 대립했다. 급기야 참의에서 물러나 고향으로 돌아가 불평 사족의 지도자가 되었다. 1873년 10월 정한논쟁에서 패배한 사이고 다카모리가 가고시마로 돌아가 세력을 넓히고 있었다. 1874년 2월 사이고와 함께 물러난 에토 신페이江藤新平가 사가佐賀의 불평 사족을 이끌고 반란을 일으켰으나 실패해 처형되었다. 규슈 · 시코쿠 지방 민심이 흉흉해졌다. 야마구치의 마에바라와 가고시마의 사이고가 연대하는 것을 두려워한 정부가 야마다 에이타로를 해임하고 노기를 후임으로 임명했다.

 12월 13일 노기가 구마모토 진대 사령장관 노즈 시즈오野津鎮雄(1835~80)에게 부임 신고를 했다. 노즈는 노기의 부임을 확인한 후 부관 오사코 나오하루大迫尚敏(1844~1927)를 고쿠라로 보내 야마다 소좌에게 제14연대장에서 파면한다고 통고했다. 그리고 노기에게 고쿠라의 전략적 위치가 얼마나 중요한지 설명했다. 노기는 그제야 자신에게 부여된 임무가 얼마나 막중한지 알았다. 12월 19일 노기가 제14연대장에 취임했다. 노기는 연대 장병 장악에 심혈을 기울였다. 훈련을 강화했다. 장교들과 자주 술잔을 기울이며 친목을 다졌다.

1876년 1월 야마가타 아리토모 육군경이 정세를 시찰하기 위해 시모노세키로 왔다. 혼슈本州의 서단에 있는 시모노세키는 규슈의 고쿠라에서 바다 건너 1킬로미터 정도 떨어져 있었다. 노기는 즉시 배를 타고 바다를 건너 야마가타를 방문했다. 야마가타가 시모노세키에 체재하는 동안 노기는 수시로 야마가타를 만나 정세를 보고했다. 야마가타는 노기에게 정부에 불만을 품은 세력의 동향 및 고쿠라의 전략적 중요성에 대해 언급했다. 또한 야마가타는 다마키 가문의 양자로 들어간 노기의 친동생 다마키 마사요시가 마에바라 잇세이를 섬기며 조직 내에서 큰 발언권을 행사하고 있다고 언급했다. 야마가타는 노기가 사사로운 정에 얽매여 경솔하게 처신하면 자칫 전임 연대장 야마다 에이타로와 같은 신세가 될 수 있다고 경고했다.

야마가타 육군경이 돌아간 후, 노기는 연대 장병 훈련에 심혈을 기울였다. 한밤에도 불시에 비상을 발령해 전투 태세를 점검하고 실전에 대비한 훈련을 강화했다. 그리고 수시로 야마가타 육군경에게 규슈의 정세를 보고했다. 이런 와중에 다마키 마사요시가 친형 노기를 만나러 고쿠라로 왔다. 노기는 동생 마사요시와 나눈 이야기는 물론 사이고 다카모리가 보낸 서신의 내용까지 모두 야마가타에게 보고했다. 2월 27일 야마가타 아리토모 육군경·노즈 시즈오 구마모토 진대 사령장관·미요시 시게오미三好重臣(1840~1900) 오사카 진대 사령장관과 참모들이 구마모토 진대에 모였다. 그 자리에서 마에바라 잇세이·사이고 다카모리의 동향을 점검하고 향후 대책을 논의했을 것이다.

1876년 10월 전국에서 정부의 정책에 불만을 품은 사족의 반란이 잇따랐다. 10월 24일 구마모토에서 진푸렌의 난神風連の乱, 10월 27일 후쿠오카에서 아키즈키의 난秋月の乱, 10월 28일 야마구치에서 하기의 난萩の乱이 일어났다. 하지만 정부는 사족의 반란을 어렵지 않게 진압했다. 이미 불평 사족의 결집력이 약화했고 또 그동안 내무경 오쿠보 도시미치와 육군경 야마가타 아리토모가 불평 사족의 동향을 철저하게 파악하고 있었기 때문이다.

 구마모토에서 일어난 진푸렌의 난을 경신당敬神黨의 난이라고도 하는데, 경신당은 국학・신도 교육을 중시하는 사족의 파벌이었다. 그런데 경신당이 폐도령廃刀令과 사교邪敎가 만연한 현실에 불만을 품고 반란을 일으켰을 때 실학당・학교당・민권당과 같은 구마모토 사족의 파벌은 반란에 가담하지 않았다. 10월 24일 구마모토 진대를 공격한 세력은 170여 명에 불과했다. 그들의 작전은 칼과 창으로 무장하고 야밤에 진대 사령장관과 현령의 사택을 습격하고 병영에 불을 지른 것이 전부였다.

 10월 25일 새벽 6시경에 노기 마레스케 연대장이 구마모토에서 반란이 일어났다는 전보를 접했다. 노기는 즉시 야마가타 육군경에게 정세를 보고하는 한편 히로시마・오사카 진대 사령장관에게 통보했다. 노기는 연대 장병에게 탄환을 지급하고 외출금지령을 내렸다. 그리고 진푸렌의 난에 호응할 가능성이 있다고 판단한 여러 지역의 불평 사족의 동향을 감시했다. 진푸렌의 난은 하루 만에 진압되었다.

진푸렌의 난에 호응해 후쿠오카 지역 사족이 일으킨 아키즈키의 난은 진푸렌의 난보다도 규모가 작은 반란이었다. 더구나 반란자들이 자중파와 단행파로 분열했다. 단행파는 180여 명의 무리를 이끌고 북상해 고쿠라의 구마모토 진대 분소를 공격한 다음 바다를 건너 야마구치현으로 가서 마에바라 잇세이와 합류할 계획이었다. 그러나 가담하는 사족이 많지 않았다. 반란 세력 일부가 도요쓰豊津(후쿠오카현 미야코군 도요쓰마치)를 지나 고쿠라로 진군했다. 노기가 2개 소대를 보내 반란 세력을 소탕했다.

야마구치현 하기萩에서도 반란이 일어났다. 마에바라 잇세이가 이끄는 하기의 난은 진푸렌·아키즈키의 난보다 규모가 컸다. 실전 경험이 풍부한 반란군은 사전에 자금·무기·탄약을 확보하고 10월 31일부터 11월 6일까지 정부군과 격렬하게 교전했다. 그러나 지조개정이 국체國體에 반한다고 비난하고, 질록처분에 반대하고, 조선을 침략해 합병할 것을 주장하는 마에바라에 동조하는 세력은 극소수였다. 더구나 조슈번 출신 육군경 야마가타 아리토모가 직접 히로시마·오사카 진대를 이끌고 반란군을 포위했다. 반란군이 전의를 상실했다. 11월 1일 전투에서 반란군이 패배하고 마에바라가 도망했다. 11월 8일 반란이 진압되었다. 12월 3일 도망한 마에바라 잇세이가 체포되어 처형되면서 하기의 난이 평정되었다.

하기의 난은 노기 마레스케와 깊은 관련이 있었다. 마에바라 잇세이의 참모로 활약하던 노기의 친동생 다마키 마사요시가 10월 31일 전투에서 전사했다. 11월 6일에는 다마키 마사요시의 양부이며 노기의 스승이었던 다마키 분노신이 자결했다. 반란에 가담했던 무리 중에는 보신 전쟁 때 노기와 생사고락을 같이한 전우들이 많았다. 노기가 남긴 일기에는 하기의 난과 관련된 기록이 전혀 없다. 하지만 그의 마음은 매우 복잡했을 것이다. 노기는 스승·동생·전우를 적대하면서까지 정부에 충성을 다했다. 노기는 대의를 위한다는 명분을 앞세워 동료는 물론 육친도 돌보지 않은 냉혈한이라고 비난하는 자들이 있었다. 수치심을 견디지 못한 노기는 자결을 생각하기도 했다. 이 무렵부터 노기는 항상 명예롭게 죽을 기회를 엿보고 있었다.

불평 사족의 반란이 연이어 일어나자 사족의 이목이 가고시마에 칩거하고 있던 전 참의 겸 육군 대장 사이고 다카모리에게 집중되었다. 사이고야말로 정한론쟁의 핵심 인물이었고 사족의 처지를 적극적으로 대변하던 인물이었다. 그는 불평 사족의 인망을 한 몸에 모으고 있었다. 각지에서 반란 사족이 진압된 뒤에도 가고시마에서는 사이고를 맹주로 받드는 사족이 행정 기관 및 경찰·군대 조직을 장악하고 중앙 정부에 맞서고 있었다. 가고시마는 사이고 왕국이나 다름이 없었다. 정부는 가고시마 사족의 동향을 예의 주시했다.

1877년 2월 6일 가고시마현 현령 오야마 쓰나요시大山綱良(1825~77)

의 명령으로 가고시마현 경찰과 사이고 다카모리가 세운 사학교 학생들이 은밀히 가고시마에 침투해 활동하고 있던 도쿄경시국 소속 경찰 열아홉 명을 체포해 심문했다. 도쿄경시국 경찰들은 사이고 다카모리와 그 측근들은 물론 전 사쓰마번 국부 시마즈 히사미쓰島津久光도 살해할 목적으로 파견되었다고 자백했다. 사실을 확인한 사이고 다카모리가 거병을 결심했다.

노기는 일기에 다음과 같이 적었다. "2월 6일 야마가타 육군경이 가고시마현에서 폭동의 조짐이 있으니 경비를 강화하라고 지시했다. 구마모토 본대로부터 은밀히 정보를 입수한 후 즉시 후쿠오카의 요시마쓰吉松 소좌에게 전했다." "2월 7일 5시경에 1개 중대를 나가사키長崎로 보내라는 전보를 받았다. 제1대대 제1중대 기타다테 도시모리北楯利盛 대위를 파견하기로 결심하고 본대에 보고했다." 정부는 이미 사이고 다카모리의 동향을 상세하게 파악하고 있었고, 노기가 이끄는 제14연대도 상부의 명령에 따라 긴박하게 움직이고 있었다는 것을 알 수 있다.

2월 14일 가고시마현 현령 오야마 쓰나요시가 각 부현에 사이고가 군대를 이끌고 상경한다고 통고했다. 가고시마현은 즉시 보병 5개 대대 1만5,000명, 포병 2개 대대 약 500명, 거기에 기타 병력을 포함해 총 2만3,000여 명의 병력을 소집했다. 이날 구마모토 진대에서 전략회의가 있었다. 구마모토 진대 사령장관 다니 다테키谷干城(1837~1911) 소장, 참모장 가바야마 스케노리 중좌, 참모 고다마 겐타로 소좌 · 가와카미 소로쿠 소좌, 연대장 노기 마레스케 소좌가 참석했다. 회의에서 구마모토성을 사수한다는 방침이 정해졌다.

당시 구마모토 진대의 장병은 2,580명이었다. 병졸은 1,919명이었는데, 그중에 징병한 병사가 1,300여 명이었다. 1873년 1월 10일 징병령이 공포된 후 그해 4월에 도쿄 진대에서 신병을 모집했다. 그 후 여러 진대에서 순차적으로 신병을 모집했다. 구마모토 진대는 1875년부터 신병을 모집하기 시작했다. 세이난 전쟁 때에는 75년과 76년에 징병한 병사가 입영했고, 옛 구마모토번 무사와 지원병 약 600명이 부대에 편입되었다. 구마모토 진대의 병사 약 3분의 2가 징병한 병사들이었다.

2월 15일 가고시마에서 시노하라 구니모토篠原国幹(1837~77)가 보병 1개 대대와 포병 1개 대대를 이끌고 구마모토성으로 향했다. 16일에는 기리노 도시아키桐野利秋, 17일에는 사이고가 직접 1개 대대를 이끌고 가고시마를 떠났다. 사이고군은 5개 부대로 편성되었다. 부대장은 시노하라 구니모토를 비롯해 기리노 도시아키 · 무라타 신파치村田新八(1836~77) · 나가야마 야이치로永山弥一郎(1838~77) · 이케노우에 시로池上四郎(1842~77)였다. 사이고가 거병하자 규슈 각지의 사족들이 속속 사이고군에 합류했다. 세이난 전쟁西南戦争이 시작되었다.

세이난 전쟁은 보신 전쟁 이래 가장 규모가 큰 내란이었다. 정부 수뇌부조차도 승패의 행방을 가늠할 수 없는 전쟁이었다. 조슈번 출신 기도 다카요시는 오히려 이번의 위기가 전국 통일의 호기라고 주장했다. 역시 조슈번 출신 야마가타 아리토모는 정부군의 승리를 자신했다. 하지만 사이고 다카모리를 누구보다도 잘 아는 사쓰마번 출신 오쿠보 도시미치는 불안한 심기를 감추지 못했다. 사이고의 거병을 국가존망의 위기로 인식했다.

　2월 19일 메이지 천황이 정토령을 내렸다. 정토총독에 아리스가와노미야 다루히토 친왕이 임명되고, 정토참군征討參軍에 육군경 야마가타 아리토모와 해군 대보大輔 가와무라 스미요시 중장이 임명되었다. 규슈의 하카타博多에 총독본부가 설치되었다. 육군 소장 노즈 시즈오(구마모토 진대 사령장관에서 1876년 6월에 도쿄 진대 사령장관으로 전임)를 제1여단 사령장관, 육군 소장 미요시 시게오미(오사카 진대 사령장관)를 제2여단 사령장관, 육군 소장 미우라 고로三浦梧樓(1847~1926:히로시마 진대 사령장관)를 제3여단 사령장관에 임명했다. 사령장관이 이끄는 정부군이 속속 전지에 도착했다.

　정부 수뇌부와 사령장관들이 모여 작전계획에 대해 의논했다. 조슈번 출신 오쿠보 도시미치와 구로다 기요타카는 사이고의 군대가 구마모토성 공략에 집중하고 있을 때 해상으로 대군을 보내 가고시마를 일거에 제압하자고 주장했다. 하지만 야마가타 아리토모는 가고시마 급습론에 반대했다. 병력이 양분되는 것은 작전에 불리하다는 이유였다. 결국 2월 26일 정부는 야마가타의 주장을 수용해 사이고군과 정면 대결하는 방침을 정했다. 정부는 징집된 군대를 총동원했다.

사이고와 그 추종자들은 구마모토성 함락을 자신하고 있었다. 사이고군 장병 중에는 사쓰마번 무사 출신이 많았다. 그들은 정부가 징병한 병사를 멸시했다. 농민·상공인 출신 병사들이 무사들의 적수가 될 수 없다는 그릇된 선입견에 사로잡혀 있었다. 당연히 사이고군은 정부군의 전력을 업신여겼다. 사이고군이 총공격하면 정부군이 두려움에 떨며 항복할 것이라고 믿었다. 작전회의에서 일부 병력이 구마모토성을 공격하고 주력은 다른 길로 바다를 건너 후방을 공격하자는 의견이 제기되었다. 하지만 기리노 도시아키가 전군이 총공격해 구마모토성을 단숨에 빼앗고 그곳을 사이고군의 본거지로 삼자고 주장했다.

사이고군의 사기가 하늘을 찔렀으나 정부군은 고전하고 있었다. 2월 22일 도쿄·오사카의 진대 병력이 하카타에 상륙했을 때 사이고군이 이미 구마모토성으로 진입하는 야마가山鹿(구마모토현 야마가시)·다바루자카田原坂(구마모토현 구마모토시) 일대에 진을 치고 있었다. 사이고군에게 포위된 구마모토성이 고립되었다. 3월 20일이 되어서야 정부군이 가까스로 사이고군의 포위망을 뚫고 구마모토성으로 접근할 수 있는 통로를 확보했다. 하지만 여전히 사이고군의 포위망은 견고했다.

이보다 앞서 2월 14일 다니 다테키 구마모토 진대 사령장관이 노기 마레스케 연대장에게 구마모토성으로 가서 전투를 지원하라고 명령했다. 2월 22일 노기 연대장이 2개 대대를 이끌고 구마모토성으로 향하던 중 우에키植木(구마모토시 우에키마치)에서 사이고군과 전투를 벌였으나 대패했다. 노기는 센본자쿠라千本桜(아소군 다카모리마치) 쪽으로 퇴각하기로 결심하고 군기軍旗를 접어서 가와라바야시 유타河原林雄太 소위가 등에 지게하고 10여 명의 호위병을 붙여서 먼저 후퇴하게 했다. 그러나 가와라바야시 소위가 사이고군의 기습으로 전사했다. 사이고군이 보병 제14연대 군기를 손에 넣었다.

군기를 적군에게 빼앗겼다는 보고를 받은 노기는 눈물을 흘리며 망연자실했다. 그는 말했다. "천황 폐하가 내려주신 군기를 잃어버렸다. 무슨 면목으로 폐하를 우러를 수 있겠는가?" 노기는 단도를 뽑아 자결하려고 했다. 놀란 부관이 달려들어 자결을 막았다. 다음날 사이고군이 구마모토성 밖의 진지에 노획한 군기를 걸어놓고 "제14연대의 수호신을 잡았다."라고 소리치며 정부군을 조롱했다. 수치심을 견딜 수 없었던 노기는 오로지 전사하기를 바라는 마음으로 전투의 선봉에 섰다. 2월 23일 고노하木葉(다마나시 고노하무라) 전투, 2월 25일 다카세高瀬(다마나시 다카세마치) 전투, 2월 26일 시로이치白石(구마모토시 시로이시무라) 전투를 치렀고 2월 27일 전투 중에 부상해 입원했다. 3월 14일 퇴원한 노기는 전투 현장으로 달려가 싸우다 팔에 관통상을 입고 4월 10일 다시 병원에 입원했다.

2. 사족의 난과 세이난 전쟁

4월 15일 구로다 기요타카가 이끄는 특공대가 사이고군의 포위망을 돌파해 구마모토성으로 들어갔다. 이 소식을 들은 노기가 병원에서 탈출했다. 원대 복귀한 노기는 부대를 이끌고 4월 18일에 사이고군의 포위망을 돌파해 구마모토성으로 들어가는 데 성공했다. 그러자 사이고군의 포위망이 허무하게 무너졌다. 구마모토성을 포위했던 사이고군이 일제히 구마모토의 동쪽으로 물러났다. 정부군이 아무런 저항도 없이 구마모토성에 입성할 수 있었다. 그 후의 전투는 정부군이 사이고군의 잔당을 소탕하는 작전에 불과했다.

4월 17일 사이고군에게 군기를 빼앗긴 노기 마레스케 연대장이 육군경 겸 정토참군 야마가타 아리토모에게 대죄서待罪書를 제출하며 처벌을 구했다. 야마가타는 군대의 기강을 바로잡기 위해 노기 연대장을 극형에 처해야 한다고 주장했다. 그는 노기를 엄중하게 처벌해 고전 중인 정부군의 사기를 높이려고 했다. 그러나 제1여단 사령장관 노즈 시즈오 소장이 야마가타의 의견에 반대했다. 노기의 전공이 뛰어나니 군기를 빼앗긴 죄를 용서해서 훗날 다시 천황에게 충성할 수 있는 기회를 주어야 한다고 주장했다. 메이지 천황이 다음과 같이 판결했다. "군기는 매우 귀중한 것이지만 기수가 전사하는 급박한 상황이었다. 부득이했다. 처벌을 내리기 어렵다." 노기가 작성한 대죄서와 천황의 지령 전문은 훗날 노기가 자결할 때 유서와 함께 가슴에 품고 있었다.

4월 22일 노기의 전공이 인정되어 육군 중좌로 진급하면서 보병 제

14연대장 및 출정 제1사단 참모 겸 고쿠라 진영 사령관 대행직에서 물러나 구마모토 진대 참모가 되었다. 이 무렵 정부군이 잇달아 야쓰시로八代(구마모토현 야쓰시로시)에 상륙해 북상한 사이고군을 무찌르고 구마모토성과 연락을 취하면서 적의 잔당을 추격했다. 구마모토 진대의 참모가 된 노기는 후방에서 군비와 군량을 지원하는 일을 관장했다. 하지만 노기는 전장에서 싸우다 죽지 못한 자신을 자책했다. 적에게 군기를 빼앗긴 마음의 상흔이 너무 깊었다. "죽음보다도 더한 고통"에서 벗어날 수 없었던 그는 자결의 기회를 엿보았다. 구마모토 진대 참모 고다마 겐타로가 노기의 부관에게 다음과 같이 당부했다. "노기의 곁을 지키며 그가 자결하지 못하도록 해라."

일본군은 군기軍旗를 존중하는 마음이 각별했다. 군기는 니시키노미하타錦旗, 즉 천황을 상징하는 깃발에 버금가는 것으로 인식했다. 일본군은 "천황 폐하의 군대"였다. 1874년 1월 23일 천황이 근위대에 군기를 하사한 이래 보병 및 기병 연대가 창설될 때 천황이 군기를 하사하는 것이 관례가 되었다. 처음에 군기는 연대장 자택에 보관했으나 훗날 연대장실에 두고 24시간 보초가 군기를 수호했다. 연대 군기가 게양될 때는 연대장에게서 군기를 받은 기수가 두 명의 호위병을 거느리고 연대의 맨 앞으로 나아갔고, 연대장의 "받들어 총" 호령에 따라 게양되었다. 천황 이외에 모든 사람은 군기에 경례하지 않으면 안 되었다.

군기를 빼앗긴 노기 마레스케 연대장이 자결로 천황에게 사죄하려고 했던 것은 당시의 분위기로서는 당연한 일이었다. 그가 살아서 상관과 부하를 대할 때마다 얼마나 괴로웠을까? 노기가 느꼈던 "죽음보다도 더한 고통"은 결코 과장된 표현이 아니었을 것이다. 군기 존중의 전통은 제2차 세계대전 패전으로 일본군이 해체될 때까지 일본군의 마음을 지배했다고 할 수 있다. 참고로 세이난 전쟁이 끝난 후 메이지 천황은 보병 제14연대에 다시 군기를 수여하며 전공을 치하했다. 빼앗긴 보병 제14연대의 군기는 훗날 가고시마의 무라타 산스케村田三介의 집에서 회수해 천황에게 바쳐졌다.

8월 중순이 되자 사이고군의 패색이 짙어졌다. 궁지에 몰린 사이고 다카모리와 기리노 도시아키가 가까스로 정부군의 포위망을 뚫고 가고시마로 돌아왔다. 9월 1일이었다. 사이고군은 시로야마城山(가고시마현 가고시마시)에 진을 치고 최후의 결전에 대비했다. 마지막까지 사이고 다카모리를 따르는 병사는 372명이었다. 9월 10일까지 5만8,000여 명의 정부군이 시로야마를 겹겹이 포위했다. 9월 24일 정부군이 시로야마를 총공격했다. 전투 중에 다리에 총상을 입은 사이고 다카모리가 자결했다. 기리노 도시아키·무라타 신파치 등 160명이 전사하고 200여 명이 투항했다. 7개월에 걸친 세이난 전쟁이 끝났다.

◉ chapter.3

독일 유학과 귀국 후의 생활

 1878년 1월 26일 노기 마레스케가 구마모토 진대 참모직에서 물러나 2월 15일에 도쿄 보병 제1연대 연대장으로 부임했다. 2년여 만에 도쿄로 돌아온 노기는 예전과 같이 매일 술을 마시며 지냈다. 선후배들과 함께 야나기바시柳橋와 료코쿠両国 일대의 요정에 드나들며 노는 날이 많았다. 그는 풍류를 즐기는 사람이기도 했다. 계절이 바뀔 때마다 꽃구경이나 나들이를 즐겼다. 계절 요리를 즐기고 화려한 의복을 장만하기 위해 거금을 지출하는 일도 마다하지 않았다. 노기의 방탕한 생활은 이토 히로부미와 같은 고향 지인들에게도 널리 알려져 있었다.

8월 26일 노기가 맞선을 본 사쓰마번 무사 출신 유치 사다모토湯地定基(1843~1928)의 누이 시즈코静子와 혼인했다. 노기가 스물아홉 시즈코가 열아홉 살이었다. 노기는 혼인 후에도 요정 출입을 멈추지 않았다. 그는 군인에게 금전은 필요 없는 것이라는 '철학'의 소유자였다. 금전이 생기면 한 푼도 남기지 않고 그날 다 써버리는 버릇이 있었다. 그런 버릇 때문에 부인 시즈코는 항상 가난에 시달렸다. 노기는 소문난 효자였으나 부인 시즈코에게 무관심했다. 그리고 앞에서도 언급했지만, 노기의 모친은 성격이 매우 거친 여성이었다. 며느리를 종 부리듯 했다. 고부간에 불화가 끊이지 않았다.

1879년 8월 28일 장남 가쓰스케勝典가 태어났다. 그날도 노기는 요정에서 술을 마시고 놀다 다음 날 새벽에 들어와 아들이 태어났다는 것을 알았다. 1881년 2월에 차남 야스스케靖典가 태어났다. 장녀 시즈에静江가 태어났으나 어려서 죽었다. 결혼생활은 행복하지 않았지만, 그동안 노기는 순조롭게 출세가도를 달렸다. 1880년 4월 28일 대좌로 승진했고, 1883년 2월에 도쿄 진대 참모장에 임명되었다. 1885년 5월 21일 노기가 서른일곱 살이 되었을 때 소장으로 승진하면서 구마모토 보병 제11여단장에 임명되었다.

노기는 실로 7년 만에 다시 구마모토에서 근무하게 되었다. 구마모토는 노기가 전투 중에 군기를 적에게 빼앗긴 곳이었다. 그에게 씻을 수 없는 정신적인 상흔을 안겨준 곳이었다. 트라우마에 시달리는 그의

여단장 시절의 노기

일상이 행복할 리 없었다. 여단장으로서 부하들에게 모범이 되기 위해 노력했으나 술버릇을 고치지는 못했다. 하지만 이 무렵부터 노기 가문의 고부 갈등이 조금씩 호전되기 시작했다. 노기의 모친 히사코壽子가 주변 사람들에게 다음과 같이 말하고 다녔다. "우리 며느리보다 좋은 여인은 없다." 하지만 가정의 평화는 노기의 부인 시즈코의 일방적인 희생으로 얻은 것이었다.

1886년 11월 정부는 노기 마레스케 소장에게 독일 유학을 명했다.

육군 소장 가와카미 소로쿠와 함께였다. 가와카미는 노기와 독일 유학을 떠날 당시 근위 보병 제2여단장이었다. 노기·가와카미의 유학은 독일 군사제도의 실태를 연구해 일본 육군의 기초를 강화하기 위한 것이었다. 유학을 떠나기 전에 규슈의 한 기업인이 두 사람을 별장으로 초대했다. 가와카미는 초대에 기꺼이 응했다. 그러나 노기는 초대를 거절하며 말했다. "우리 군인은 기업인과 가까이 지내는 것을 경계해야 한다."

1887년 1월 노기와 가와카미가 요코하마에서 배를 타고 독일로 향했다. 노기·가와카미는 상하이, 홍콩, 싱가폴, 콜롬보를 거쳐 수에즈 운하를 지나 이탈리아에 도착했다. 그들은 플로렌스와 로마를 방문한 후 독일의 수도 베를린에 도착했다. 창설 초기 일본 육군은 프랑스식 군사제도를 채택했다. 그러나 1870년 보불전쟁에서 프러시아가 프랑스를 크게 무찌르면서 독일이 통일되었다. 그러자 일본은 독일에서 야콥 멕켈Jakob Meckel 소좌를 초빙해 군사를 훈련했다. 이때부터 일본 육군은 독일식 군사제도를 도입하고 군비를 갖추었다.

노기·가와카미는 베를린에 숙소를 정하고 독일군 참모총장 헬뮤트 몰트케Helmuth von Moltke를 방문했다. 몰트케가 소개한 장교가 노기·가와카미에게 일반전술, 초등전술, 사단의 도상작전 등에 대해 강의했다. 그 후 노기·가와카미는 베를린 교외에 있는 근위대에서 군사제도 및 부대 편제에 대한 훈련을 받았다. 병영·학교·지휘부를 방문해 독일군의 근무 현황을 파악한 후 여러 병과의 실태를 점검했다. 그리고 대규모 군사훈련을 참관했다. 노기·가와카미는 독일에 1년 이상 머물며 독일군의 제도와 운영 방식을 구체적으로 학습할 수 있었다.

노기는 처음으로 일본을 떠나 외국에서 생활하면서 문화적 충격을 받았다. 독일은 그가 일본에 있을 때 상상했던 화려한 외국의 모습과 너무나 달랐다. 독일인은 매우 검소한 생활 태도를 지녔고 전통을 중시했다. 그는 독일인들의 정신 자세가 마치 메이지 유신 전 존왕양이尊王攘夷 운동에 힘을 쏟던 조슈번 사람들과 같다고 느꼈다. 1864년 8월 노기가 청년 시절에 경험했던 서양 4개국 연합함대와 조슈번의 전투를 떠올렸다. 당시 조슈번은 대포를 주조하기 위해 농민에게서 화로, 촛대, 부인의 비녀, 사원과 신사의 범종 등 구리로 만든 것이라면 무엇이든 징발했다. 국가를 위해 희생을 감수하는 독일인의 모습이 당시의 일본인과 같다고 느꼈다. 그 후 노기는 일본의 문화와 일본인의 정신을 자랑스럽게 여겼다.

노기가 독일에서 생활할 때 군의軍醫 모리 린타로森林太郎도 유학 중이었다. 모리는 훗날 모리 오가이森鷗外(1862~1922)라는 필명으로 활동해 메이지 시대를 대표하는 소설가가 된 인물이었다. 노기는 베를린에 거주하는 일본인과 두루 교류했지만, 특히 모리 린타로와 가깝게 지냈다. 모리는 이미 1877년에 독일 육군의 위생 제도와 위생학을 연구하기 위해 파견되었다. 그는 노기·가와카미 소장이 베를린에 도착했다는 소식을 듣고 한걸음에 달려와 인사했다. 그 후 모리는 노기 마레스케라는 인간에 대해 남다른 관심을 가졌다. 노기 또한 모리 오가이를 진심으로 좋아했다. 모리는 노기를 만난 날 일기에 다음과 같이 썼다. "18일. 노기·가와카미 소장의 숙소를 방문했다. 이지치 고스케伊地知幸介 대위가 동석했다. 노기는 침착하고 엄격한 사람이었다."

1888년 6월 15일 마흔 살의 노기가 1년 6개월의 유학 생활을 마치고 일본으로 돌아왔다. 그는 즉시 보고서를 제출했다. 주로 군대의 근간이라고 할 수 있는 장교의 바람직한 자세와 군인의 생명이라고 할 수 있는 군기軍紀를 바로 세우는 내용이었다. 그는 말했다. "진정한 군기는 덕의德義를 권장하고 명예를 중시해야 마땅하다." "장교는 명예를 중시하는 직책이다. 생활과 재산의 축적을 위한 직업이 아니다." "장교의 언행과 동작은 군기의 표준이 된다. 부하의 모범이 되어야 한다." "장교는 군인 정신을 항상 몸으로 표현하지 않으면 안 된다." "군인 정신의 상징인 군복을 일상생활에서도 항상 착용해야 한다."

그의 보고서는 강렬한 사명감으로 넘쳤다. 노기가 생각하는 장교란 병사는 물론 국민에게도 모범이 되어야 하는 존재였다. 노기는 서구의 종교와 일본의 「군인칙유」를 비교하면서 군인의 덕목에 대해 논했다. 일본 사회와 군인의 관계에 대한 의견을 제시하기도 했다. 특히 퇴직한 부사관을 다시 군무원으로 채용하는 방법, 퇴역 군인을 위한 의료·요양 시설 및 전사자 자녀를 위한 고아원 설치를 주장했다.

노기에게 독일 유학은 인생의 전환점이 되는 계기가 되었다. 독일에서 생활하면서 일본을 객관적으로 파악할 수 있게 되었을 뿐만이 아니라 장교로서의 사명을 자각하게 되었다. 그는 스스로 바람직한 장교가 되기 위해 노력했다. 일본군의 장교로서 이상적인 인간상을 설정하고 그것에 다가가려고 마음을 수양하고 몸을 단련했다. 그가 생각하는 이상적인 장교는 자신과 가정을 돌보지 않고 천황을 받드는 것이었다. 색욕에 정신을 빼앗기고, 금전에 마음을 두는 것은 장교가 경계해야 하는 것이었다. 사사로운 정에 이끌려 공무를 처리하면 천황에게 불충한 것이었다. 감정을 얼굴에 드러내면 장교의 기품이 훼손되는 것이었다. 요컨대 충성·관용·염치·성실·질소質素·극기克己의 덕목이 몸에 배어야 비로소 이상적인 장교였다.

1889년 3월 9일 가와카미 소로쿠는 참모본부 차장으로 복귀했고, 노기 마레스케는 근위보병 제2여단장에 임명되었다. 귀국 후 심기일전한 노기의 생활 태도가 완전히 바뀌었다. 요정에 드나들며 술에 취해 지내던 방탕하고 무절제한 생활과 결별하고 성실하고 엄격한 태도를 지닌 군인으로 거듭났다. 개과천선한 그의 모습에 동료들이 놀랐다. 노기의 고향 후배로 훗날 제26대 총리대신을 지낸 다나카 기이치田中義一는 다음과 같이 회상했다. "노기 장군은 젊었을 때 육군 내에서 가장 비싸고 눈에 띄는 옷을 입는 멋쟁이였다. '저래도 군인인가'라고 여겨질 정도였다. 그런데 독일 유학에서 돌아온 후 장군은 깜짝 놀랄 정도로 완전히 변했다. 옷은 물론 아끼던 물건을 모두 남에게 나누어주고 집에서나 밖에서나 군복을 입었다. 그 이유를 물으면 '생각한 바가 있어서'라고 대답할 뿐이었다."

노기의 생활이 완전히 변했다. 아침에 일어나 저녁에 잠자리에 누울 때까지 군복만 입고 지냈다. 식사도 쌀밥을 먹지 않고 강피밥에 호박 무침이 전부였다. 손님이 오면 거기에 된장국을 더할 뿐이었다. 손님 중에서 군복을 입은 사람을 상석에 앉게 했다. 누구를 막론하고 군복을 입지 않은 사람은 말석에 앉도록 했다. 두 아들도 군대식으로 교육했다. 아들을 정원에 세워두고 갑자기 권총을 쏘는 흉내를 냈다. 아들의 담력을 시험하기 위해서였다. 어느 날 학교에서 돌아온 아들에게 물었다. "학교에서 집까지의 거리는 몇 미터인가?" 아이가 대답을 못하면 불호령이 떨어졌다. "당장 자로 재보도록 하거라." 부인 시즈코가 조금만 잘못해도 크게 꾸짖었다. 하루는 부하에게 훈시했다. "옛날 무사는 어디에서든 항상 칼을 차고 다녔다. 오늘날 군인도 옛날의 무사와 같다. 어디에 가든지 군복을 입어야 할 것이다. 군복을 입고 갈 수 없는 곳이라면 가지 말아야 한다."

1890년 7월 25일 노기가 근위보병 제2여단장에서 나고야 보병 제5여단장으로 전임되었다. 보병 제5여단장 구로키 다메모토黑木為楨(1844~1923)와 맞교대 인사였다. 당시 육군 내부의 상식으로는 노기가 좌천된 것이었다. 많은 노기의 전기에 "알 수 없는 사정"이라고 기록되었다. 그 내용은 알 수 없으나 노기가 스스로 장교의 모범이 되겠다고 공언하고 생활 태도를 바꾸어 세상 사람들의 이목을 집중시킨 것이 군 수뇌부의 심기를 불편하게 했을 가능성이 있다. 노기가 자주 말했다. "군인이 명예라는 제복을 기꺼이 입지 않는다면 어찌 부하들의 모범이 될 수 있겠는가?" 노기는 누구에게도 거침없이 자기의 의사를 당당하게 밝혔다. 그리고 군기軍紀를 둘러싸고 군 수뇌부와 논쟁한 적이 여러 번 있었다. 당시 육군대신은 사쓰마번 출신 오야마 이와오大山巖, 차관은 조슈번 출신 가쓰라 타로桂太郎였다.

노기가 제5여단장으로 부임했을 때 나고야의 제3사단장은 육군 중장 구로카와 미치노리黑川通軌(1843~1903)였다. 그런데 1891년 6월 1일 육군성 차관으로 근무하던 가쓰라 타로가 구로카와 중장의 후임으로 제3사단장이 되었다. 가쓰라는 노기와 같은 조슈번 출신 후배였다. 노기는 1871년에 소좌에 임명되었지만, 가쓰라는 1874년에 육군 대위로 임관하며 군 생활을 시작한 인물이었다. 그런데 1890년 6월 가쓰라가 중장으로 진급했을 때 노기는 여전히 육군 소장이었다. 노기는 재능이 뛰어나거나 인간관계가 원만한 군인은 아니었다. 그래서 존재감이 드러나지 않았다. 무엇보다도 그의 붙임성이 없고 호오好惡가 분명한 성격이 문제였다. 군 수뇌부는 노기와 대면하는 것을 꺼렸다. 그래서 진급이 늦었을 것이다.

노기는 독일 유학을 떠나기 전까지 전도가 유망한 가쓰라 타로와 매우 친하게 지냈다. 가쓰라 타로는 머리가 비상한 수재형 군인이었을 뿐

3. 독일 유학과 귀국 후의 생활　**143**

만이 아니라 같은 조슈번 출신으로 권력의 중심에 있는 이토 히로부미나 야마가타 아리토모를 잘 섬겼다. 그 결과 노기가 여러 지역의 연대장으로 전전하는 동안에 가쓰라는 줄곧 육군성의 요직에 임명되었다. 노기보다 빨리 중장으로 진급하면서 육군차관이 되었고, 이윽고 제3사단장으로 부임하면서 노기의 직속상관이 되었다. 자존심이 누구보다도 강했던 노기는 다른 사람이 상상할 수 없는 굴욕감을 느꼈을 것이다. 이 무렵부터 노기는 더욱 진지·근엄·질소·강건한 군인의 삶을 추구했다.

당시 노기 마레스케 여단장의 부관을 지낸 이시다 마사요시石田正珍(1858~1926)는 훗날 다음과 같이 회상했다. "1891년 내가 제5여단 부관으로 근무할 때 노기 여단장을 수행해 하마마쓰浜松 일대를 순시하다 게가気賀(시즈오카현 하마마쓰시 게가초)라는 마을에 이르게 되었다. 군청 서기가 와서 말했다. '게가 마을에는 좋은 숙소가 없으니 게가 한주로気賀半十郎의 집에 머무시는 것이 좋겠습니다.' 그러자 노기 장군이 큰 소리를 지르며 말했다. '나는 다시 그런 어리석을 짓은 하지 않을 것이다. 풍우상설風雨霜雪에 노영露營하는 것이 당연한 군인이 그런 훌륭한 집에 머물 수 없다.' 군청 서기가 얼굴이 흙빛이 되어 물러갔다. 그러자 노기 장군이 말했다. '평소에 가쓰라 타로와 같은 자가 우쭐대니까 저 사람이 그런 어리석은 말을 하는 것이다.' 노기는 허름한 여인숙을 골라 그곳의 이층 구석방에 머물렀다."

1891년 겨울 노기가 휴가를 내고 도쿄로 돌아왔다. 그리고 다음 해 2월 25일 병이 들었다고 통고한 후 부대로 복귀하지 않았다. 병명이 무엇인지 알려지지 않았다. 그런데 제3사단 내에서 다음과 같은 소문이 돌았다. "충치로 심하게 고생하던 노기가 이를 전부 뽑아버리고 틀니를 했다. 그런데 말을 타고 부대를 사열하던 중에 틀니가 땅에 떨어졌다. 그 장면을 본 청년 장교가 웃었다. 그러자 노기가 크게 화를 내고 집으로 돌아갔다." 후배인 가쓰라 타로가 자신의 직속상관인 사단장으로 부임하자 자존심이 상한 노기가 사표를 제출했다는 소문도 돌았다. 가쓰라 사단장이 연락을 취했으나 노기가 응답하지 않았다. 노기의 성정을 누구보다도 잘 아는 가쓰라 사단장은 1892년 2월 3일 노기의 휴직을 허가했다.

휴직한 노기 마레스케는 오늘날 도치기현栃木県 나스시오바라시那須塩原市 이사바야시石林 마을에 토지와 별장을 마련하고 가끔 그곳으로 가서 독서도 하고 채소 농사도 지었다. 노기는 농촌에서 한가한 시간을 보내며 점점 마음의 여유를 되찾을 수 있었다. 1892년 12월 8일 노기가 복직해 제1사단 보병 제1여단장에 취임했다. 기타시라카와노미야 요시히사北白川宮能久 친왕(1847~95)이 중장으로 진급하면서 제6사단장으로 영전했는데, 노기가 그 후임으로 임명된 것이었다. 제1사단장은 야마지 모토하루山地元治(1841~97) 중장이었고, 보병 제2여단장은 니시 간지로 소장이었다. 당시 노기의 나이는 마흔다섯 살이었다.

◎ *chapter.4*

청일전쟁

조선을 강제로 개국시킨 일본은 서구 열강보다 한발 앞서서 조선에 세력을 넓히려고 했다. 일본은 조선의 시장을 잠식하는 한편 내정에도 관여하기 시작했다. 오랫동안 조선과 밀접한 관계를 유지해 온 청국도 임오군란이 일어난 것을 기화로 조선에 영향력을 행사하기 시작했다. 그러자 일본은 1885년경부터 청국과의 전쟁을 준비하기 시작했다. 육군을 독일식으로 개편했다. 병력을 20만 명으로 늘리고 군비도 보강했다. 군사비가 국가 예산에서 차지하는 비중이 점점 늘어났다. 조선을 식민지로 삼아야 한다는 의견이 공공연하게 제기되었다. 침략주의 분위기에 편승해 천황제가 더욱 강화되었다. 야당조차도 국권 확장을 위한 강경 외교를 요구했다.

일본은 은밀히 조선과 청국에 관한 군사 기밀을 수집했다. 참모본부가 파견한 첩보 장교가 전투가 벌어질 것으로 예상되는 지역을 정탐했다. 1893년 5월 오이시 마사미大石正巳(1855~1935) 일본 공사가 조선의 국왕을 면담할 때 참모본부의 실권을 장악하고 있던 가와카미 소로쿠 차장이 신분을 숨기고 동행해 경복궁 내부를 세밀하게 살폈다. 그동안 부하를 보내 조선과 청국의 정보를 수집했지만, 최후의 단계에서 가와카미가 조선의 왕궁을 비롯한 전국의 전략적 요충지를 직접 답사했다. 가와카미는 일본군이 청국군과 접전하면 반드시 승리할 수 있다고 확신했다.

1894년 5월 조선에서 동학농민전쟁이 일어났다. 일본의 우익단체 현양사玄洋社 사원들이 참모본부와 긴밀히 연락을 취하면서 동학농민군을 지원했다. 조선 조정은 은밀히 청국에 파병을 요청했다. 6월 9일 청국의 위안스카이袁世凱가 이끄는 청국군 2,400여 명이 조선의 아산만에 상륙했다. 청국은 이미 6월 7일에 출병 사실을 일본에 통보했다. 청일 양국이 조선에 군대를 보낼 때는 사전에 통보해야 한다는 텐진조약天津條約에 따른 결정이었다. 그런데 일본은 이미 청국의 통보가 있기 이틀 전인 6월 5일에 동원령을 내리고 대본영을 설치했다. 6월 12일 오시마 요시마사大島義昌(1850~1926)가 이끄는 일본군 제5사단 혼성여단 1만여 명이 인천에 상륙했다.

7월 23일 새벽 일본군이 불시에 경복궁을 점령했다. 7월 29일 일본군이 청국군을 무찌르고 성환·아산을 점령했다. 8월 1일 승기를 잡은 일본이 선전을 포고했다. 노즈 미치쓰라野津道貫 중장이 이끄는 일본군 제5사단이 계속 북상해 9월 15일 평양에서 청국군을 무찔렀다. 패배한 청국군이 압록강을 건너서 도망했다. 9월 17일 이토 스케유키伊東祐亨(1843~1914) 해군 대장이 이끄는 일본의 연합함대와 청국의 북양함대가 황해(압록강 하구)에서 교전했다. 청국의 북양함대 주력이 괴멸되었다. 일본이 제해권을 장악했다.

9월 26일 일본이 제2군을 편성했다. 육군 대장 오야마 이와오가 이끄는 제2군은 처음에 제1사단(사단장 야마지 모토하루 중장)과 제6사단 보병 제12여단(여단장 하세가와 요시미치 소장) 그리고 보급부대로 편성되었으나 파병에 즈음해 제6사단(사단장 구로키 다메모토 중장)을 주력으로 하고 제2사단(사단장 사쿠마 사마타佐久間左馬太 중장)도 예하에 편성했다. 10월 1일 노기 마레스케가 제1여단장으로 있던 제1사단이 히로시마에 집결했다. 10월 16일 제2군사령부와 제1사단이 히로시마에서 배를 타고 랴오둥遼東 반도로 향했다.

1894년 11월 5일 노기 마레스케가 이끄는 제1사단 보병 제1여단이 진저우성金州城 공격의 선봉에 섰다. 제1여단이 적군을 무찌르며 진저우성이 바라다보이는 곳에 이르렀다. 적의 동정을 정탐한 야마지 사단장이 제1여단은 진저우성 전면에서 포진하고, 사단의 주력은 왼쪽으로 우회해 진저우성을 포위하라고 명령했다. 11월 6일 새벽 제1사단이 일제히 진저우성을 공격했다. 먼저 공병대가 성문을 폭파하고 이어서 보병대가 성안으로 진격했다. 그러자 적의 지휘관이 도망하기에 바빴다. 오전 11시경에 제1사단이 진저우성을 점령했다.

제1사단 보병 제1여단이 다롄大連 군항의 포대를 점령한 후 11월 13일 제1사단과 혼성 제6사단 12여단이 뤼순旅順을 향해 진격했다. 11월 21일 새벽부터 일본군이 총공격했다. 일본군은 오전에 뤼순 주변 여러 산에 설치된 청국군의 포대를 차례로 점령하고 오후부터 뤼순 해안에 설치된 포대를 공격했다. 당시 여순 주변에 설치된 포대는 군사전문가가 "10만 명의 군사를 동원해도 6개월이 걸려야 점령할 수 있다."라고 말했던 견고한 요새였다. 그러나 일본군은 그곳을 오후 5시경에 모두 점령했다. 일본군의 사상자는 280여 명이었으나 청국군은 사망자만 4,500여 명, 포로가 600여 명, 부상자는 너무 많아 그 수를 헤아리기 어려웠다. 청국군이 버리고 도망한 대량의 무기와 탄약이 일본군의 수중에 들어왔다. 일본군은 뤼순 시내 청국인 6만여 명을 학살하고 시가지를 불태우는 만행을 저질렀다.

뤼순을 점령한 제2군이 웨이하이웨이威海衛로 진격할 준비를 했다. 이보다 앞서 제1군 사령관 야마가타 아리토모 대장이 전선에서 병이 들어 일본으로 돌아갔다. 그 대신에 제5사단 노즈 미치쓰라 중장이 제1군 사령관에 임명되었다. 근위보병 제2여단장 오쿠 야스카타奧保鞏

(1847~1930)가 소장에서 중장으로 진급하며 제5사단장에 임명되었다. 이 무렵 제2군의 제3사단(사단장 가쓰라 타로 중장)이 해안 지역의 적들과 전투를 벌이고 있었다. 지원부대가 없었던 제3사단은 랴오양遼陽, 가이핑蓋平 일대의 청국군에게 포위되어 고립되었다. 12월 23일 대본영은 야마지 제1사단장에게 가이핑을 공격하라고 명령했다.

12월 30일 야마지 사단장이 노기 마레스케 제1여단장에게 가이핑 공격을 명령했다. 1895년 1월 3일 노기 소장이 보병 제1여단을 중심으로 편성한 혼성여단을 이끌고 가이핑으로 향했다. 노기 부대는 눈이 쌓인 빙판길을 걸어 1월 10일 새벽에 가이핑 인근에 도착했다. 당시 가이핑은 6,000여 명의 청국군이 지키고 있었다. 일본군이 강을 건너 적의 진지를 기습했다. 선봉대가 적진으로 진입한 것을 확인한 노기가 직접 제1여단 주력을 이끌고 강을 건너 오전 10시경에 가이핑성을 점령했다. 청국군이 북쪽으로 도망했다. 이 전투에서 일본군의 사상자는 300여 명이었으나 청국군은 전사자만 1,500여 명이었다. 가이핑 전투의 승리는 노기의 명성을 드높이는 계기가 되었다.

대본영은 야마지 제1사단장에게 계속 북진하라고 명령했다. 제1사단 주력이 가이핑에서 노기의 제1여단과 합류해 잉커우營口 방향으로 진격했다. 당시 잉커우 일대에는 8,000여 명의 적이 포진하고 있었다. 1895년 2월 24일 야마지 제1사단장이 잉커우 공격을 명령했다. 오전 5시경에 아키야마 요시후루秋山好古(1859~1930) 소좌가 이끄는 기병대가 먼저 진격하고, 이어서 전군이 사방에서 공격했다. 2시간 정도 교전 끝에 일본군이 타이펑산太平山 진지를 점령했다. 그러자 적이 뒤로 물러나 진지를 구축하고 포를 쏘며 격렬하게 저항했다. 노기의 제1여단이 다수의 전사자를 내며 적군을 공격해 오후 5시경에 적의 방어망을 돌파했다. 그러자 완강히 저항하던 적이 다시 뒤로 물러났다.

이날 아침부터 전투를 계속한 장병들이 굶주리고 지쳤다. 밤이 되자 이전에 경험하지 못한 만주 벌판의 추위가 일본군을 엄습했다. 눈 속에 흩어져 있는 사상자의 수습조차 어려울 정도였다. 동사자가 속출했다. 일본군은 밤 11시가 넘어서야 부상자를 막사로 옮길 수 있었다. 타이펑산 전투에서 일본군의 사상자는 250여 명이었으나 동사자는 그것의 스무 배가 넘는 4,100여 명이었다. 청국군의 전사자는 200여 명이었고 부상자는 그 수를 헤아릴 수 없었다.

3월 4일 일본군이 뉴좡牛庄을 공격해 함락하고 나아가 티안좡타이田庄台로 진격했다. 3월 6일 오후 제1사단이 잉커우의 해안 포대를 점령했다. 뉴좡에서 일본군에 패배한 청국군이 티안좡타이로 물러나 2만여 명의 군사와 대포 40여 문으로 일본군에 맞섰다. 3월 9일 아침 노즈 제1군 사령관이 티안좡타이 총공격을 명령했다. 오전 8시경에 제3사단이 전면, 제5사단이 우측, 제1사단이 좌측에서 공격을 개시했다. 먼저 구로다 히사타카黑田久孝 소장이 지휘하는 포병대가 전진에 포격을 가했다. 그리고 보병이 빙판이 된 요하遼河를 건너 적진으로 돌진했다. 혼

4. 청일전쟁   **151**

비백산한 적이 도망했다. 일본군이 유유히 티안좡타이 요새를 점령했다. 일본군의 사상자는 160여 명, 청국군이 버리고 간 시체는 1,000여 구였다.

전의를 상실한 청국이 일본의 강화조건을 타진했다. 강화회의가 1885년 3월 20일부터 일본의 시모노세키下關에서 열렸다. 청국의 전권대사는 리훙장이었다. 일본인은 청국 대표단을 모욕하는 행위도 서슴지 않았다. 3월 24일에는 리훙장이 일본인 청년에게 저격당해 중상을 입는 수모를 당했다. 일본 대표단이 강화조약 초안을 제시했다. 그것은 청국의 예상을 훨씬 뛰어넘는 것이었다. 하지만 리훙장은 이토 히로부미의 협박에 밀려 강화조약에 서명했다. 1895년 4월 17일이었다.

청일전쟁에서 전사한 일본군은 5,388명에 불과했다. 통계자료를 보면 청일전쟁 중에 사망한 일본군은 장교 241명, 사병 1만7,041명으로 집계되었다. 그런데 그중에서 1만1,894명이 1894년 겨울과 이듬해 봄에 질병과 추위로 만주에서 사망한 자들이었다. 일본군은 랴오둥 전투에서만 무고한 청국인 6만여 명을 학살했고, 청국군의 사상자는 그 수를 헤아릴 수 없었다. 그에 비하면 일본군 전사자 5,388명은 매우 적은 숫자라고 할 수 있다.

그런데 4월 23일 러시아·프랑스·독일 3국이 주일 공사를 통해 다음과 같이 권고했다. "일본이 랴오둥 반도를 손에 넣으면 동양의 영구한 평화를 해하는 것이다. 즉시 이것을 포기해야 한다." 당황한 일본 정부는 외무대신 무쓰 무네미쓰陸奧宗光를 중심으로 회의를 열어 논의한 결과 삼국간섭을 받아들이기로 했다. 5월 5일 전보로 러시아·프랑스·독일 정부에 통지했다. 5월 10일 천황이 랴오둥 반도를 반환하겠다고 발표했다. 일본인들이 러시아를 원망하며 절치부심했다.

◎ chapter.5

타이완 총독 전후

 1895년 4월 5일 청일전쟁에서 큰 공을 세운 노기 마레스케가 중장으로 진급하면서 제2사단장에 임명되었다. 당시 제2사단은 랴오둥 반도의 진저우金州에 주둔하며 다음 작전을 준비하고 있었다. 그러나 4월 17일부터 휴전에 들어갔고 이어서 5월 8일 강화조약이 성립하며 청일전쟁이 끝났다. 하지만 제2사단은 여전히 진저우에 머물며 일본으로 개선할 순서를 기다렸다. 5월 18일 참모본부는 노기 제2사단장을 진저우 방면 수비대 사령관을 겸하도록 했다.

 시모노세키 조약으로 타이완과 펑후 제도가 일본의 새로운 영토가 되었다. 5월 10일 해군 대장 가바야마 스케노리가 타이완 총독에 임명되었다. 5월 10일 가바야마가 히로시마의 우지나宇品 군항에서 배를 타고 타이완으로 향했다. 그러나 타이완이 일본 영토가 된 것에 분개한 원주민들이 5월 18일 호동총독湖東總督 장지동張之洞을 앞세워 공화정부를 세우고 타이완이 독립국이라고 선언했다. 이미 타이완 원주민들의 저항을 예상한 일본 정부는 당시 랴오둥 반도에 머물던 근위사단(사단장 기타시라카와노미야 요시히사 친왕)을 타이완으로 이동시켰다.

5월 29일 근위사단이 류큐琉球에서 대기하던 가바야마 스케노리 총독을 받들고 타이완에 상륙했다. 6월 2일 가바야마 총독이 청국의 전권대사를 만나 타이완의 지배권을 인수했다. 이날부터 일본의 타이완 정토군이 저항 세력을 소탕하면서 6월 3일에 지룽基隆, 6월 7일에 타이페이台北를 잇달아 점령했다. 정토군이 타이완 북부를 장악했다. 6월 17일 타이페이에서 가바야마 총독이 시정식을 거행하면서 타이완총독부에 의한 타이완 통치가 정식으로 개시되었다.

그러나 타이완 남부에서는 여전히 반일 세력이 저항하고 있었다. 정부는 진저우에 주둔하고 있던 제2사단을 타이완으로 보냈다. 9월 8일 노기 마레스케 중장이 제2사단을 이끌고 다롄大連을 떠나 지룽에 상륙해 저항 세력을 물리치며 남쪽으로 나아가 10월 20일에 타이난台南에 진입했다. 그러자 저항 세력의 지도자 류융푸劉永福가 푸젠성福建省의 동남쪽에 있는 섬 샤먼廈門으로 도망했다. 반란 세력이 사방으로 흩어

지며 타이완이 평정되었다. 10월 27일 노기 마레스케 제2사단장이 남부 타이완 사령관에 임명되었다.

타이완은 제국헌법과 일본 법률이 적용되지 않고 총독의 명령으로 다스려졌다. 정부는 타이완 총독에 임명된 가바야마 스케노리가 타이완에 상륙하기 전인 5월 21일에 타이완총독부 임시조례를 제정해 타이완 점령 후 군정을 시행한다는 방침을 정했다. 8월 6일에 타이완총독부 조례가 제정되었다. 제1조에서 다음과 같이 규정했다. "타이완 모든 지역이 진정될 때까지 타이완 총독 밑에 군사 관청을 조직한다." 1896년 4월에 군정에서 민정으로 전환되었지만, 총독부는 여전히 타이완 민중의 저항운동을 군사력으로 진압할 필요가 있었다. 그래서 총독에게 행정·사법권과 타이완 주둔 육군·해군 지휘권은 물론「타이완에 시행하는 법령에 관한 법률」에 따라 특별입법권이 부여되었다. 총독의 권한은 절대적이었다. 1896년 3월 31일「타이완총독부 조례」가 개정되었다. 청일전쟁 후 임시로 제정된 조례가 항구적인 것이 되었다. 타이완 총독은 육해군 대장·중장 중에서 임명하게 되었다.

1896년 4월 22일 약 5개월 동안 타이완 남부에 주둔하던 제2사단이 센다이仙台(미야기현 센다이시)로 돌아왔다. 미야기현 지사 가쓰마타 미노루勝間田稔(1843~1906)가 출정 군인 환영회를 개최하려고 했다. 그 자리에 게이샤를 부른다는 소식을 들은 노기가 말했다. "게이샤가 있는 환영회라면 거절하겠다. 살아서 돌아온 자보다 먼저 전사자의 혼령을 위로해 달라." 그 말을 들은 가쓰마타 지사는 먼저 초혼제를 지낸 후 이어서 환영회를 열었다. 그제야 노기 사단장이 가쓰마타 지사에게 감사의 말을 전했다.

노기 마레스케는 1894년 10월 1일 출진해 1896년 4월 22일 도쿄로 돌아올 때까지 가족에게 한 통의 서신도 보내지 않았다. 가족들은 신문을 보고 노기가 만주 벌판에서 얼마나 용감하게 싸웠고, 그 공로로 사단장이 되고, 이어서 타이완으로 파병되고, 센다이로 돌아왔다는 소식을 알 수 있었다. 노기는 상관에게도 에둘러 말할 줄 모르는 고지식한 성격이었다. 효자라고 소문이 났지만 정작 부인이나 자식에게 애정 표현을 할 줄 모르는 근엄·엄격한 군인이었다. 그는 가족을 돌보지 않고 오로지 국가와 천황만을 위해야 진정한 군인이라고 믿었다.

도쿠토미 로카德富芦花(1868~1927)의 소설 『야도리기寄生木』에는 노기 마레스케를 진심으로 존경하던 시즈하라 료헤이篠原良平가 갖은 노력 끝에 그의 하인이 되어 기뻐하는 장면이 나온다. 도쿠토미는 시즈하라 료헤이의 말을 빌려 노기 마레스케가 얼마나 순수하고, 공평하고, 청렴하고, 결백한 인품의 소유자였는지 묘사했다. 군인 정신에 투철했던 노기가 일본인의 가슴 속에 자리 잡기 시작했다.

1896년 6월 2일 제3사단장 육군 중장 가쓰라 타로가 제2대 타이완 총독에 임명되었다. 가쓰라는 육군대신과 타이완 총독을 거친 후

5. 타이완 총독 전후 **157**

1901년부터 10년 동안 총리대신을 세 번이나 역임했고, 1910년 이후에는 천황의 시종장과 귀족원 의원을 지내며 항상 권력의 중심에 있었다. 그는 정치적 수완이 뛰어난 야심가이었다. 그가 타이완 통치에 힘을 기울였다면 상당한 치적을 올렸을 것이다. 하지만 가쓰라는 정치의 중심에서 벗어나 있을 사람이 아니었다. 타이완 통치에는 아예 관심이 없었다. 오로지 이토 히로부미·야마가타 아리토모를 비롯한 조슈번 출신 고관과 긴밀히 소통하며 일본으로 돌아올 궁리만 하고 있었다. 가쓰라는 타이완 총독에 취임한 지 4개월 만에 본국으로 돌아와 도쿄방어총독에 취임했다.

가쓰라의 후임으로 여러 사람이 물망에 올랐으나 10월 14일 노기 마레스케가 타이완 총독에 임명되었다. 그런데 당시 노기의 모친이 고령에다 신장병으로 병석에 누워있었다. 모친을 홀로 도쿄에 남겨두고 임지로 부임하는 노기의 마음이 무거웠다. 노기가 말했다. "타이완에는 말라리아가 극성이다. 열 사람이 가면 열 사람이 말라리아에 걸린다. 그래서 공적이든 사적이든 타이완에 가는 사람은 가족을 데리고 가지 않는다. 나는 총독으로 부임한다. 내가 솔선해 가족과 함께 가야 부하들도 역시 가족을 동반할 것이다. 그래야 제대로 통치할 수 있을 것이다. 그런데 걱정이 되는 것은 모친이다. 모친이 그곳에서 말라리아에 걸리면 반드시 죽는다. 그렇다면 노인을 죽음으로 내모는 것이 된다. 걱정이 이만저만이 아니다." 노기가 고민하는 것을 안 모친 히사코가 말했다. "국가를 위해 총독으로 부임하는 것이다. 나도 함께 타이완

타이완 총독으로 부임하는 노기

으로 가서 그곳의 흙이 되고 싶다." 이러한 사정을 안 쇼켄 황후昭憲皇后(메이지 천황의 황후)가 노기와 그의 모친을 궁궐로 불러 격려했다.

11월 17일 노기 마레스케가 타이페이의 총독 관저로 들어갔다. 당시 관저는 두 곳이었다. 하나는 겨우 4개월 만에 일본으로 돌아간 전임 총독 가쓰라 타로가 서둘러 신축한 일본식 고급 저택이었고 또 하나는 예진부터 현지인이 사용하던 허름한 서양식 건물이었다. 노기는 허름한 건물을 관저로 사용했다. 노기의 일상생활은 매우 소박했다. 그의 점심은 언제나 설탕을 바른 식빵이었다. 아침·저녁 식사도 일본에서 그랬던 것처럼 잡곡밥에 두세 가지 반찬이 고작이었다. 특별한 손님이 관저를 방문했을 때도 평소의 식단에 약간의 고기반찬과 된장국을 더했을 뿐이다.

타이완의 부농이나 무역에 종사하는 중국인이 총독에게 뇌물을 바치는 경우가 많았다. 전임 가쓰라 총독은 공공연히 뇌물을 받았다. 특히 중국인 상인들이 총독부 관리에게 청탁하고 그 대가로 금품과 향응을 제공하는 것이 공공연한 비밀이었다. 관리들이 노골적으로 뇌물을 요구하기도 했다. 그러나 노기 총독은 그런 불미스러운 일에 관여하지 않았다.

소설 『寄生木』에 다음과 같은 내용이 있다. "어느 날 한 일본인이 무거운 짐을 진 원주민을 데리고 총독 관저를 방문했다. '이 물품은 이춘생李春生이라는 분이 총독 각하께 증정하는 것입니다.' 노기 장군은 그것을 받지 않았다. 그 사람이 다음 날 다시 와서 말했다. '그렇다면 이 청란靑蘭을 사모님께서 감상하시라고 올립니다. 이것만은 제발 받아주시면 고맙겠습니다.' 장군이 '마음 써주어 고맙지만 아무 이유 없이 받을 수 있는 물건이 아니다.'라고 말하며 물리쳤다. 도자기에 심어진 비취색 잎이 싱그러운 청란은 원주민의 어깨에 얹혀서 관저의 문을 힘없이 나갔다. 문을 지키는 병사가 말했다. '이전의 총독은 이춘생의 뇌물을 받았다. 신임 총독은 너무 완고하다.' 료헤이良平가 말했다. '쇼군의 정신은 청란보다도 향기롭다. 난이 필요 없다.'"

노기가 총독으로 부임한 지 약 한 달이 지난 12월 27일 그의 모친 히사코가 말라리아에 걸려 사망했다. 노기는 모친의 유골을 그곳의 공동묘지에 매장하고 타이완 통치에 매진하겠다고 다짐했다. 다음 해 7월 부인 시즈코가 말라리아에 걸려 타이페이의 적십자병원에 입원했다. 다행히 증세가 호전되어 퇴원하자 시즈코를 도쿄로 돌려보냈다. 도쿄에 있는 두 아들의 교육이 필요했기 때문이다. 부인이 귀국한 후 노기 총독은 관저에서 독신생활을 했다. 그는 봉급 중에서 약간의 금액을 부인에게 보냈지만, 나머지 대부분은 교제비 명목으로 사용했다. 총독은 상상을 초월한 기밀비를 마음대로 사용할 수 있었지만, 노기는 기밀비를 한 푼도 사용하지 않았다.

당시 타이완 원주민이 총독부의 통치에 저항하고 있었다. 그들을 식민지 행정에 따르게 하기 위해서는 원주민과 직접 소통하는 하급 관리의 역할이 중요했다. 그래서 노기는 원주민을 행정의 말단에 편입시켜 효과적인 민정을 펼치려고 노력했다. 노기는 원주민을 하급 관리로 채용하고 일본인 상인이 원주민을 학대하거나 물품 거래에서 부정을 저지르는 것은 엄하게 단속했다. 원주민 사회의 전통이나 관습을 존중했다. 노기는 "그들의 민습民習이나 미속美俗은 보호해" 정책에 반영했다. 노기가 말했다. "정치의 요체는 관용과 엄정함을 적절하게 적용하는 것이다. 온정과 위엄을 병행하면 인민이 그 위세에 복종한다. 인민이 위세에 두려움을 느끼는 한편 덕에 감화되도록 해야 한다."

노기에게 정치는 인민이 위정자의 덕에 감화되도록 하는 것이었다. 그래서 위정자는 스스로 덕을 구체적인 형태나 행동으로 드러내야 한다고 믿었다. 당연히 행정을 담당하는 관리도 덕을 실천해야 마땅했다. 그러기 위해서 노기는 스스로 몸과 마음을 단정히 했고, 총독부 관리에게도 엄정함을 요구했다. 일확천금을 노리는 투기꾼은 물론 뇌물을 앞세워 접근하는 무리를 경계했다. 그는 무능한 관리를 과감하게 퇴출했다. 노기는 금품이나 선물을 받지 않았을 뿐만이 아니라 주연에도 응하지 않았다. 이러한 노기의 청렴결백한 태도는 부패한 총독부 관리를 불편하게 했다.

총독부 민정국장 소네 시즈오曾根静夫(1845~1903)를 비롯한 관리들은 융통성이 없는 노기 총독이 오히려 타이완 통치를 어렵게 한다고 비난했다. 하지만 노기는 자신의 신념을 지키며 물러서지 않았다. 훗날 노기가 다음과 같이 말했다. "타이완의 치적을 올리려면 관리를 엄선해야 한다. 인원을 가능한 한 축소해 임시직이나 하급직에는 원주민을 채용하는 것이 좋다. 타이완에 부임한 관리는 봉급과 수당이 많으니 분수에 지나친 생활을 한다. 그들이 타이완에 부임하는 것은 오로지 사치스럽게 살기 위해서다. 한 사람도 타이완에 영주하기를 원하지 않는다. 임시로 머무는 삶이기에 타이완에 정을 붙이지 않는다. 진정성이 없는 자가 어찌 새로운 영토의 민심을 얻을 수 있겠는가?"

1897년 11월 7일 노기가 사직을 결심했다. 타이완 총독으로 부임한 지 1년 3개월여 만이었다. 노기는 사직서에 다음과 같이 썼다. "근래 갑자기 기억력이 저하되어 직무를 수행하기 어렵다. 국가에 어려운 일이 많을 때 대단히 죄송한 일이지만 지금의 관직에서 물러나고 싶다. 이에 사직서를 제출하는 바이다." 총리대신 마쓰카타 마사요시松方正義와 추밀원 의장 야마가타 아리토모山県有朋는 물론 노기를 타이완 총독으로 추천했던 육군차관 고다마 겐타로児玉源太郎가 나서서 노기의 사임을 만류했다. 그러나 노기의 뜻을 꺾을 수 없었다. 노기는 1898년 2월 13일 타이페이를 떠나 2월 21일에 도쿄에 도착했다. 그는 아카사카赤坂에 있는 자택으로 가지 않고 호텔에 투숙했다. 공무로 상경한 자가 자택에 머무는 것이 옳지 않다고 믿었기 때문이다.

2월 24일 노기는 제3차 이토 히로부미 내각의 육군대신이 된 가쓰라 타로를 만나고, 다음 날 가쓰라와 함께 이토 총리대신과 이노우에 가오루 대장대신을 만나 사직의 뜻을 전했다. 2월 26일 노기가 정식으로 타이완 총독직에서 물러났다. 노기의 후임으로 제3사단장 고다마 겐타로 중장이 취임했다. 고다마는 소네 시즈오 타이완총독부 민정국장을 해임하고 그 자리에 내무성 위생국장 고토 신페이後藤新平(1857~1928)를 임명했다. 고토는 의사 출신으로 청일전쟁 후 방역업무에 재능을 발휘한 인물이었다. 고다마 신임 총독은 고토에게 타이완 통치를 위임했다. 고토는 식민지 통치에 저항하는 원주민을 철저하게 진압하는 한편 통치에 따르는 자들을 우대하는 정책을 추진하며 원주민의 저항운동을 억눌렀다. 고다마 · 고토는 일본의 타이완 통치의 기틀을 마련했다.

　1898년 10월 3일 노기 마레스케가 신설된 제11사단의 초대 사단장에 임명되었다. 휴직 7개월 만이었다. 그는 가족을 도쿄에 두고 단신으로 부임했다. 당시는 청일전쟁이 끝나고 얼마 지나지 않은 때였다. 일본인은 여전히 전승 기분에 취해 있었다. 타이완을 비롯한 청국 영토를 차지했을 뿐만이 아니라 상상을 초월한 배상금을 받아낸 나라의 국민이라는 사실에 자부심을 느끼고 있었다. 노기는 내심으로 일본인의 들뜬 마음을 우려했다. 그는 카가와현香川県 젠쓰지시善通寺市에 있는 제11사단으로 출발하면서 부인 시즈코에게 말했다. "전시戰時라는 마음가짐으로 부임한다."

말을 탄 노기

노기는 신설된 제11사단의 기강을 바로 세우려고 노력했다. 그는 부대에서 10여 리 떨어진 곳에 있는 천태종 사원 곤조지金倉寺의 방 한 칸을 빌어 생활했다. 그는 새벽에 일어나 두 마리의 말에게 여물을 주고 아침을 먹은 후 말을 타고 출근했다. 부대 사령부 장교 중에서 그보다 더 일찍 출근하는 자는 한 사람도 없었다. 노기는 전투가 벌어지면 반드시 승리하는 군대를 만들기 위해 온 힘을 기울였다. 수시로 비상을 걸어 병사들의 전투 태세를 점검했다. 병사들이 땡볕에서 훈련할 때는 노기도 그늘에 들어가지 않고 시종일관 훈련 장면을 지켜봤다. 훈련 때는 병사와 같은 침구를 사용했고 병사들이 먹는 밥을 먹었다.

노기는 가족을 냉정하게 대했다. 1899년 1월 말 노기의 아내 시즈코가 부대를 방문했다. 편지 한 통 없는 남편의 생활이 걱정되었을 것이다. 그러나 노기는 시즈코를 만나지 않고 부관을 통해 다음과 같이 전했다. "오라고 하지 않았는데 왜 왔는가? 남편의 허락도 없이 임지에 오는 법은 없다." 시즈코가 화를 억누르며 말했다. "가정생활에 대해서 안부도 묻지 않으니 애써 시간을 내어 여기까지 왔는데 만나지 않겠다니 허탈하다." 시즈코가 울면서 숙소로 돌아갔다. 다음날 부관과 곤조지 주지가 간청하자 노기가 마지못해 시즈코를 만났다. 그 후 노기가 야영 훈련 중에 말라리아에 걸려서 사경을 헤맸다. 아내 시즈코가 큰아들을 데리고 달려왔다. 노기는 아들은 만났지만 시즈코의 면회는 끝내 허락하지 않았다.

1900년 6월 의화단이 베이징에 있는 각국 공사관을 포위했다. 서구 열강이 자국민을 보호한다는 구실로 청국에 군대를 파견했다. 7월 6일 일본이 청국에 1개 사단을 파견하기로 했다. 이때 제11사단의 보병 제12연대 제3대대(대대장 스기우라杉浦 소좌)가 야마구치 모토오미山口素臣 (1846~1904) 중장 휘하 제5사단에 예속되어 참전했다. 그런데 일본군이 톈진성天津城을 점령했을 때 장교들이 은화를 절도한 사건이 일어났다. 스기우라 소좌도 그 사건에 연루되었다. 육군성은 제9여단장 마나베 아키라眞鍋斌(1851~1918) 소장을 휴직 처분하는 선에서 사건을 마무리했다. 그러나 노기는 자기 부하가 절도 사건에 연루되었다는 것을 알고 수치심을 느꼈다. 1901년 5월 22일 제11사단장에서 물러났다. 네 번째 휴직이었다.

노기는 1892년 두 번째 휴직했을 때부터 때때로 나스那須의 별장에서 농사를 지으며 생활했다. 그는 한가할 때 상경해 도쿄의 자택에 머물며 각종 행사나 집회에 참석하고 지인이나 동료를 방문하는 등 바쁜 시간을 보냈다. 그는 주로 야마가타 아리토모·노즈 미치쓰라·가쓰라 타로·고다마 겐타로 등 선배나 동료와 어울렸다. 그가 네 번이나 휴직했으면서도 복직할 수 있었던 것은 조슈번 출신 군 수뇌부의 비호가 있었기 때문이다. 나스에서의 생활은 노기가 도쿄에서 활동하기 위한 기력을 보충하는 시간이었던 셈이다.

노기 마레스케는 평생 책을 가까이했다. 그는 병법서·역사서·협객전을 주로 읽었으나 나스에서 생활하면서 주로 무사도와 천황 숭배 관련 서책을 읽었다. 특히 17세기 중엽의 유학자 야마가 소코山鹿素行(1622~85)가 저술한 무사도론 『세이쿄요로쿠聖教要錄』・『야마가고루이山鹿語類』와 천황 숭배 사상서 『주초지지쓰中朝事実』를 정독했다. 그는 독일 유학 후 무사도에 심취했다. 야마가의 사상이야말로 무사도의 근간이라고 생각했다. 노기는 야마가의 저서를 읽고 지인이나 후배에게 권했다. 노기의 휴직은 곧 정신을 단련하는 기간이었다.

군인 이외에 사회 각 분야에서 활동하던 인물들이 노기와 교류했다. 그중에 소설가 후타바테이 시메이二葉亭四迷(1864~1909)가 있었다. 그의 본명은 하세가와 다쓰노스케長谷川辰之助였다. 1902년 2월과 5월에 후타바테이가 노기를 방문해 이야기를 나눴다. 노기는 도쿄에 있을 때 도쿄대학 교수 이노우에 데쓰지로井上哲次郎(1856~1944)를 방문해 야마가 소코의 서책 간행에 대해 상담했다. 이노우에는 "수에즈 운하 동쪽 세계에서 최고의 철학자"라고 자칭했던 학자였다. 노기는 군인이었지만 청년 시절부터 문학에 조예가 깊었다. 그는 때때로 자신의 심경을 시가로 표현했다. 나스에서 생활할 때는 주로 사족 반란 때의 싸움이나 세이난 전쟁 때 군기를 잃어버리고 죄책감에 시달렸던 심정을 노래했다.

5. 타이완 총독 전후

◎ chapter.6

러일전쟁

삼국간섭 후 일본은 군사력을 증강하기 시작했다. 정부가 의회에 제출한 예산안이 일사천리로 가결되었다. 야당도 '거국일치'라는 구호 아래 정부에 협력했다. 군사비가 국가 예산에서 차지하는 비중이 1896년에 48퍼센트, 1897년에 56퍼센트, 1898년에 51퍼센트, 1899년에 45퍼센트, 1900년에 45퍼센트였다. 청국에서 받은 배상금 대부분이 군비확장에 투입되었다. 그러나 방대한 군사비를 마련하려면 청국에서 받은 배상금과 공채만으로는 부족했다. 정부는 등록세·영업세를 신설하고 담배 전매사업을 시행했다. 국민의 부담이 늘어났다.

1900년에 일어난 북청사변 이후 일러관계가 급속하게 악화했다. 정부는 육·해군 군비 증강 계획에 7억8,100만 엔을 책정했다. 청일전쟁 당시 근위사단 및 6개 사단이었던 육군은 1903년까지 7개 사단을 증설해 모두 13개 사단으로 증강되었다. 거기에 기병 2개 여단과 포병 2개 여단이 증설되었다. 기병·포병 여단은 만주에서 러시아군과 싸우기 위한 목적으로 편성되었다. 육군 병력은 20여만 명이었다. 예비대와 후비대도 동원할 준비를 마쳤다. 해군도 4척의 전함과 11척의 순양함을 포함한 103척의 군함을 건조하는 계획이 1902년에 거의 실현되었다. 해군의 증강으로 일본이 동아시아 해역에서 가상 적국 러시아를 능가하는 전투력을 보유하게 되었다.

　당시 러시아 육군은 70개 사단 200여만 명이었다. 그러나 만주에 투입할 수 있는 병력은 보병 100개 대대, 기병 75개 중대, 포병 30개 중대와 약간의 공병대 등 12만 명이었다. 일본군의 전력이 우세했다. 그러나 러시아가 유럽 및 시베리아의 병력을 증파한다면 러시아의 전력이 일본군을 압도할 가능성이 있었다. 그러나 1903년에 러시아가 시베리아철도를 개통했으나 아직 단선이어서 수송 능력에 한계가 있었다. 또 함대가 유럽 북부에서 극동으로 돌아오는 데 상당한 시일이 걸릴 수밖에 없었다. 일본은 러시아가 만주에 육군을 증파하고 러시아 함대가 극동에 모습을 드러내기 전에 만주에 주둔한 러시아군을 물리친다는 계획을 세웠다.

제3군 사령관 노기

1904년 2월 4일 일본은 어전회의에서 전쟁을 의결하고 러시아에 국교를 단절한다고 통고했다. 2월 8일부터 일본 해군이 중국의 뤼순 군항에 정박한 러시아군 군함을 기습했다. 2월 10일 러시아에 선전을 포고하고 대본영을 설치했다. 4월 말에는 구로키 다메모토 대장이 이끄는 제1군이 압록강을 건너 만주로 진격했다. 이어서 오쿠 야스카타가 이끄는 제2군이 뤼순 북방에 상륙해 북진했다. 대본영은 뤼순을 공략하기 어렵다는 것을 알고 5월 2일 제2군을 나누어 제3군사령부를 편성했다. 제3군 사령관에 노기 마레스케 중장을 임명했다. 노기는 아오야마青山(도쿄토 미나토쿠 기타아오야마)의 육군대학교에 본부를 두고 참모장 이지치 고스케伊地知幸介(1854~1917) 소장을 비롯한 휘하 사단·연대의 지휘관을 임명했다.

이보다 앞서 4월 16일 노기 마레스케의 장남 노기 가쓰스케乃木勝典(1879~1904) 소위가 제2군 제1사단 보병 제1연대 소대장으로 출진하게 되었다. 차남 노기 야스스케乃木保典(1881~1904)도 제1사단 보병 제1연대 보충대 소대장에 임명되었다. 가쓰스케가 출진하기 전날 밤 가족이 모여 저녁을 먹을 때 시즈코가 노기에게 조심스럽게 말했다. "오늘 밤만은 웃는 얼굴을 보여주었으면 좋겠다." 노기가 말했다. "웃으면 안 된다. 정신 바짝 차려라." 다음 날 아침 시즈코가 아들들에게 고급 향수를 건넸다. 만약 전사하면 유체에서 썩은 냄새가 나는 것을 조금이라도 감추기 위한 용도였다.

제3군에게 주어진 임무는 뤼순을 점령하는 것이었다. 앞에서 살펴본 바와 같이 뤼순旅順은 청일전쟁 때 이미 동양 제1의 요새라고 일컬어졌던 곳이다. 그런데 당시 일본군은 뤼순성을 겨우 하루 만에 점령했다. 당시 노기는 제1사단 제1연대장으로서 뤼순 공략 작전의 선봉에 섰던 경험이 있었다. 러일전쟁 당시 뤼순은 러시아가 점령하고 있있지만, 노기는 내심 뤼순의 방어망을 쉽게 돌파할 수 있다고 낙관했다. 그러나 대본영이 제3군사령부에 제시한 뤼순 군항을 포함한 요새 배치 지도를 본 노기의 고민이 깊어졌다. 청일전쟁 당시의 뤼순과는 차원이 다른 방어선이 구축되어 있었기 때문이다. 그래도 대본영과 노기는 열흘 정도 공격하면 뤼순을 점령할 수 있다고 확신했다.

5월 27일 제3군사령부 지휘부가 도쿄를 떠나 출정 길에 올랐다. 그때 노기가 부인 시즈코에게 말했다. "아버지와 아들 둘 이렇게 세 명이 전쟁터로 나아간다. 누가 먼저 죽을지 알 수 없다. 누가 먼저 죽더라도 장례를 치르지 말고 세 개의 관이 한자리에 모일 때까지 기다려라." 노기가 히로시마에 도착했을 때 장남 가쓰스케가 전사했다는 소식을 들었다. 노기는 부인에게 전보를 쳤다. "가쓰스케의 전사를 기뻐하라." 당시 가쓰스케가 속한 제1사단 보병 제1연대가 남산南山(진저우 남쪽에 있는 산)을 공격했다. 이 전투에서 가쓰스케가 러시아군이 쏜 총탄에 맞아 야전병원으로 이송되었으나 과다출혈로 사망했다. 당시 제1사단은 뤼순 일대의 러시아군과 전투를 벌이면서 제3군이 도착하기를 기다리고 있었다.

6월 6일 노기 마레스케가 육군 대장으로 승진했다. 6월 8일 제3군사령부 지휘부가 다롄大連에 도착했다. 제3군은 며칠 전까지 제2군에 속해 진저우 전투에서 활약한 제1사단(사단장 후시미노미야 사다나루伏見宮貞愛 중장)과 제11사단(사단장 쓰치야 미쓰하루土屋光春 중장)을 주력으로 하고, 거기에 포병 연대, 공성포병창, 공성공병창 등을 휘하에 거느렸다. 하지만 난공불락의 뤼순을 공격하기에는 역부족이었다. 대본영은 즉시 후비보병 제1여단(여단장 도모야스 하루노부友安治延 소장)과 후비보병 제4

여단(여단장 다케우치 세이사쿠竹內正策 소장)을 제3군에 편입시켜 전력을 보강했다.

6월 26일 노기 사령관이 제11사단을 앞세워 뤼순 인근의 러시아군 요새를 점령했다. 7월 말에 증원부대가 도착하자 다시 토산兜山의 요새를 비롯한 적의 2차 방어선을 돌파했다. 8월 초순에는 타구산大孤山·샤오구산小孤山을 비롯한 3차 방어선을 돌파해 진지를 구축했다. 노기 사령관은 8월 중순에 총공격을 감행해 뤼순을 점령한다는 계획을 세웠다. 당시 노기 사령관을 비롯한 제3군 지휘부는 물론 일본인도 러시아군의 전력을 과소평가했다. 일본군이 무사도 정신을 발휘해 희생을 각오하고 맹렬하게 공격한다면 러시아군의 최후방어선도 맥없이 무너질 것이라고 믿었다.

이 무렵 대본영이 러시아가 함대를 극동으로 보내기로 했다는 정보를 입수했다. 해군은 러시아 함대가 극동에 모습을 드러내기 전에 뤼순을 점령해야 한다고 강조했다. 8월 19일 제3군이 뤼순 총공격을 개시했다. 그날 밤 도쿄의 여러 신문사 기자들이 육군성 앞뜰에 천막을 치고 야영하면서 뤼순이 함락되었다는 소식을 기다렸다. 지방 신문사 중에는 제3군이 뤼순을 점령했다는 호외를 찍어놓고 신문판매점으로 발송할 준비를 하고 있었다. 그날 밤 제1·제9·제11사단이 차례로 총공격을 감행했다. 그러나 러시아군의 방어진지는 철옹성과 같았다. 노기 사령관이 말을 타고 진두지휘했으나 그의 눈에 들어오는 것은 산

러시아군을 추격하는 일본군 기병대

등성에 겹겹이 쌓인 일본군의 시체뿐이었다. 그러나 노기 사령관은 계속 공격을 명령했다. 공격은 24일까지 이어졌다. 하지만 일본군은 적의 방어선을 돌파하지 못했다. 일본군은 총병력 5만 명 중 사상자 1만 5,800여 명이라는 손실을 내고 물러났다.

10월 26일 아침 일본군이 적의 진지에 포격을 가하면서 제2차 뤼순 총공격을 감행했다. 27일부터 3일간 제1·제9·제11사단이 적의 진지로 접근하며 참호를 구축했다. 30일 오전 1시 노기 사령관이 일제 공격을 명령했다. 제1·제9·제11사단이 공격 목표를 향해 돌진했다. 그러나 참호에 몸을 숨긴 러시아군이 일본군을 내려다보며 맹렬한 사격을 가했다. 제9사단의 이치노헤 효에一戶兵衛(1855~1931) 소장이 이

JZ는 공격대가 적의 한 요새를 점령했다. 하지만 곧 러시아군의 반격으로 후퇴하지 않을 수 없었다. 이번에도 일본군은 총병력 4만 8,000명 중에 3,800여 명의 사상자를 내고 물러났다.

이 무렵 대본영은 러시아 함대가 이미 10월 15일에 극동으로 향했다는 정보를 입수했다. 대본영은 제3군에 반드시 뤼순을 점령하라고 명령했다. 제3군은 11월 26일부터 제3차 뤼순 총공격을 감행했다. 일본군 포병대가 203고지를 향해 집중 포격을 가한 후 제1사단이 돌격했다. 일본군이 고지의 일각을 점령하면 적이 즉시 반격해 고지를 탈환하는 전투가 되풀이되었다. 일본군의 시체가 산등성을 덮었다. 하지만 일본군은 공격을 멈추지 않았다. 12월 5일 일본군이 기어이 203고지를 점령했다. 그러나 일본군의 피해가 너무 컸다. 총병력 6만 4,000여 명 중 1만 7,000여 명의 사상자를 냈다. 이 전투에서 노기의 둘째 아들 야스스케가 전사했다.

12월 6일 일본군이 203고지에 포대를 설치하고 뤼순 군항의 러시아 함대를 포격했다. 제1·제9·제11사단이 각지에서 저항하는 러시아군을 공격했다. 제7사단이 뤼순 군항과 러시아군의 진지를 잇는 통로를 차단했다. 러시아군이 전의를 상실했다. 1905년 1월 1일 오후 러시아군 사령관 스테셀A. M. Stessel이 노기 사령관에게 사자를 보내 항복의 뜻을 전했다. 스테셀 사령관은 휘하 부대에 공격 중지 명령을 내렸다. 1월 2일 일본군이 뤼순을 점령했다. 그러나 일본군의 피해가 너무

뤼순 군항을 포격하는 일본군 포병대

나 컸다. 뤼순을 포위한 155일간 일본군 13만여 명 중 5만9,000여 명의 사상자를 냈다.

1월 5일 노기 마레스케와 러시아군 사령관 스테셀이 뤼순의 해군 진지에서 회견했다. 노기는 항장降將 스테셀을 예우했다. 그는 스테셀의 손을 잡고 말했다. "천황 폐하께서는 귀하가 조국을 위해 끝까지 충성을 다한 공적을 치하하셨다." 스테셀이 말했다. "무한한 영광이다." 노기는 일본군을 상대로 끈질기게 분투한 러시아군의 무용武勇에 감탄했다. 스테셀은 싸움에서 뒤로 물러서지 않는 일본군의 투지에 경의를 표

뤼순 점령 후 초혼제를 지내는 노기

했다. 그리고 노기의 두 아들의 전사를 애도했다. 노기가 말했다. "두 아들은 군인으로서 죽을 자리를 찾았을 뿐이다."

1월 6일 메이지 천황이 제3군과 연합함대에 칙어를 내렸다. 오야마 이와오 만주군 총사령관도 제3군에 서신을 보내 공로를 치하했다. 노기 사령관은 1월 12일부터 제11사단을 압록강 주변에 배치하고, 제1·제7·제9사단, 2개 후비여단, 포병 제2여단을 재편한 후 16일부터 서둘러 북쪽으로 행군했다. 당시 일본의 만주군사령부는 펑톈奉川에 주둔한 러시아군과 최후의 결전을 벌일 준비를 하고 있었다. 1월 26일에 제3군이 펑톈의 서쪽으로 진군해 만주군 주력의 좌익에 포진했다. 이

랴오양 인근에서 러시아군을 공격하는 일본군

보다 앞서 일본의 만주군은 사허沙河에서 러시아군과 대치하며 1904년 겨울을 넘기고 1월 하순에 헤이커우타이黑溝臺 부근에서 러시아군을 물리쳤다. 3월 1일 전열을 정비한 만주군 24만 명이 펑톈을 향해 진격을 개시했다.

제3군 사령관 노기 마레스케는 장병들에게 죽음을 각오하고 싸우라고 명령했다. 노기는 뤼순에 이어 펑톈 전투에서도 치밀한 작전을 세우지 않고 병사들을 사지로 몰아넣었다. 물론 노기 자신도 마치 적의 총탄을 기다리듯이 최전선에서 부대를 지휘했다. 3월 8일 일본군의 공격을 견디지 못한 러시아군이 후퇴했다. 3월 10일 일본군이 펑톈을 점령했다. 이때 제3군이 퇴각하는 러시아군을 공격하는 작전을 수행했다.

하지만 제3군은 러시아군의 퇴각을 막을 수 없었다. 그 후 제3군은 랴오허遼河를 건너 5월에 몽고 국경에 사령부를 두었다. 펑톈 전투에서 러시아군은 32만여 명 중 9만여 명의 사상자를 냈고, 일본군은 24만여 명 중 7만여 명의 사상자를 냈다.

 5월 27일부터 치러진 해전에서 도고 헤이하치로가 이끄는 연합함대가 러시아의 발틱함대와 싸워 이겼다. 일본은 해전에서의 승리를 계기로 전쟁을 끝내는 길을 모색하기 시작했다. 1905년 8월 10일 미국 포츠머스Portsmouth에서 강화회담이 열렸다. 일본은 첫 번째 회담에서 12조의 강화조건을 제시했다. 일본이 양보할 수 없는 조건은 한국의 일본 지배 인정, 러시아 군대의 만주 철퇴, 랴오둥 반도 조차권 및 하얼빈·뤼순 간 철도의 양도 등이었다. 그 밖의 조건으로 배상금 15억 엔, 사할린 할양 등이었다. 러시아는 만주 철도 양도 문제의 조정을 제외하고 일본이 제시한 조건을 수용했다. 9월 5일 일본이 배상금 요구를 철회하고, 러시아도 사할린의 남반부를 일본에 양도하기로 합의하면서 강화조약이 성립했다.

 강화조약의 내용을 전해 들은 노기는 크게 실망했다. 참모들의 면회도 허락하지 않고 칩거했다. 당시 제3군을 따라 종군했던 스텐리 워슈번Stanley Washburn이라는 미국의 종군기자가 있었다. 그는 노기가 러일전쟁 기간에 어떻게 생활했는지 상세하게 취재했다. 그는 취재기록을 『노기乃木』라는 서책으로 간행했다. 그의 책은 1941년에 일본어로 번

6. 러일전쟁   **179**

포츠머스 강화회담

역되어 『노기 대장과 일본인乃木大將と日本人』이라는 제목으로 간행되었다. 거기에 강화조약 소식을 접한 노기의 모습이 생생하게 묘사되었다.

"노기 대장이 어떠했는가 하면 너무나 실망했다. 장군은 사람을 멀리하고 칩거했다. 참모는 장군이 갑자기 병이 났다고 발표했다. 사람들이 장군의 소식을 알고자 했지만, '각하는 눈병이 심해서 면회를 사절하고 있다.'라는 쌀쌀한 대답뿐이었다. 실제로 눈병에 걸렸을 수도 있을 것이다. 그러나 전쟁의 희생이나 고통에는 말없이 인내할 수 있었던 노기 대장도, 그 희생이 너무나 컸는데 그에 비해 강화조약으로 얻은 것이 너무나 적어 실망을 견딜 수 없다는 것이, 누가 말할 필요도 없이 우리에게 전해졌다."

◎ *chapter.7*

러일전쟁 이후

    1906년 1월 14일 제3군 사령관 노기 마레스케 대장이 도쿄로 개선했다. 그의 개선 풍경은 만주군사령관 오야마 이와오나 러시아의 발틱 함대를 무찔러 일본의 승리를 확정한 도고 헤이하치로가 개선했을 때와 달랐다. 도쿄 시민은 슬픔과 기쁨과 존경이 뒤범벅된 설명할 수 없는 들뜬 마음으로 노기 사령관을 맞이했다. 『도쿄아사히신문東京朝日新聞』은 다음과 같이 보도했다.

    "도쿄 시민은 어제 14일 제3군 사령관 노기 대장의 개선을 맞이했다. 노기 대장은 너무나 생생한 뤼순 요새 공략에서 전사에 그 예를 찾아볼 수 없는 장렬하고 참혹한 공성전을 치러 멋지게 승리했고, 평환 전투 때는 또 질풍노도와 같은 속도로 우회해 전투를 치른 인물이다. 혁혁한 무훈이 일대를 풍미하고 존경과 명예로 온몸이 충만해 득의양양하게 돌아왔다. 그러나 장군 개인으로 본다면 그가 아직 출정하기 전에 먼저 한 아들을, 그것도 뤼순의 관문이라고 할 수 있는 남산南山에서 잃었다. 그리고 다음은 그 자신이 지휘하던 뤼순 전투에서 또 한 아들을 죽였다. 세상에서 그 예를 찾아볼 수 없는 비참하고 한스러운 일을 당한 사람, 양어깨에 장식된 명예는 물론이거니와 그 마음속을 헤아려 보면 먼저 눈물이 앞을 가린다. 그렇다면 장군의 개선에 대한 도쿄 시민의 마음은 다른 개선장군에 대한 것과 다를 수밖에 없다. 더구나 도쿄를 관할구역에 포함한 제1사단이 노기 장군의 휘하에 있다. 어제의 개선에 대한 도쿄 시민의 환영은 무엇에 비할 바 없이 매우 성대했다. 조금 바람은 불었다. 하지만 날씨가 너무 쾌청한 일요일이었다. 오전 7시경부터 도쿄 시내 모든 곳에는 환영하러 나온 자들로 붐볐다. 마치 단맛에 달라붙는 개미와 같았다. 시간이 지남에 따라 기차 정거장 이외에는 모두 사람들로 발 디딜 틈이 없었다."

"노기 장군이 기차에서 내리자 (중략) 환영객이 앞을 다투어 달려들어 일고여덟 겹으로 에워싸고 대신大臣이고 뭐고 가릴 것 없이 제멋대로 사람들을 밀어내고 악수를 청하려고 안달했다. 이미 악수를 한 사람이 물러나려 해도 물러날 수 없었다. 그냥 밀치고 쓸리며 한 무리는 오른쪽으로 또는 왼쪽으로 밀고 쓸리면서 그 사이로 울려 퍼지는 만

세 소리가 마치 천둥과 같았다. 대장 일행이 나아갈 길이 다시 막혀 진퇴양난이었다. 그 혼잡함은 필설로 표현할 수 없을 정도였다. 사람들에게 둘러싸여 서 있는 노 장군의 모습은 마치 성난 파도에 휩쓸리는 배와 같이 그들이 하는 대로 몸을 맡기는 수밖에 다른 대책이 없었다. 장군은 그야말로 진퇴양난의 신세가 되어 한 발짝도 앞으로 나아갈 수 없었다. 할 수 없이 병사와 정거장에 있던 사령관들이 좌우에서 대장의 몸을 부축하고 이치노헤 효에一戶兵衛 참모장, 이지치 고스케伊地知幸介 소장, 마쓰다이라 히데오松平英夫 부관, 그리고 서너 명의 친족이 장군을 뒤에서 밀고, 다카하시高橋 역장, 호리堀內 중좌, 군사 여러 명이 대장의 앞에 서서 크게 소리를 지르며 온 힘을 다해 길을 열며 한발 한발 앞으로 나아갔다. 끊임없이 밀치고 쓸리는 대장은 마치 술에 취한 사람과 같이 간신히 발걸음을 옮기며 겨우 플랫폼을 빠져나왔다."

"여기에서 특별히 기록해야 할 것이 있다. 플랫폼 내의 환영객 중에 노기 마레스케 대장의 지인들이 개선 장교나 가족의 환영객 중에 대장의 부인이 있는지 찾았으나 그 모습은 보이지 않았다. 겨우 친척 두세 명이 확인될 뿐이었다. 어떤 연유가 있었는지 궁금한 일이다. 대장은 평소에 집사람들에게 훈계했다. '출정한 자가 운이 있어서 목숨을 잃지 않은 이상 당연히 언젠가는 돌아오는 것이다. 그런데 나는 부하 장정을 전장에서 전사하게 한 적이 매우 많다. 전쟁이라고는 해도 면목이 없는 일이다. 개선하는 날이라고 해서 나와서 마중하는 일이 있어서는 안 된다.' 그래서 어제 개선에 대장의 부인이 마중을 나오지 않은 것이다. 새삼스러운 일은 아니지만 대장의 엄격하고 겸손한 마음을 어찌 칭송하지 않을 수 있으랴."

도쿄 시민이 열광적으로 노기를 마중한 것은 도쿄를 관할지역으로 하는 제1사단이 제3군의 휘하에 있었다는 이유도 있었지만, 그보다 노기가 채 출정하기도 전에 첫째 아들이 뤼순 인근에서 전사했고, 이어서 자신이 지휘한 뤼순 전투에서 둘째 아들을 죽게 했다는, 세상에서 매우 드문 비참하고 한스러운 일을 당했기 때문이다. 노기는 어려운 전투에서 승리한 영광스러운 장군이었다. 하지만 그는 비극의 주인공이었다. 도쿄 시민은 물론 일본 국민이 상처뿐인 장군의 마음을 어루만지는 심정으로 노기를 맞이한 것이었다.

노기 대장 일행은 연도에 늘어선 환영객의 만세 소리를 들으며 서서히 궁전 정문을 지나 오전 11시에 천황 집무실에 도착했다. 노기는 이토 세헤이伊藤瀬平 시종무관의 안내로 메이지 천황을 알현하고 제3군의 작전 경과와 부하들의 공적을 보고했다. 그리고 자신의 작전 실패에 대해 다음과 같이 말했다.

"작전 16개월 동안 우리 장병은 항상 적과 용감히 싸웠습니다. 그 기개가 충성스러운 용사와 의로운 열사가 죽음을 돌보지 않는 것과 같았습니다. 총탄에 쓰러지고 검에 쓰러지면서도 모두 '폐하 만세'를 외치면서 흔연히 죽음을 맞이했습니다. 신은 이것을 삼가 아뢰지 않을 수 없습니다. 그런데 이러한 충성스럽고 용감한 장병을 거느리고 뤼순 공성에 반년이라는 긴 시간을 요하고 막대한 희생을 치렀습니다. 펑촨 부근의 회전에서 다시 많은 적을 상대하게 되었습니다. 하지만 이때 적을 무찌를 수 있는 기회를 얻지 못했습니다. 신이 평생 유감스럽고 통한한 마음을 지울 수 없을 것입니다."

말을 마친 노기는 뜨거운 눈물을 흘리며 엎드려 아뢰었다. "이것은 오로지 미천한 신이 불민한 죄입니다. 우러러 청하오니 신에게 죽음을 내리소서. 할복으로 사죄하고 싶습니다." 메이지 천황은 한동안 말이 없다가 물러나려는 노기를 불러서 다음과 같이 말했다고 전한다. "지금은 죽을 때가 아니다. 경이 만약에 죽기를 원한다면 짐의 치세가 끝난 후에 하도록 하라."

메이지 천황은 제3군과 노기 사령관에게 "경의 공훈과 장병의 충성과 용기가 가상하다."라는 칙어를 내렸다. 노기는 전공으로 공일급금치훈장功一級金鵄勳章을 받았다. 관위가 종2위로 승진되며 백작 작위가 수여되었다. 남작에서 자작을 건너뛰어 백작이 된 인물은 노기 이외에 야마모토 곤베에山本權兵衛·오쿠 야스카타奧保鞏·구로키 다메모토黒木為楨·고무라 주타로小村寿太郎가 있을 뿐이었다. 1906년 1월 24일 제3군이 해산하면서 노기가 군사참의관軍事參議官에 임명되었다.

러일전쟁은 일본이 세계 7대 강국으로 부상하는 계기가 되었다. 무

러일전쟁 승리 후 열린 개선관병식

엇보다도 일본은 대한제국의 실권을 장악하게 되었고 만주를 사실상 지배하는 권리를 행사하게 되었다. 일본은 금액으로 환산할 수 없는 막대한 이권을 손에 넣었다. 일본인의 자긍심이 하늘을 찔렀다. 그러나 전쟁 후 긴장감이 풀리면서 물의를 일으키는 군인들이 많았다. 이러한 일은 화족을 포함한 상류사회 전체에 퍼져있던 풍조였다.

『지지신보時事新報』는 화족 사회를 다음과 같이 규탄했다. "화족 사회와 같이 소위 황실의 울타리로서 그 품행도 세상의 모범이 되어야 마땅한 신분임에도 불구하고 일반 사람과 다를 바 없을 정도로 추한 행동을 하는 자가 있다. 추행의 결과는 곧 가정의 문란을 초래하고 본인

당대에 가문이 풍파에 휩싸이는 것은 물론, 그 여파가 죽은 후까지 이어져 급기야 볼썽사나운 상속 분쟁이 일어나 골육상쟁의 추태를 세상에 드러내는 경우도 적지 않다."

간통은 그다지 새삼스러운 일이 아니었지만, 이토 요시고로伊藤義五郎(1858~1919) 중장의 간통 사건이 세상을 시끄럽게 했다. 이토가 다케시키竹敷(나가사키현 쓰시마시 미쓰시마초)에 기지를 둔 해군 사령관으로 근무할 때 부하의 아내와 간통해 이것이 서로 고소하는 사건으로 이어졌다. 사람들은 이토를 '간통 중장'이라고 불렀다. 이토 미요지伊東巳代治의 축첩과 궁내대신 다나카 미쓰아키田中光顕(1843~1939)의 황혼 연애는 당시에 그리 문제가 되는 일은 아니었다. 그런데 1909년에 예순일곱 살이었던 다나카가 아내로 맞이한 고바야시 다카코小林孝子는 스물한 살이었고, 또 그녀가 의사와 간통한 일이 세상 사람들을 놀라게 했다. 이 사건으로 다나카는 궁내대신에서 파면되었다. 그러자 시정에서 다나카의 후임으로 노기 마레스케가 궁내대신이 된다는 소문이 돌았다.

노기는 군인·화족 사회의 실태를 지켜보고 위기감을 느꼈다. 그가 말했다. "우리나라는 다른 부국과 비교하면 빈국이다. 외국에 많은 채무를 지고 있고 그것을 당장 갚기 어려운 형편이다. 그 원인은 전쟁을 치렀기 때문이다." "국가를 살지게 하려면 낭비를 줄여야 한다. 사치는 국가에 대한 수치라는 것을 명심하고 근면하고 성실하게 생활해야 한다." "부국을 위해서는 강병이 필요하다. 강병을 위해서는 그에 상당한 국부가 필요하다. 국부는 검소하고 간소한 국민의 생활을 통해 축적된다." 노기는 스스로 검소하고 간소한 생활을 실천해서 국민 특히 군인과 화족의 모범이 되려고 힘썼다.

1907년 1월 노기 마레스케가 학습원 원장을 겸임하게 되었다. 학습원은 황족·화족의 자제를 "국민 중에서 귀중한 지위"를 유지할 수 있도록 특별히 교육하기 위해 설립한 궁내성 직할의 국립학교였다. 황족·화족의 자제는 무시험으로 입학할 수 있었고, 입학 후에는 고등과까지 진학할 수 있었다. 메이지 천황은 원장에 취임하는 노기에게 "화족을 교육하는 모든 것을 경에게 일임한다."라는 칙명을 내렸다. 천황은 군인과 화족의 기강이 문란해진 것을 개탄했다. 그래서 노기가 군인·화족 자제들의 정신을 바로잡아 황실의 진정한 울타리가 되는 인재로 육성하기를 기대했다. 천황의 깊은 뜻을 이해한 노기 마레스케가 기꺼이 학습원 원장에 취임했다.

당시 학습원 학생으로 대표되던 일본 상류계급의 자제들은 서양의 귀족보다 호화롭게 생활하고 있었다. 『닛칸헤이민신문日刊平民新聞』기사에 다음과 같은 내용이 있다. "아랫것들이 아무리 궁핍해도 우리는 아무 상관이 없다는 듯이 피아노·바이올린에 심취했다. (중략) 시게노 기요히코滋野清彦 중장의 아들 기요타케清武, 노자키 사다즈미野崎貞澄 남작의 아들 사다히코貞彦와 같은 이가 대표적인 학습원파 음악광으로 알려졌다. 그들은 동창생에게 음악을 알지 못하면 귀족의 자격이 없다고 말하고 다닌다. 도쿠가와 공작의 딸과 고다마 겐타로 대장의 딸은 언니 동생이 함께 매우 비싼 수업료를 내면서 서양음악을 배우고 있다. 이러한 형세라면 음악학교의 고타 사치코幸田幸子와 같은 이는 귀족의 딸에 비해 발바닥에도 미치지 못하는 교육을 받고 있다."

러일전쟁 후 일본 사회는 제2의 로쿠메이칸鹿鳴館 시대였다. 로쿠메이칸은 1883년에 외무경 이노우에 가오루가 서양화 정책을 추진하기 위해 건설한 서양식 건물이었는데, 그곳에서 정부 고관과 그 부인·자녀들이 모여 서양의 매너와 에티켓을 배우고 무도회를 열며 놀았다. 서민들은 어설픈 서양 문화를 모방하는 고관 가족을 사치와 음란을 조장하는 퇴폐적인 족속이라고 비난했다. 러일전쟁 후에도 일본의 상류층 자제들이 코스모폴리타니즘에 경도되어 있었다. 그래서 군인에 '불과했던' 노기가 학습원 원장에 임명되자 불만을 품은 학습원 학생이 적지 않았다. 그들은 학습원 원장에는 당연히 정신·문화계의 위인이 취임해야 한다고 믿었기 때문이다. 노기가 원장에 취임한 후 학습원 교수 겸 여학부장 시모다 우타코下田歌子의 사직 사건이 파장을 불러일으켰다.

노기가 원장에 취임하면서 학습원의 교육 방식이 크게 바뀌었다. 『도쿄니로쿠신보東京二六新報』는 학습원 학생의 변모를 다음과 같이 풍자했다. "노기는 학습원 원장에 취임함과 동시에 학습원 서양풍이라고

7. 러일전쟁 이후   189

할 수 있는 코스모폴리턴적 분위기를 타파하는 데 심혈을 기울였다. 그리하여 모든 학생이 기숙사에서 생활하게 하고 노기 자신도 그곳에서 함께 기숙하며 생활 전반에 걸쳐서 지도했다. 구체적인 내용은 학습원 보인회輔仁會가 편집한 「노기 원장 기념록」에 자세히 기록되었다. 훈시의 일부 내용을 인용하면 다음과 같다. (1) 학습원의 학생은 가능하면 군인이 되라는 것이 폐하의 뜻이니 몸이 건강한 자는 군인이 되어야 한다. (2) 입을 다물어라. 입이 열려 있는 인간은 마음도 느슨하다. (3) 남자는 남자답지 않으면 안 된다. 도시락 보자기라도 빨간색이나 아름다운 모양이 있는 것을 좋아해서는 안 된다. (4) 양복과 구두는 크게 만들어라. 모양 따위에 신경 쓰지 마라. (5) 학생이 손목시계를 차는 것은 전혀 불필요한 일이다. (6) 휘파람을 부는 것은 비천한 자가 하는 짓이다."

노기는 검도 · 유도 · 승마 · 수영 교육을 강화했다. 그중에서 특히 검도를 중시했다. 그는 당시 일본에서 유행하던 서양 운동 중에서 특히 야구와 정구는 좋지 않은 유희라고 생각했다. 그는 보트를 보고 다음과 같이 말했다. "주먹으로 후려치면 구멍이 뚫릴 것 같은 배를 어디에 쓰겠는가." 차라리 "일본 배의 노 젓기를 연습하는 것이 힘도 붙고 실용에도 좋을 것이다." 테니스 경기를 보며 다음과 같이 말했다. "마치 국자와 같은 것으로 볼을 치며 노는 것이라면 자갈이 있고 땅이 고르지 못한 코트나 풀밭에서도 충분할 것이다." 운동복을 보며 말했다. "바지는 마치 하층사회의 인간이 입는 것과 같으니 경기 시에는 제복을 입도록 하라." 그는 수영은 "기력을 단련"하는 훈련이고, 검도는 승부보다도 도검의 자세나 기합을 중시해야 한다고 말했다. 요컨대 그는 스포츠를 경기로서가 아니라 정신훈련의 수단으로 여겼다.

노기는 학생들에게 근면·인내·질소質素·진지한 태도를 강조했다. 그는 원장실에서 근무하지 않고 학생 기숙사에서 생활하면서 좋아하던 술과 담배를 끊었다. 어떠한 일이 있어도 한밤중에 학생들의 침소를 순찰했다. 특히 위생 상태를 살폈다. 그의 도시락은 언제나 댓잎에 싼 주먹밥이었다. 학생들은 그를 "칼을 찬 페스탈로치"라고 불렀다. 그는 교육학을 전공하지 않았고 교수법을 배우지 않았지만, 상류층 자제라면 누구나 당연히 갖추어야 한다고 믿었던 덕목을 몸소 실천하며 학생들을 말없이 가르쳤다. 교육은 기술이 아니라 마음이라고 강조했다. 햇볕이 있으면 나무나 풀이 저절로 푸르게 자란다는 철학의 소유자였다.

노기는 자주 「군인칙유」를 인용하며 질소에 대해 훈시했다. 그는 "검약을 빙자해 금전을 아끼는 인색한 자가 되어서는 곤란하다." "질소라고 말하는 것이 맞다. 세상 사람들은 자주 검약을 빙자해 의리도 수치심도 잃어버렸다."라고 말하며 "검약"이 아니라 "질소"를 설파했다. 그가 말했다. "질소는 그냥 값을 많이 치르지 않았으니 좋다, 다른 사람에게 받은 것이니 좋다, 싸게 산 것이니 좋다는 것이 아니다. 설령 값싼 것이라도 질소의 정신에 부합하지 않는 것은 값비싼 것이라도 질소의 정신에 부합한 것에 비해 한참 저열한 것이다. 무리하게 물건을 싸게 사고 또 소지해서는 안 되는 것을 손에 넣고서 기뻐하는 것은 비천한 짓이다. 질소는 금전에 한정된 것이 아니다. 정당하지 않은 것을 손에 넣고 또 물건값을 깎고 기뻐하는 것은 절의節義도 없고 절조도 없는 것이다. 가장 저열하고 두려워해야 하는 것이다. 질소를 지키는 마음이 있는 자는 불의한 것에 눈길도 주지 말아야 한다."

 그런데 일본인이 노기를 영웅으로 우러러보기 시작한 것은 그의 정신 때문이 아니었다. 신문에 등장하는 노기 대장은 여행할 때 낡은 옷차림에 조그만 가방을 들고 있었고, 그 속에 조그만 비누, 휴지, 책 두세 권, 이쑤시개, 양치용 소금, 얇은 수건 한 장을 넣고 걸어가는 왜소하나 단정한 뒷모습이었다. 그는 수염을 가위로 잘랐기 때문에 면도칼도 필요 없었다. 담배는 궐련 한 개를 둘로 잘라 낡은 봉투에 넣어 두었다가 피웠다. 식사는 쌀보다도 좁쌀에 피稗를 섞어 지은 밥을 먹었다.

 노기는 검소하게 생활하면서도 군인 유가족과 상이군인이 생활고를 겪고 있다는 소식을 들으면 지원을 아끼지 않았다.『주초지지쓰』를 비롯한 야마가 소코의 저서를 자비로 출판해 주변 사람들에게 나누어 주거나 신사에 기진했다. 그러한 비용은 대장 봉급만으로는 턱없이 부족했다. 그래서 나스의 별장을 팔려고 한 적도 있었다. 이러한 노기의 생활방식은 그 나름대로 합리주의와 실용성을 고려한 것이었다. 그러나 신문은 그러한 생활을 뒷받침하던 노기의 사고방식에는 그다지 관심을 기울이지 않았다. 노기의 생활방식에 초점을 맞춰 보도했고 일본인은 그러한 노기의 이미지에 매료되었다.

chapter.8

순사 그리고 신격화

　1912년 7월 21일 『도쿄아사히신문東京朝日新聞』의 제1면에 "성상 폐하 중태, 14일부터 병석에, 수면상태 지속"이라는 크고 굵은 표제를 달고 황급히 궁전으로 들어가는 황족과 대신들의 동향과 슬픔의 눈물을 흘리는 유명 인사들의 모습을 실었다. 매년 이 무렵 신문은 앞을 다투어 도쿄의 하천 변에서 열리는 한여름 불꽃놀이와 마쓰리祭 기사로 도배되었다. 그런데 7월 21일 정부가 관보 호외를 내어 천황의 병이 회복되기 어렵다는 소식을 전하며 국민에게 자숙하라고 촉구했다. 도쿄의 불꽃놀이가 중지되었다. 쓰쿠다지마佃島(도쿄토 주오쿠)의 스미요시 신사住吉神社를 비롯한 여러 신사의 행사는 물론 가부키歌舞伎 극장도

문을 닫았다. 도시의 분위기가 침울하게 가라앉았다.

　신문은 매일 궁내성이 발표하는 천황의 용태를 중심으로 황족과 원로 그리고 대신들의 동향은 물론 서구 여러 나라의 반응에 대해서도 보도했다. 일본인은 어린이부터 노인에 이르기까지 발표되는 천황의 용태에 일희일비하며 궁전의 정문으로 이어지는 니주바시二重橋 주변이나 전국 각지의 신사를 찾아가 천황의 쾌유를 빌었다. 천황의 병세가 점점 악화하면서 니주바시와 신사를 찾아 기도하는 사람들이 점점 많아졌다. 고대 이래의 주술적 기도에 매달리기도 했다. 궁내성이 시간마다 발표하는 병세는 신문으로 보도됨과 동시에 마을의 파출소 공보판에 게시되었다. 사람들이 파출소 앞에 모여 새로운 소식을 기다렸다.

　7월 19일 노기 마레스케가 학습원 학생들을 인솔해 가마쿠라鎌倉로 갔다. 학생들의 수영 연습을 감독하기 위해서였다. 노기는 그곳에서 메이지 천황의 병세가 위중하다는 소식을 듣고 즉시 도쿄로 달려와 병석에 누운 메이지 천황을 문병했다. 그 후 노기는 매일 두 번씩 궁내성으로 가서 천황의 병세를 물었다. 다른 관료들은 궁내성에 비치한 장부에 성명을 기록한 후 집으로 돌아갔지만, 노기는 그곳에 앉아서 장시간 천황의 쾌유를 비는 기도를 올린 후 시종무관 집무실로 가서 천황의 용태를 상세하게 묻고 귀가했다. 귀가한 후에는 따로 마련한 방에서 기도했다. 이 무렵부터 노기는 학습원에 기숙하지 않고 자택에서 생활했다.

7월 30일 새벽 메이지 천황이 예순한 살의 나이로 세상을 떠났다. 천황의 붕어를 알리는 호외가 발행되었다. 여러 신문은 굵은 검은색 테로 두른 지면에 붕어한 천황의 사진·궁내성 발표 임종기와 함께 애도의 사설을 실었다. 국민이 지금까지 의지하던 대들보가 부러진 것에 비유했다. 애도문은 메이지 천황의 생애 중에 발전한 일본의 모습을 돌아보는 기사가 대부분이었다. 동양의 섬나라에 불과했던 일본이 서양 열강의 식민지가 되지 않고 대제국 러시아와 싸워 이길 수 있을 만큼 성장해 세계의 대국과 어깨를 나란히 하고 헌법을 제정하고 의회를 개설해 근대국가로 발전한 것이 모두 메이지 천황 시대에 이룩한 위업이라고 회상했다.

　메이지 천황이 붕어한 직후 세자 요시히토嘉仁가 즉위해 다이쇼 천황大正天皇이 되었다. 노기는 매일 빈궁殯宮, 즉 천황의 관을 매장할 때까지 임시로 안치한 빈소로 가서 메이지 천황의 명복을 빌었다. 9월 1일 궁내대신이 노기에게 천황의 장례식에 참석하기 위해 내일하는 영국 사절을 접대하는 역할을 맡아달라고 말했다. 그러자 노기가 "나는 선제先帝를 모실 예정이니 직책을 잘 수행하지 못할 수도 있다."라고 말하며 사퇴의 뜻을 밝혔다. 궁내대신은 노기가 장례식에 참석하기를 원하고 있다고 생각하고 "그 정도라면 조처할 수 있을 것 같습니다."라고 말했다. 그러자 노기가 체념한 듯이 궁내대신의 제안을 받아들였다. 그때 노기는 이미 자결을 각오하고 있었음에 틀림이 없다. 이보다 앞서 천황이 붕어한 지 3일째가 되던 날 노기가 자택의 명패를 제거했던 것도 그런 각오의 표현이었을 것이다.

9월 8일 노기가 야마가타 아리토모를 방문해 새로 권좌에 오른 다이쇼 천황에게 전해달라며 닥종이로 겹겹이 싼 한문 책자를 맡겼다. 그것은 천황이 평소에 유의해야 할 점을 적은 것으로 추정되나 궁내성은 그 내용을 공개하지 않았다. 9월 10일에는 훗날 쇼와 천황昭和天皇이 되는 다이쇼 천황의 장남 히로히토裕仁 황태자가 육군·해군 소장에 임관되었다. 히로히토는 당시 열두 살이었다. 노기는 그날 오전에 히로히토 황태자를 알현하고 임관을 축하하면서 서신과 자비로 출판한 『中朝事実』을 헌상하며 말했다. "이 책의 요점에 붉은색으로 표시해 놓았으니 장래 보위에 올랐을 때 참고하시기 바랍니다." 이어서 다이쇼 천황의 둘째 셋째 아들 야스히토雍仁·노부히토宣仁 친왕을 예방했다.

노기는 히로히토 황태자와 특별한 인연이 있었다. 노기가 학습원 원장으로 있던 1908년 4월 히로히토가 학습원 초등과에 입학했다. 노기는 학습원 기숙사에서 생활하면서 히로히토의 일거수일투족을 세밀하게 관찰했다. 때때로 히로히토를 만나 통학 방식과 의복, 자세, 건강 등에 대해 질문하고 고쳐야 할 것이 있으면 엄하게 타일렀다. 노기는 히로히토를 특별대우하는 것이 다른 학생에게 좋지 않은 영향을 미칠 것이라고 염려했고 또 히로히토 자신에게도 결코 좋은 일이 아니라고 생각했다.

히로히토 황태자가 3학년이 되었을 때, 노기는 히로히토를 다른 장소에서 교육할 필요성을 느꼈다. 그는 히로히토를 위한 도구고가쿠몬조東宮御学問所, 즉 황태자를 교육하기 위한 황실학문소를 설립하고 장관급 교장을 임명할 계획을 세웠다. 교육 내용은 육군사관학교와 해군병학교 교육을 합한 것으로 하고, 수업을 담당할 일본 최고의 교수진을 물색했다. 히로히토는 열 살이 된 4학년 9월과 11월에 육군 소위와 해군 소위에 각각 임관했지만, 학습원 중등과에서는 군인 교육을 할 수 없었다. 육군사관학교와 해군병학교에 동시에 입학할 수도 없었다. 그 대신에 장래 대원수가 될 히로히토 황태자를 위해 육해군을 아우르는 교육이 필요하다는 것이 노기의 판단이었다. 그런데 메이지 천황을 따라 순사하기로 결심한 노기는 히로히토를 위한 학교를 설립하지 못하고 죽는 것이 마음에 걸렸을 것이다. 그래서 히로히토 황태자에게 서신을 전하며 생애 마지막 훈계를 했을 것이다.

9월 13일 메이지 천황의 장례식이 거행되는 날이었다. 노기는 아침 일찍 부인과 함께 궁전으로 들어가서 빈궁에 참배한 후 다른 고위 관료들보다 일찍 집으로 돌아왔다. 그가 집에 도착했을 때 평소 가깝게 지내던 데라우치 마사타케寺内正毅 대장에게서 안부 전화가 왔다. 통화를 마친 노기는 부엌에 있던 빵을 들고 마구간으로 가서 평소 자신이 타고 다니던 두 마리의 말에게 주었다. 노기가 육군 대장의 정복, 부인 시즈코가 흰색 옷깃의 검은색 옷으로 갈아입었다. 그리고 사진사를 불러 사진을 찍었다. 거실 의자에 앉아서 신문을 보고 있는 노기와 그 옆

육군 대장 정복 차림의 노기

에 서서 다소곳이 손을 모으고 있는 시즈코가 함께 찍은 사진이 한 장, 정복을 입은 노기가 정원에 서서 찍은 사진이 한 장이었다.

이 무렵 천황의 장례 행렬이 지나는 아오야마青山·히비야日比谷 일대에 도쿄 시민이 몰려들고 있었다. 시나가와品川·우에노上野·아사쿠사浅草·후카가와深川 일대에도 평소보다 많은 사람이 전차 정류장으로 몰렸다. 아오야마·히비야 방면으로 가는 사람들이었다. 당시 노기의 저택에는 메이지 천황을 마지막으로 배웅하기 위해 모인 친족이나 친지가 모여 있었다. 장례 행렬이 지날 시간이 되자 손님들이 모두 대로변으로 나갔다. 노기는 하인들도 나가서 장례 행렬을 지켜보라고 명령했다. 집에는 노기 부부와 시중을 드는 여자 하인 한 사람만 남아 있었다.

저녁 8시가 가까워지자 궁전의 사쿠라다桜田 대문이 열리고 큰길 양옆에 늘어선 근위포병대가 쏘는 조포가 은은하게 울려 퍼졌다. 조포를 신호로 도쿄 각지의 사원과 신사의 종이 일제히 울렸다. 군악대의 나팔 소리를 뒤로 하고 장례 행렬이 출발했다. 천황의 상여가 수레 위에 실려 천천히 앞으로 나아갔다. 장례 행렬이 지나는 큰길 주변에 운집한 수십만 명의 시민들 사이에서 우는 소리가 들리기 시작했다. 시간이 지날수록 그 소리가 더욱 커져서 마치 천지가 진동하는 듯했다. 장엄하고 정숙한 분위기가 일본인으로서의 일체감을 더욱 높였다.

장례 행렬의 출발을 알리는 조포가 울려 퍼지는 소리를 들으며 노기 부부가 자택에서 순사殉死했다. 순사란 주군이 사망하면 가족 또는 신하가 따라 죽는 것을 일컫는 것으로 동양은 물론 서양에도 있던 봉건적 풍습이었다. 일본의 경우 7세기 초에서 에도江戶 시대 초기까지 이어지다가 1633년에 막부의 명령으로 금지되었다. 하지만 무사사회에서 순사를 충성심의 표현으로 여기는 자들이 적지 않았다. 그러자 에도 막부의 제10대 쇼군 도쿠가와 이에하루德川家治(재위:1760~86) 치세인 1782년에 「무가제법도」의 조문으로 순사 금지를 명기했다. 무사가 법도를 어기면 가혹하게 처벌했다. 그 후 순사 관행이 자취를 감췄다. 그런데 무사도를 동경하던 노기 마레스케가 순사를 감행했다. 노기 마레스케 예순네 살, 그의 부인 시즈코 쉰네 살이었다.

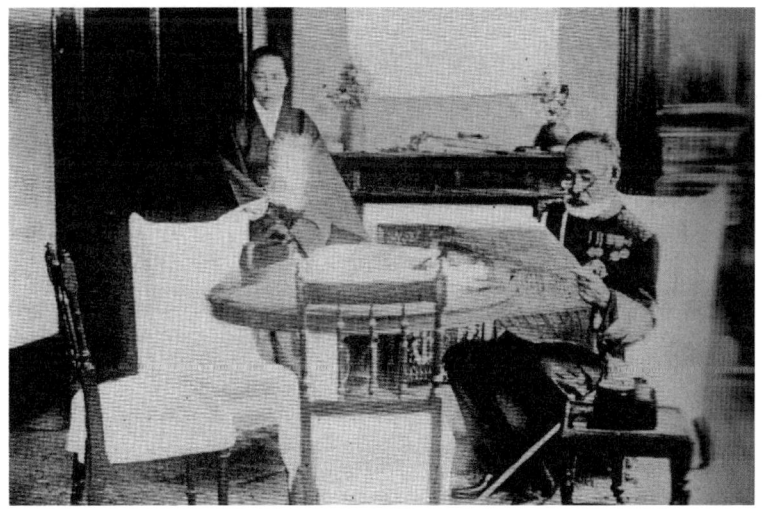

노기 부부가 마지막으로 함께 찍은 사진

노기는 왜 순사라는 극단적인 방법을 택했을까? 그는 장교의 길을 걸으면서 항상 죽을 자리를 찾았던 인물이다. 이미 앞에서 말했지만, 그는 연대장으로서 부대를 이끌고 세이난 전쟁에 참전했을 때 군기軍旗를 적에게 빼앗겼다. 수치심을 느낀 그는 메이지 천황에게 벌을 내려달라고 청원했다. 그러나 메이지 천황은 노기를 처벌하지 않았다. 또 노기는 러일전쟁 때 제3군 사령관으로서 뤼순 공략을 지휘하며 5만 명이 넘는 사상자를 냈다. 이때도 노기는 메이지 천황에게 죽음을 내려달라고 청원했다. 그러나 천황은 노기를 벌하지 않고 오히려 공적을 치하했다. 노기는 죽을 때를 놓쳤다는 자책감과 메이지 천황의 은혜에 보답한다는 마음으로 순사의 길을 택했을 것이다.

장례 의식이 끝날 무렵 노기 마레스케 대장 부부가 순사했다는 소문이 퍼졌다. 사건의 전모가 정식으로 공표되기도 전에 다음 날 아침 신문에 "노기 대장 부부 함께 자살, 근위포병대의 발포를 신호로 순사하다."라는 제1면 머리기사로 다음과 같이 보도되었다.

"13일 저녁 7시 50분경에 장례 행렬이 지나는 대로 주변을 경비하던 제3대대 제13중대의 사카모토阪本 경부보警部補가 아카사카의 신사카마치新坂町 50번지 앞 도로에서 근무 중 노기 대장 저택 내에서 예사롭지 않은 소리가 들렸다는 신고를 받고 달려갔다. 여자 하인 한 명이 넋을 잃고 있어서 물어보니 그녀는 '조금 전 주인의 거처에서 이상한 소리가 들려 그곳으로 달려가 보니 안에서 못으로 쳐서 문을 폐쇄해

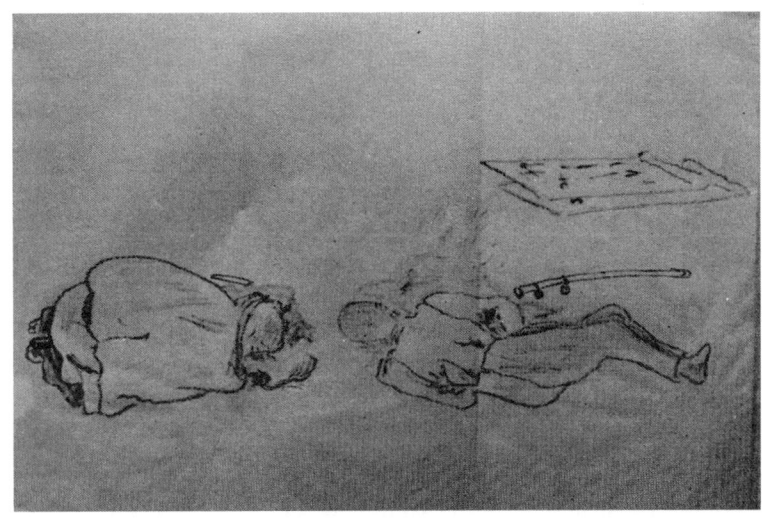

노기 부부 자결(검시관 기록)

열리지 않는다.'라고 말했다. 사카모토 경부보가 하인의 안내로 억지로 문을 개방하고 실내로 들어가 보니, 노기 대장이 부인과 함께 단도로 자살해서 선혈이 낭자한 채 숨져 있었다." "대장이 자살한 방에는 선제 폐하의 어진御眞과 러일전쟁 때 전사한 두 아들의 사진이 걸려있었고, 그 앞에서 대장은 단도를 거꾸로 잡고 오른쪽에서 왼쪽으로 목을 찌르고, 부인은 왼쪽 가슴을 심장까지 찔렀다."

노기 부부의 시신을 검시했던 경시청 소속 의사 이와타 봄페이岩田凡平는 당시의 정황을 보고서로 남겼다. 그 내용의 일부를 소개하면 다음과 같다. "오후 9시 노기 장군 저택에 도착했다. 하녀의 안내로 방으로 들어갔다. 노기와 부인의 맥이 잡히지 않았고 각막 반응 검사를 했으나 역시 반응이 없었다. 몸에는 온기가 남아 있었으나 서서히 식어가고 있었다. 얼굴과 손가락도 같은 상태였다. 입회한 경시청 경부에게 두 사람 모두 사망했다고 말하고 검안을 시행했다. 장군의 유해는 머리를 벽에 걸려있는 천황 폐하의 어진 쪽으로 두고 다리를 약간 구부린 채로 엎어져 있었다. 부인은 노기와 마주하여 머리를 서쪽으로 두고 두 무릎을 꿇고 이마를 바닥에 대고 엎어져 있었다. 장군의 다리 가까이에 장도의 칼집이 있었고, 부인의 좌측에 단도의 칼집이 있었다. 두 유해 사이와 장군의 우측 다타미^疊에 붉은색 피가 배어 있었다. 옆방 서쪽 벽 중앙에 장군의 부친과 모친의 초상이 걸려있고, 그 사진의 양옆으로 전사한 두 아들의 초상이 걸려있었다. 창호지로 싼 칼로 목을 찌른 것이 노기의 치명상이 되었다. 단도를 가슴에 대고 앞으로 넘어지면서 심장을 찌른 것이 시즈코 부인의 치명상이 되었다."

9월 16일 오후 4시 노기 저택 인근에 있는 기도木戸 후작 저택에서 오가사와라 나가나리小笠原長生(1867~1958) 자작이 노기의 유서를 공표했다. 『고쿠민신문国民新聞』이 유서 전문을 호외로 발행했다. 그런데 호외는 유서 중에서 다음과 같은 내용을 고의로 누락시켰다. "양자나 다른 상속인을 정하지 않고 노기 백작 가문을 단절한다. 저택은 국가에 기부한다."

노기가 가문의 단절을 결심한 것은 러일전쟁에 나아갔던 두 아들이 모두 전사했을 때였다. 노기는 상속자가 없는 저택은 당연히 국가에 바쳐야 한다고 생각했다. 그러나 정부는 노기 백작 가문이 단절되면 화족 제도의 근간을 흔들 수 있다고 판단했다. 화족은 황실의 울타리로 여겨졌다. 화족 가문은 천황의 은혜로 설립된 것으로 신민(臣民)이 멋대로 존폐를 논할 수 없는 것이었다. 노기의 백작 가문 단절 의사를 허용한다면, 화족 가문이 당주 개인의 의사로 단절시킬 수 있게 되는 것이다. 이것은 화족 제도의 파탄을 의미하고 나아가 황실을 중심으로 하는 국가원리가 부정될 소지가 있었다. 노기의 의사가 매우 위험하다고 판단한 정부와 군부가 노기의 의사를 무시하고 앞에서 언급한 내용을 감추기로 합의했던 것이다.

노기 부부의 장례식

노기가 순사한 지 3년이 지난 후 노기 마레스케의 옛 주군이었던 조후번長府藩 제14대 번주 모리 모토토시毛利元敏(1849~1908)의 동생 모리 모토노리毛利元智가 노기 가문을 재흥하려고 했다. 야마가타 아리토모, 가쓰라 타로, 데라우치 마사타케 등 조슈번 출신 고위 관료가 노기 가문 재흥 운동을 주도했다. 1914년 9월 13일 오전 모리 모토노리에게 백작 작위가 수여되었다. 그는 노기 가문의 저택(아사부쿠麻布区 자이모쿠초材木町 73번지)에 본적을 두고 노기 모토노리로 성명을 바꾸었다. 같은 날 오후 3시경에 아사부쿠 구청에 개성改姓 신청서를 냈다. 구청은 즉시 신청서를 수리하고 등록했다. 그 후 모토노리는 노기의 친족들을 잇달아 만났고, 친족들은 모토노리에게 노기 마레스케의 가계도, 묘지, 위패, 보물, 훈장, 재산 등을 인도했다. 그러나 모토노리가 마레스케의 의사를 무시하고 노기 백작 가문을 재흥하자 여론이 비등했다. 모토노리는 즉시 작위를 반납하라는 민중의 요구가 빗발쳤다.

노기 마레스케가 군신軍神으로 받들어지기를 원하는 일본인이 많았다. '군신 노기'는 러일전쟁 후에 이미지가 만들어지기 시작했고, 그의 순사를 계기로 "천황에게 충성을 바친 노기"가 일본인의 군신으로 받들어졌다. 노기 마레스케에 대한 비판이 자취를 감추었다. 그의 자결에 대해 비판하는 지식인이 적지 않았다. 하지만 노기가 무사의 자결 방식으로 생을 마감한 것이 미화되기 시작했다. 노기의 죽음이 베일에 싸인 채 "충성" "성스러운 구도자" "칼을 찬 페스탈로치"라는 이미지가 널리 확산했다. 노기의 실상은 군신이라는 신성한 권위로 포장되어 밀봉

되었다.

　노기 부부의 충성심에 감격한 민중이 노기 저택을 방문했다. 그 숫자는 날이 갈수록 늘어났다. 노기 저택 인근 언덕의 지명 유레이자카幽靈坂가 자연스럽게 노기자카乃木坂로 바뀌어 불리게 되었다. 노기 저택이 성역화되었다. 1913년 사카타니 요시로阪谷芳郎(1863~1941) 도쿄 시장이 앞장서 노기 저택 내에 소규모 신사를 마련하고 신물神物로 도검과 거울을 안치했다. 일본인은 노기 부부의 신령이 깃들어 있는 도검과 거울을 예배의 대상으로 삼았다.

　1915년 무라노 산진村野山人(1848~1921)이 후시미모모야마伏見桃山(교토시 후시미쿠)에 노기 신사를 창건했다. 노기를 호국의 영령으로 받들

노기 신사

8. 순사 그리고 신격화　　207

어 국민교화의 본보기로 삼기 위해서였다. 1919년 정부가 도쿄의 노기 저택에 마련된 신사를 정식 신사로 허가했다. 건축가 오에 신타로大江新太郎(1879~1935)가 설계한 본전 건물이 위용을 드러냈다.

'군신 노기'는 소학교 교과서에 실리고 전기로 간행되었다. 1912년 12월 야스쿠니 신사靖国神社에서 노기의 유품전遺品展이 열렸다. 유품을 관람하던 교육자 와타나베 사토시渡辺敏는 깊은 감명을 받았다. 시나노 교육회信濃教育会가 편찬한 『교육공로자열전』에 다음과 같은 기록이 있다. 와타나베 사토시가 "노기 대장 부처의 유품을 보고 하염없이 눈물을 흘리며 큰 소리로 울기 시작해 그칠 줄 몰랐다. 동료 여러 명이 와타나베를 부축해 전시장 밖으로 나와서야 겨우 울음을 멈추었다. 그 순정 그 열성은 세상 사람들이 모방할 수 없는 것이었다." 와타나베는 나가노현의 교육에 헌신한 인물로, 특히 여자·실업교육 발전에 공헌한 교육자였다. 이러한 교사의 지도에 따라 '군신 노기'가 청소년의 가슴속에 깃들게 되었다.

'군신 노기'의 이야기는 『국어』·『수신修身』 교과서에도 실렸다. 국정교과서 속의 노기는 군인의 본보기이며 무사도 정신의 화신으로 그려졌다. 노기는 어려서 몸이 약하고 친구들이 울보라고 놀리던 아이였으나 부모의 교육으로 몸을 단련하고 "무사의 혼"을 마음에 새겨 "일생 충성심과 검약한 생활 태도를 지켜서 무인武人의 본보기로 받들어지게 되었다." 교과서에는 노기가 어렸을 때 춥다고 말하자 부친이 우물가로 데려가 찬물을 끼얹고, 반찬이 맛없다고 말하자 모친이 그 반찬을 계속 상에 내놓아 반찬 투정하는 버릇을 고쳤다는 이야기도 실렸다. 학습원 원장 시절에 기숙사에서 학생과 함께 생활하면서 교육에 정성을 쏟는 노기의 모습도 소개되었다.

1930년 일본군의 교육총감부가 『무인의 덕조武人の德操』를 편찬했다. 이 책은 구체적인 인물의 사례를 통해서 군인의 정신을 강화하기 위한 목적으로 편찬된 것이었다. 이 책에 등장하는 인물은 12세기 말부터 20세기 초반에 활약한 무사나 군인이었는데, 특히 19세기 말을 기점으로 해서 그 이전에는 전국시대戰国時代에 활약한 무장이 많고, 그 이후에는 주로 러일전쟁 때 활약한 장교가 압도적으로 많았다. 순수한 민간인은 19세기 중엽에 러시아 군함이 쓰시마를 점령했을 때 저항했던 농민 마쓰무라 야스고로松村安五郎와 국수주의자로 어린 쇼와 천황에게 윤리를 가르쳤던 스기우라 주고杉浦重剛 두 명뿐이었다. 이 책에 노기 마레스케가 29회나 등장한다. 러시아의 발틱함대를 궤멸시켜 일본의 승리를 확정지은 도고 헤이하치로는 6회 등장한다. 에도 막부를 창건한 도쿠가와 이에야스德川家康(1543~1616)가 14회, 일본인이 가장 존경하는 무장으로 손꼽히는 우에스기 겐신上杉謙信(1530~78)이 10회 등장한다. 노기 마레스케가 일본 역사상 가장 훌륭한 무인으로 평가되었다는 것을 알 수 있다.

제3부

도고 헤이하치로

◎ chapter.1

러일전쟁 이전

    도고 헤이하치로東鄕平八郞(1847~1934)는 1947년 12월 22일 규슈 남단 사쓰마번薩摩藩의 조카마치城下町 가지야초加治屋町에서 부친 도고 사네토모東鄕實友(1805~67)와 모친 마스코益子의 넷째 아들로 태어났다. 사네토모는 헤이하치로가 태어날 무렵 이미 번주를 대신해 지방행정을 관장하던 고오리부교郡奉行의 지위에 있던 상급 무사였다. 다른 무사의 자제보다 유복한 어린 시절을 보낼 수 있었던 헤이하치로는 열네 살 때 성인식을 올렸다.

    1863년 7월 1일 도고 헤이하치로는 사쓰에이 전쟁薩英戰爭, 즉 사쓰마번이 가고시마鹿兒島 앞바다에 침입한 영국의 함대와 싸운 전쟁에 처음으로 참전했다. 1868년 1월부터 시작된 보신 전쟁戊辰戰爭, 즉 사쓰마·조슈번長州藩이 조정의 급진파 귀족과 손을 잡고 쿠데타를 일으켜 메이지 정부를 수립하고 에도 막부江戶幕府를 해체하기 위해 벌인 전쟁에 참전했다. 도고는 군함에 승선해 니가타新潟, 아와오키阿波沖(효고현 앞바다), 하코다테箱館(홋카이도 남단), 미야코만宮古湾(이와테현 중부) 등의 해전에 참전했다.

도고는 1871년부터 1878년까지 국비장학생으로 선발되어 영국의 포츠머스에 유학했다. 그는 원래 철도 기사가 되기를 희망했던 청년이었다. 어느 날 사쓰마번 출신으로 메이지 정부의 실력자가 된 오쿠보 도시미치大久保利通에게 철도 기사가 될 수 있게 해 달라고 부탁했다. 그런데 오쿠보는 도고가 가볍고 말이 많은 성품이라 신용할 수 없다는 이유로 그의 부탁을 들어주지 않았다. 도고는 다시 사이고 다카모리西鄕隆盛에게 선처를 부탁했다. 사이고는 도고에게 해군 군인이 되는 것이 좋다고 조언하며 영국 유학의 기회를 마련해주었다.

도고가 영국으로 유학을 떠날 때 이지치 고이치伊地知弘一, 하라다 무네스케原田宗介 등 다섯 명의 유학생이 동행했다. 일본 유학생들은 다트머스Dartmouth 왕립 해군병학교에 입학할 수 없었다. 당시 영국의 해군병학교는 열두 살에서 열네 살 전후의 생도를 선발해 교육했다. 그런데 도고를 비롯한 일본 유학생의 나이는 이미 20대 중반이었다. 영국의 소년 생도와 함께 공부하기에는 나이 차이가 너무 났다. 우여곡절 끝에 일본 유학생들은 상선학교商船學校라고 할 수 있는 테임즈 항해훈련학교Thames Nautical Training College의 후보생으로 입학했다. 그런데 그들은 최신 증기선을 타며 실습한 것이 아니라 구식 범선을 타고 항해술과 해양법을 배웠다. 요컨대 도고는 해군 군인에게 필요한 교육과 훈련을 정식으로 받은 적이 한 번도 없었다.

비교적 유복한 가정환경에서 유소년기를 보낸 도고의 얼굴은 해맑았다. 어려서부터 가난하고 불우한 환경에서 지내며 세상살이의 고단함을 누구보다도 뼈저리게 체험한 오쿠보 도시미치가 보았을 때 도고는 매우 다변하고 세상 물정 모르는 풋내기로 보였을 것이다. 실제로 도고의 성격은 매우 쾌활하고 긍정적이었다. 그런데 도고가 유학 시절에 쓴 일기에는 일본인 유학생들이 하숙방에 모여 타국 생활의 외로움을 달랬다는 기록이 많다. 도고는 영국인 동급생들과 잘 어울리지 못했다. 일본인 유학생을 보고 "너희 나라로 돌아가라."라고 놀리는 동급생도 있었다. 이 무렵부터 도고의 말수가 적어지고 얼굴에서 웃음기가 사라졌다.

도고는 영국에서 7년이 넘는 유학 생활을 보냈다. 하지만 도고가 귀국한 후에 계속 연락을 주고받은 영국인이 있었던 것 같지 않다. 1911년 6월 11일 도고가 영국의 웨스트민스터 사원Westminster Abbey에서 거행된 조지 앨버트George F. E. Albert 5세 영국 왕의 대관식에 참석하는 히가시후시미노미야 요리히토東伏見宮依仁(1867~1922) 친왕을 수행해 영국을 방문했다. 그때 도고가 공부했던 테임즈 항해훈련학교 교장과 교직원 그리고 학교 졸업생들이 모였으나 이때도 도고의 표정이 밝지 않았다. 도고가 영국에서 얼마나 고독한 생활을 했는지 미루어 짐작할 수 있다.

1878년 영국 유학을 마치고 귀국한 도고는 그해 7월에 중위, 12월에 대위, 다음 해 12월에 소좌로 승진했다. 아무리 영국에서 유학한 엘리트라고 해도 이렇게 빠르게 승진한 전례가 없었다. 물론 도고가 영국에 유학하고 있던 1876년에 설립된 해군병학교海軍兵学校, 즉 육군의 사관학교와 같이 일본제국의 해군 장교를 양성할 목적으로 설립한 학교 출신자는 특별 대우를 받았다. 하지만 그들은 철저하게 성적순으로 승진하는 것이 원칙이었다. 그리고 유학 중이던 도고는 전투에서 공훈도 세우지 않았다. 그런 도고가 이례적으로 빠르게 출세한 것은 사쓰마번 출신 고관들의 비호가 있었기에 가능한 일이었다.

1877년 9월 24일 도고가 영국에서 귀국하기 직전에 사쓰마번의 최고 지도자 사이고 다카모리가 전쟁 중에 사망했다. 그 후 조슈번에 비해 상대적으로 세력이 약화한 사쓰마번 출신들이 오히려 해군을 중심으로 단결했다. 사이고 다카모리의 뒤를 이어 일본 육군의 지도자로 부상한 조슈번 출신 야마가타 아리토모山県有朋는 다카모리의 동생 사이고 쓰구미치西郷従道와 긴밀하게 협조하며 사쓰마번 출신이 해군 장교로 임용되도록 힘썼다. 이러한 방침에 따라 영국에서 체계적으로 공부한 도고가 일약 해군의 일익을 담당하는 중견간부의 지위를 점하게 되었다.

도고는 군함 조종 능력이 매우 뛰어났다. 귀국 후 1년 사이에 여러 군함에 번갈아 승선하며 실전 감각을 익혔다. 그동안 도고는 부장을 거쳐 다이니테이보第二丁卯 군함의 함장이 되었다. 도고가 육지에서 근무한 것은 청일전쟁 후인 1896년 3월에 해군대학교 교장에 취임한 것이 처음이었다. 그동안 도고는 1882년 7월 조선에서 임오군란이 일어났을 때 인천으로 출동했다. 1884년 말 프랑스가 베트남 북부의 통킹을 차지하기 위해 청국과 싸웠다. 베트남에 대한 종주권을 주장하는 청국과 프랑스의 전쟁이었다. 청프전쟁이 일어나자 도고는 이 전쟁의 추이를 관망하기 위해 중국 남부와 타이완으로 출동했다.

프랑스 해군 제독 아메데 쿠르베Amédée Courbet 제독이 이끄는 함대와 청국에서 가장 강한 함대로 알려진 푸젠함대福建艦隊가 통킹만에서 교전했다. 푸젠함대는 쿠르베 제독의 작전에 휘말려 순식간에 전멸했다. 전투가 끝난 후 프랑스 함대가 북상해 타이완의 지룽基隆 항구에 정박했다. 이때 도고 헤이하치로 함장이 쿠르베 제독을 방문했다. 쿠르베는 도고에게 직접 어떤 작전을 구사해 청국 함대를 물리칠 수 있었는지 설명했다. 일본의 신문은 청프전쟁과 쿠르베 제독 관련 기사를 연일 쏟아냈다. 쿠르베 제독은 일본에서 가장 유명한 최초의 외국인이 되었다.

　청프전쟁이 일어나자, 일본 무역상들은 전쟁이 중국 북부 지역으로 파급해 일본·청국 무역에 타격을 주지 않을까 우려했다. 당시 청국으로 수출하는 일본 상품이 증가하는 추세였다. 청국으로 수출하던 기타규슈北九州·오사카大阪·고베神戶의 무역상들이 상품을 창고에 감춰두었다. 상품 가격이 상상 이상으로 급등하자 여러 도시에서 폭동이 일어났다. 물가 급등과 폭동은 특히 서부 일본 지역 일본인에게 큰 충격을 안겨주었다. 청프전쟁은 일본이 개국한 이래 일본 주변에서 일어난 최초의 전쟁이었고, 외국에서 일어난 전쟁이 국내 정세에 영향을 미칠 수 있다는 것을 보여준 사건이었다.

　청프전쟁으로 청국의 푸젠함대가 전멸하자, 그때까지 그다지 드러나지 않았던 리훙장李鴻章 휘하의 베이양함대北洋艦隊가 두각을 나타냈다. 푸젠함대는 일찍부터 자력으로 군함을 건조하고, 그 과정에서 축적한 기술을 중국의 근대화에 이용하려고 했던 양무운동洋務運動의 상징이었다. 이에 비해 베이양함대는 청국 조정의 권력을 장악한 서태후가 독일에서 구매한 함선으로 편성한 것이었다. 베이양함대는 1886년에 규슈의 나가사키長崎에 입항했고 이어서 1891년에 다시 나가사키, 구레吳(히로시마현 구레시), 고베神戶(효고현 고베시), 도쿄를 차례로 방문해 시위를 벌였다.

베이양함대의 위용을 실감한 일본 정부가 해군 증강계획을 세웠다. 그러나 1891년 5월에 출범한 마쓰카타 마사요시松方正義 내각이 해군 증강 예산안을 국회에 제출했으나 야당의 견제로 부결되었다. 1892년 8월에 출범한 제2차 이토 히로부미 내각에서도 해군 예산안이 국회를 통과하지 못했다. 그러자 1893년 2월 10일 메이지 천황이 천황 궁전 운영비용과 관리의 봉급 일부를 군함 건조비로 보충하겠으니 야당과 정부가 협치하라는 조칙을 내렸다. 이토 내각은 즉시 야당과 협의해 행정부의 경비를 절감하고 해군의 개혁을 추진한다고 공약하면서 해군 증강을 위한 예산을 확보할 수 있었다.

정부는 해군정리조사위원회를 설립하고 야마가타 아리토모 추밀원 의장·이노우에 가오루 내무대신 등 7명의 위원을 임명해 해군 개혁에 착수했다. 실무는 해군성의 관방주사官房主事 야마모토 곤베에 대좌가 맡았다. "해군 정리"는 해군 장교의 숫자를 줄이는 것이었다. 200여 명이 퇴출 대상자로 선발되었고 그중에서 97명의 장교가 해임되었다. 출신지는 사쓰마번 25명, 사가번 13명, 막부 출신 5명, 기타 54명이었다. 퇴출자 중에 사쓰마번 출신자 비율이 높은 것은 역설적으로 무능해도 사쓰마번 출신이라는 이유로 해군 장교가 된 자들이 많았다는 것을 의미한다. 그런데 도고 헤이하치로는 1886년경부터 1890년까지 기관지염 치료를 위해 휴직을 되풀이하며 업무에 소홀했다. 하지만 도고는 히에이比叡·아사마浅間·나니와浪速 함장을 역임하며 대좌로 승진했고 구레吳 진수부 참모장에 임명되었다.

이 무렵 나니와 함장 도고가 하와이로 파견되었다. 1893년 하와이 왕국의 릴리우오칼라니Liliuokalani 여왕이 헌법을 제정하고 권력을 강화하려는 움직임을 보였다. 그러자 이에 반발한 미국인 9명, 영국인 2명, 독일인 2명 등 사탕수수 농장주 13명이 미군 160여 명의 지원을 받아 왕정을 타도하고 임시정부를 수립했다. 당시 하와이에는 이미 일본인 노동자들이 진출해 있었다. 일본 정부는 자국민을 보호한다는 구실로 2척의 군함을 하와이로 파견했다. 일본 군함은 호놀룰루 항구에 정박하며 쿠데타 세력을 견제했다. 여왕을 지지하는 하와이 원주민들이 일본군을 환영했다. 도고가 임무를 마치고 귀국한 것은 "해군 정리" 소동이 마무리된 그해 5월이었다. 참고로 1898년 8월 미국이 하와이를 병합했다.

1894년 봄부터 조선에서 동학농민전쟁이 전국적으로 확산했다. 1894년 6월 9일 청국군 2,400명이 아산만에 상륙했다. 일본 정부는 이미 6월 5일에 대본영을 설치하고 동원령을 내렸다. 약 1만 명으로 구성된 육군 제5사단 혼성여단이 조선으로 떠났다. 쓰보이 고조坪井航三(1843~98) 소장이 이끄는 3척의 군함도 조선으로 향했다. 일본 함대 요시노吉野의 함장은 가와하라 요이치河原要一(1850~1926) 대좌, 아키쓰시마秋津洲의 함장은 가미무라 히코노조上村彦之丞(1849~1916) 소좌, 나니와의 함장은 도고 헤이하치로 대좌였다.

7월 25일 조선의 아산만 입구(안산시 단원구 대부남동 남쪽 바다)에서 일본 군함 3척이 청국군 군함 2척에 포격을 가했다. 이어서 나니와의 함장 도고가 영국의 인도차이나 기선회사 소유의 상선에 포격을 가했다. 그 선박은 청국 정부의 의뢰로 청국군 1,100여 명과 대포 14문을 비롯한 무기를 싣고 입항 중이었다. 도고 함장은 그 배의 영국 선장에게 깃발로 닻을 내리라고 명령했다. 그리고 영국 선원에게 "선박을 버리고 탈출하라."라는 신호를 보냈다. 그때 그 선박에 타고 있던 청국군이 총과 칼을 들고 전투 태세를 취했다. 그러자 도고 함장이 격침 명령을 내렸다. 수뢰가 발사되고 포격이 시작되었다. 오후 1시 45분 영국 선박이 침몰했다. 그때 군함 나니와로 헤엄쳐 온 영국인 선원이 모두 구조되었다. 하지만 청국군은 대부분 사망했다.

이어서 도고 함장은 황해해전(압록강 해전)에 참전했다. 1894년 9월 16일 조선의 장산곶에 정박하고 있던 일본의 연합함대 6척과 제1유격대 4척이 청국의 딩루창丁汝昌이 이끄는 베이양함대가 출격했다는 정보를 입수하고 오후 5시경에 출항했다. 베이양함대는 이보다 앞서 육군 4,000여 명을 태운 수송선을 호위하기 위해 다롄大連을 떠났다. 육군을 작전 지역에 상륙시킨 베이양함대는 다음 날 오전부터 다후산大狐山 앞바다에서 훈련하고 있었다. 오전 10시경에 그곳에 일본의 군함 10척이 나타나 청국 군함에 포격을 가했다. 이 해전에서 베이양함대가 패퇴하면서 일본 해군이 제해권을 장악했다.

1894년 11월 일본 육군 제1사단이 뤼순旅順을 점령했다. 1895년 2

월 일본군이 산둥 반도로 진격하며 청국군 요새를 점령했다. 그러자 웨이하이웨이威海衛 항구의 요충지를 지키던 청국군 수비대와 베이양함대의 잔존 함정 14척이 고립되었다. 2월 5일 새벽 일본의 연합함대 수뢰정이 베이양함대를 공격하면서 싸움이 시작되었다. 도고 함장이 이끄는 군함 나니와도 출동했다. 일본의 군함과 해안의 일본 육군 포대가 동시에 청국의 군함에 포격을 가했다. 일본군의 연속공격으로 청국의 베이양함대 기함이 대파되고 전함 3척이 격침되었다. 2월 9일 일본 해군의 수뢰정이 또 한 척의 청국 군함을 격침했다. 베이양함대 딩루창 제독이 자결했다. 2월 12일 청국 해군이 이토 스케유키伊東祐亨

황해해전 · 일본의 연합함대

(1843~1914) 일본 연합함대 사령관에게 항복 문서를 전달했다.

청일전쟁에서 누가 많은 공을 세웠는지는 훈공勳功의 등급에 따라 평가되었다. 도고 헤이하치로는 공功 4급四級 금치훈장金鵄勳章과 연금 500엔, 그리고 훈勳 4등四等 욱일소수장旭日小綬章이 수여되었을 뿐만이 아니라 타이완 정토 전쟁에서 활약한 공적이 인정되어 별도로 700엔이 하사되었다. 그 후 도고는 해군장관회의 의원, 해군기술회의 의장, 해군대학교 교장, 요코스카橫須賀 진수부 장관 대리, 사세보佐世保 진수부 장관 등 요직을 거쳐 1900년 5월에 상비함대 사령관에 임명되었다.

1900년 5월 산둥성山東省에서 일어나 제국주의와 크리스트교 반대 투쟁을 벌이던 의화단義和團이 베이징北京의 서양 각국 공사관이 밀집한 지역을 공격한다는 소문이 돌았다. 5월 27일 베이징의 열국 공사관 회의에서 각국에 군대 파견을 요청하기로 의결했다. 이 무렵 도고 헤이하치로가 이끄는 함대가 다쿠大沽 앞바다에 모습을 드러냈다. 도고는 연합국 중에서도 가장 많은 전함·순양함 11척, 구축함 4척으로 구성된 함대를 이끌고 청국을 위압하는 한편 일본 육군 제5사단의 상륙을 지원했다.

1901년 10월 1일 정부는 교토의 마이쓰루舞鶴(교토부 마이쓰루시)에 대일본제국 해군 진수부를 설립하고 초대 장관에 도고 헤이하치로 중장을 임명했다. 초대 장관은 새로운 진수부의 전통을 세울 책임이 있었다. 특히 마이쓰루 진수부는 러일전쟁에 대비하기 위해 설립되었다. 『교토히노데신문京都日出新聞』은 마이쓰루 진수부를 다음과 같이 소개했다. "러시아인 중에는 우리 마이쓰루 진수부 경영을 러시아에 대한 개전 준비라고 보는 사람이 있다." 청일전쟁 후 일본·러시아 관계가 날이 갈수록 악화하고 있었다. 초대 마이쓰루 진수부 장관에 취임한 도고 중장의 책임이 무거웠다. 그러나 도고는 마이쓰루 진수부 초대 장관 취임이 불만이었던 것 같다. 그는 마이쓰루 진수부에서 근무한 2년에 대해 평생 입에 올리지 않았다.

도고가 마이쓰루 진수부 장관으로 부임한 후에 영국의 빅커스Vickers 조선회사가 건조한 최신 전함 미카사三笠가 마이쓰루 항구에 배치되었다. 전함 미카사는 러일전쟁 때 대한해협에서 일본의 연합함대가 러시아의 발틱함대를 맞아 싸울 때 도고 사령관이 타고 작전을 지휘한 기함旗艦이었다. 도고는 즉시 전함 미카사의 이곳저곳을 둘러보았다. 그리고 도고가 상비함대 사령관이었을 때 기함으로 이용했던 순양함 아즈마吾妻도 마이쓰루에 배치되었다. 두 전함은 러시아 함대와의 실전을 상정한 훈련에 동원되었다.

청일전쟁 후 해군에서 도고 헤이하치로와 야마모토 곤베에가 두각을 나타냈다. 야마모토는 도고보다 다섯 살 아래였으나 해군성에서 근무하면서 빠른 속도로 승진했다. 1847년 12월생인 도고는 메이지 21년(1888) 10월 마흔한 살에 대좌로 승진했다. 1852년 11월생인 야마모토는 메이지 22년(1889) 8월 서른일곱 살에 대좌로 승진했다. 그 후 두 사람은 나란히 1895년 3월에 소장, 1898년 5월에 중장, 1904년 6월에 대장으로 승진했다.

도고 헤이하치로와 함께 연합함대 사령관의 물망에 올랐던 인물로는 도고보다 7개월 먼저 1897년 10월에 중장으로 승진한 사메시마 가즈노리鮫島員規(1845~1910) · 시바야마 야하치柴山矢八(1850~1924), 그리고 1900년 5월과 1901년 7월에 각각 중장으로 승진한 히타카 소노조日高壯之丞(1848~1932) · 아리마 신이치有馬新一(1851~1909)가 있었다. 그중에서 상비함대 사령관 히타카와 사세보 진수부 장관 시바야마가 도고의 가장 강력한 경쟁자였다. 시바야마 야하치 중장은 야마모토 · 도고보다 항상 먼저 승진했다. 영민하고 상황판단 능력이 뛰어났다. 하지만 그는 성격이 거칠고 상대를 무시하는 경향이 있어서 부하들의 인망을 얻지 못했다. 또 해군성의 실권자 야마모토 곤베에와 사이가 좋지 않았다. 맹장으로 알려진 상비함대 사령관 히타카 중장은 당시 위장병 증세가 악화했다. 결국 해군성은 도고 중장을 연합함대 사령관으로 낙점했다.

1903년 12월 28일 해군성은 상비함대 편제를 폐지하고 제1 · 제2 · 제3 함대를 편성했다. 그리고 제1함대와 제2함대로 연합함대를 편성했다. 각 함대에는 각각 여러 척의 구축함과 수뢰정이 배치되었다. 이러한 전시 편제는 1905년 5월 27일 연합함대가 대한해협에서 러시

1. 러일전쟁 이전   **225**

아의 발틱함대와 싸워 이기면서 유효성이 증명되었다. 그 결과 일본의 함대 편성 원칙은 1945년 8월 태평양 전쟁에서 미국에 패배할 때까지 변하지 않았다.

각 함대의 편제를 기능별로 설명하면 다음과 같다. 제1함대는 강력한 타격력을 갖춘 일등전함 6척, 기동력을 갖춘 이등순양함 4척, 구축함 11척, 수뢰정 8척 등으로 구성되었다. 제2함대는 높은 타격력을 갖춘 일등순양함 6척, 방어력을 갖춘 이등순양함 4척, 구축함 8척, 수뢰정 8척 등으로 구성되었다. 제3함대는 이등전함·순양함 4척, 삼등순양함 4척, 이등 전함·일등포함砲艦·이등포함·해방함海防艦 10척, 수뢰정 12척 등으로 구성되었다.

해군 군령부軍令部가 이러한 획기적인 전시 편제를 구상했다. 전쟁은 해군성, 군령부, 연합함대가 삼위일체가 되어 수행하지만, 작전계획은 군령부가 입안하고 연합함대가 실시했다. 당시 군령부 부장은 청일전쟁 때 연합함대 사령관을 지낸 이토 스케유키 대장, 차장은 이주인 고로伊集院五郎(1852~1921), 작전, 연안 방어, 함대·군대의 편제를 담당했던 제1국장은 우리우 소토키치瓜生外吉(1857~1937)였다.

우리우는 사쓰마·사가번 출신이 장악하고 있던 해군 군령부에서 유일한 이시카와현石川県 출신이었다. 그는 1975년에 미국으로 건너가 1977년 9월에 메릴랜드주에 있는 아나폴리스 해군사관학교에서 공부했다. 1881년 6월에 졸업하고 일본으로 돌아와 그해 12월에 해군 중위로 임관했다. 1900년 5월 소장으로 승진한 그는 1903년 4월까지 해군 군령부 제1국장으로 있으면서 러일전쟁에 대비한 작전과 함대 편제 연구에 몰두했다. 그 성과가 전시 편제로 완성되었다.

메이지 정부는 이미 청일전쟁 때 대본영을 히로시마広島에 설치하고, 해군 군령부 부장이 전함을 지휘하는 체제를 구축했다. 러일전쟁이 임박해서는 무선통신이 더욱 발달해 도쿄에서 한반도는 물론 만주까지 전신선이 부설되고, 각 지역에 무선국이 설립되었고, 군함에도 무선장비가 설치되었다. 멀리 타국에서 싸우는 군대를 대본영에서 직접 통제할 수 있게 되었다. 전쟁은 정치와 외교뿐만이 아니라 경제·사회·문화 전반에 직접적인 영향을 미쳤다. 중앙의 전쟁 통제가 점점 강화될 수밖에 없었다. 해군성은 이러한 근대전의 특성을 이해하고 군령부의 명령을 받들어 함대를 지휘할 지휘관을 연합함대 사령관으로 임명하려고 했다. 그가 바로 도고 헤이하치로였다.

◎ chapter.2

러일전쟁

1904년 2월 4일 일본 정부가 러일전쟁을 일으키기로 의결했다. 일본이 개전을 결심할 때 끝까지 고심했던 것은 러시아 태평양함대의 동향이었다. 태평양함대의 기지는 블라디보스토크와 뤼순旅順 두 곳에 분산되어 있었다. 일본이 러시아와 전쟁을 하게 되면 전장은 만주가 될 수밖에 없었다. 만주에서 일본군이 싸우려면 한반도 주변 바닷길을 안심하고 왕래하는 것이 무엇보다도 중요했다. 일본 해군 내부에서 뤼순 함대를 항구 밖으로 나오지 못하도록 폐쇄하는 작전을 검토했다. 오랫동안 뤼순 군항을 조사하고 연구한 아리마 료키쓰有馬良橘(1861~1944) 중좌가 실행계획을 입안했다.

러일전쟁 때 육군을 한국 해안에 상륙시키는 해군

2월 8일 일본 해군이 인천 항구에 정박한 러시아 군함 두 척에 포격을 가했다. 같은 시각에 도고 헤이하치로 사령관이 이끄는 연합함대가 은밀하게 뤼순 군항에 접근해서 4척의 러시아 함대에 포격을 가했다. 2월 10일 일본이 러시아에 선전을 포고하고 다음 날 대본영을 설치했다. 3월에 한국에 상륙한 일본 육군 제1군이 북으로 진격하기 시작했다. 4월 13일 뤼순함대의 기함 페토르파블롭스크가 연합함대의 수뢰정 부대가 부설한 기뢰機雷에 접촉해 침몰했다. 이때 뤼순함대 사령관 스테판 마카로프Stepan Makarov 제독이 전사했다.

4월 말 한국의 의주에 집결한 일본 육군 제1군이 압록강을 넘어서 만주로 진격했다. 이어서 제2군이 뤼순 북방에 상륙했다. 5월 25일 일본군이 진저우金州 인근 전투에서 4,400명의 사상자를 내며 북진했다. 6월 2일 만주군사령부가 편성되었다. 6월 30일 러시아군이 요새화한 뤼순을 공략하기가 매우 어렵다는 것을 안 대본영이 제3군과 제4군을 편성했다. 8월 10일 일본 해군의 연합함대가 황해해전에서 러시아의 뤼순함대와 싸워 이기고, 8월 14일에 울산 앞바다 해전에서 블라디보스토크 함대와 싸워 승리하며 극동 해역의 제해권을 확보했다.

이 무렵 러시아가 극동으로 보내는 대규모 함대를 편성한다고 발표했다. 러시아는 이 함대를 제2태평양함대로 명명하고 그때까지 블라디보스토크에 근거지를 둔 태평양함대를 제1태평양함대로 개칭했다. 지노비 로제스트벤스키Zinovy Rozhestvensky 중장이 제2태평양함대 사령관에 임명되었다. 이 무렵 제2태평양함대의 목적지가 뤼순이라는 정보를 입수한 일본 해군이 러시아 함대가 모습을 드러내기 전에 뤼순을 점령할 것을 육군에 요구했다. 해군의 압박으로 노기 마레스케 사령관이 이끄는 제3군이 8월 말에서 12월 말까지 세 번에 걸쳐 총공격을 감행했다. 1905년 1월 2일 제3군이 뤼순을 점령했다.

1904년 10월 15일 제2태평양함대가 발트해Baltic sea의 리바우Livawe 군항(라토비아 공화국의 리에파야Liepāja)를 떠났다. 함대의 출발이 예상보다 늦어진 것은 성능이 뛰어난 전함이 수 척에 불과했기 때문이다. 러시아 전함은 원래 리바우 해에서 운용하기 위해 건조된 것으로 복원력이 약했다. 또 뱃머리의 장갑裝甲, 조준기, 거리 측정기 등도 성능이 뛰어나지 못했다. 러시아 정부는 건조 중이던 전함을 서둘러 준공하라고 명령했다. 직공들이 총동원되어 전함이 출발하기 바로 전날까지 공사에 매달리느라 성능을 시험할 시간조차 없었다.

제2태평양함대 사령관 지노비 로제스트벤스키는 리바우 군항을 떠날 때 이미 뤼순 군항에 있던 러시아 함대가 황해해전에서 일본에 패배했고, 파손된 러시아의 함정이 모두 일본 해군의 손에 들어갔다는 보고를 받았다. 뤼순함대와 합류할 수 없다고 판단한 로제스트벤스키 사령관이 목적지를 블라디보스토크로 변경했다. 11월 3일 러시아 함대가 모로코 북단의 탕헤르Tánger 항구에서 수에즈 운하를 경유하는 지대支隊와 아프리카 남단을 도는 본대로 나뉘었다. 당시 수에즈 운하는 영국이 지배하고 있었다. 일본과 동맹을 맺은 영국이 러시아에 영향력을 행사했을 가능성이 있다.

러시아 함대의 지대는 흑해에서 온 함선과 합류한 후 수에즈 운하를 지나 12월 30일에 프랑스령 마다가스카르Madagascar 섬에 도착했다. 본대는 12월 19일에 희망봉을 돌아 1905년 1월 9일에 지대와 합류했다. 로제스트벤스키 사령관은 그곳에서 일본군이 뤼순을 함락했다는 소식과 본국에서 '피의 일요일 사건'(제1차 러시아 혁명)이 일어나 수도 상트페테르부르크가 혼란 상태에 빠졌다는 소식을 들었다. 원래 제2태평양함대는 뤼순의 러시아 함대와 합류하기 위한 목적으로 편성되었다. 로제스트벤스키 사령관은 이대로 동북아시아로 항해할 것인지 리바우 군항으로 돌아갈 것인지 결정하지 않으면 안 되었다.

로제스트벤스키 사령관은 제2태평양함대의 전력으로 일본 함대를 상대하기 어렵다고 판단했다. 하지만 러시아 정부는 구식 함정으로 편성한 제3태평양함대를 제2태평양함대에 합류시키면 일본의 연합함대를 무찌르고 제해권을 탈환할 수 있다고 판단했다. 로제스트벤스키 사령관은 지휘부에 제해권 탈환이 어렵다는 의견을 제시했다. 그러나 정부는 그의 의견을 받아들이지 않았다. 상트페테르부르크의 소란이 잠잠해지자 1월 말에 로제스트벤스키 사령관에게 동진하라고 명령했다. 3월 17일 2개월 넘는 시간을 낭비한 러시아 함대가 마다가스카르를 떠나 4월 14일에 베트남의 반퐁 만Vân Phong Bay에 닻을 내렸다. 5월 9일 그곳에서 제3태평양함대가 제2태평양함대와 합류했다. 일본군은 러시아의 제2·제3태평양함대를 발틱함대라고 칭했다.

일본의 연합함대 사령관 도고 헤이하치로 대장은 발틱함대를 맞아 싸울 준비에 여념이 없었다. 발틱함대가 블라디보스토크로 향할 때 지날 가능성이 있는 항로는 대한해협(한반도 동남단과 규슈 북단 사이), 쓰가루해협津軽海峡(일본의 홋카이도 남단과 혼슈 북단 사이), 소야 해협宗谷海峡(홋카이도 북단과 사할린 사이) 등 세 곳이었다. 그런데 세 곳으로 전력을 분산한다면 일본 해군이 승리한다는 보장이 없었다. 도고는 세 곳 중 한 곳인 대한해협에 전력을 집중시켜 발틱함대와 결전을 벌이기로 결심했다. 도고는 즉시 대한해협에 주력 전투함을 배치함과 동시에 주변 해역에 경계망을 폈다. 1905년 2월 21일 연합함대의 기함 미카사三笠가 한반도 남단의 진해만에 입항했다. 진해는 이미 일본 해군 사세보 진수부가 관할하고 있었다. 도고 사령관은 진해에 해군 본부를 두고 대한해협에서 훈련을 되풀이했다.

도고는 싸움이 예상되는 해역에 경계선을 설정하고 70여 척의 초계함을 분산 배치했다. 그 범위는 제주도에서 청국의 타이완에 이르는 해역이었다. 어부로 가장한 군인을 은밀히 해안 마을에 침투시켰다. 특히 타이완 주변 바다에는 어부로 가장한 군인이 탄 어선이 배치되었다. 발틱함대가 타이완 주변을 점거할 가능성에 대비하기 위해서였다. 4월 12일 연합함대가 전법을 확정했다. 함포 사격 전법으로 "단대單隊의 전투는 정자丁字 전법, 두 함대의 공동 전법은 을자乙字 전법"을 따른다는 원칙을 정했다. 전함으로 편성한 제1전대와 순양함으로 편성한 제2전대의 합동 작전에서는 각 함대가 역할을 분담하면서 두 함대가 함께 적에게 십자포화 공격을 가하기로 했다.

5월 14일 베트남의 반퐁 만을 떠난 발틱함대가 5월 22일에 오키나와沖繩의 미야코 해협宮古海峽을 지나 동중국해로 진입했다. 발틱함대가 대한해협을 통과할 가능성이 커졌다. 5월 23일 잠시 해상에서 정지한 발틱함대는 여러 군함에 석탄을 보급했다. 이 무렵 발틱함대 사령관 로제스트벤스키가 대한해협을 돌파한다는 방침을 정했다. 하지만 도고 사령관은 러시아 함대의 진로를 정확하게 파악하지 못하고 있었다. 5

월 24일 도고는 해군 군령부에 "예상한 일시까지 대한해협을 지나는 적의 함대를 발견하지 못하면 연합함대를 마쓰마에오시마松前大島(홋카이도 인근의 무인도)로 이동시키겠다."라는 전보를 쳤다.

함대의 행동을 통제하는 것은 해군 군령부의 임무였다. 이토 스케유키 군령부 부장이 초조해하는 도고 사령관에게 "함대의 이동에 대해서는 특히 신중하게 고려하기를 희망한다."라는 전보를 쳤다. 발틱함대가 태평양으로 나와 쓰가루 해협으로 우회할 것을 염려한 도고 사령관은 5월 25일 오전에 연합함대 사령관과 참모를 기함 미카사로 불러 작전회의를 열었다. 긴 시간 격론 끝에 쓰가루 해협으로 함대가 이동하기로 했다. 그때 회의에 늦은 제2함대 참모장 후지이 고이치藤井較一(1858~1926)가 발틱함대는 반드시 대한해협을 통과한다고 주장하며 연합함대를 쓰가루 해협으로 이동하는 것에 반대했다. 역시 회의에 늦은 시마무라 하야오島村速雄(1858~1923) 제2함대 사령관이 후지이 참모장의 의견에 동조했다. 함대의 쓰가루 해협 이동이 연기되었다.

5월 26일 이른 아침 청국 해안에 잠입해 활동하던 일본의 특수부대가 하루 전에 러시아 군함 5척과 운송선 3척이 우쑹吳淞 항구에 입항했다는 전보를 쳤다. 발틱함대가 동중국해에 머물고 있을 확률이 높았다. 도고 사령관이 명령했다. "적이 태평양을 우회해 홋카이도로 향한다는 것을 확인한 다음에 쓰가루 해협으로 이동할 것이다." 사령부 및 연합함대 장교 중에 쓰가루 해협으로 이동해야 한다는 의견이 많았기 때문일 것이다.

당시 도고 사령관의 작전참모였던 아키야마 사네유키秋山真之 (1868~1918)의 회상에 따르면, 도고 사령관은 5월 18일경부터 날이 갈수록 몸이 눈에 띄게 수척해졌다. 발틱함대의 움직임이 명확하게 포착되지 않은 가운데 함대를 어떻게 배치하고 움직일 것인지, 만약에 적이 연합함대의 감시망을 뚫고 블라디보스토크에 입항하면 어떻게 대처할 것인지 등 대응책을 마련하느라 잠도 자지 못하고 끼니도 거르는 일이 잦았기 때문이다.

5월 27일 새벽 규슈의 서쪽 해역에서 나리카와 하카루成川揆 (1859~1919) 대좌가 이끄는 특무함대의 순양함 시나노마루信濃丸가 발틱함대의 불빛을 발견했다. 4시 50분 나리카와 대좌가 "적 발견. 적의 항로는 동북동. 쓰시마 동수로東水路로 향하는 것으로 보인다."라는 전보를 쳤다. 당시 일본 해군은 쓰시마와 규슈 사이의 바다를 동수로, 한반도와 쓰시마 사이의 바다를 서수로西水路로 칭하고 있었다. 5시 5분 도고 사령관이 전 함대에 출동하라고 명령했다. 쓰가루 해협과 중국 남부까지 출격할 필요가 없어진 일본 함대는 갑판에 쌓아두었던 고급 석탄올 아낌없이 바다에 버렸다.

연합함대 군함이 높이 솟은 굴뚝으로 시꺼먼 연기를 내뿜기 시작했다. 증기압이 한껏 올라간 군함부터 닻을 올리고 대형을 갖추면서 서서

히 움직이기 시작했다. 제4 경계선(나가사키현 서북쪽의 고토五島 열도에서 한반도 남쪽 바다의 거문도를 잇는 경계선)에서 초계 임무를 수행하던 제3전대가 가장 먼저 전투 수역으로 향했다. 선두는 구축함과 수뢰정으로 구성된 기습대였다. 기습대는 적을 어뢰로 공격하며 유인하는 부대와 그 사이에 적 함대의 진로에 기뢰機雷를 투하하는 부대로 나뉘어져 있었다.

그날 큰바람이 불고 파도가 높았다. 소형 수뢰정이 마치 나뭇잎처럼 흔들리며 앞으로 나아가지 못했다. 그 모습을 지켜본 도고 사령관이 소형 함정과 수뢰정은 즉시 쓰시마의 미우라三浦 군항으로 돌아가라고 명령했다. 도고 사령관은 주력 함정이 앞으로 나아가 적을 공격할 태세를 갖추라고 명령했다.

6시 45분 제3전대가 발틱함대를 확인했다. 그동안 시나노마루는 계속 발틱함대를 관측하면서 "적 함대 15척 이상 발견"이라는 전보를 쳤다. 하지만 발틱함대는 시나노마루를 발견하지 못했다. 도고 사령관은 제1·제2전대에 출동 명령을 내리고 대본영에 전보를 쳤다. "적 함대를 발견했다는 정보를 입수했다. 연합함대가 즉시 출동한다. 적을 격멸하겠다. 오늘 날씨는 맑다. 하지만 파도가 높다."

도고 사령관이 탄 기함 미카사三笠는 이미 제1·제2함대를 거느리고 큰 바다로 나아가고 있었다. 쓰시마対馬·오자키尾崎 군항에 있던 제3함대도 출항했다. 10시경부터 제3함대가 발틱함대의 왼쪽으로 전진하며 도고 사령관에게 상황을 보고하기 시작했다. 11시 42분경에 러시아 군함이 제3전대를 향해 발포했다. 제3전대도 발포했다. 그러나 두 군함에서 발사한 포탄은 모두 목표에서 벗어났다.

일본의 연합함대와 발틱함대가 서로 전투 준비를 하면서 기회를 엿보았다. 13시 39분 도고 사령관이 탄 기함 미카사가 동북 방향으로 전진하는 발틱함대의 정면으로 나아가며 전투를 알리는 깃발을 걸고 전투 개시를 명령했다. 두 함대의 거리는 약 7해리였다. 13시 55분 도고 사령관이 기함에 'Z'자가 써진 깃발을 높이 걸었다. 그것은 "황국皇國의 흥망이 이 전투에 달려있다. 전 장병이 더욱더 힘을 내어 싸워라."라

전투를 지휘하는 도고 연합함대 사령관(그림)

연합함대 기함 미카사

는 호령이었다.

당시 적의 함대는 기함을 따라 차례로 동북쪽으로 향하고 있었다. 14시 5분 적의 함대와의 거리가 8,000미터까지 좁혀졌을 때 도고는 제1함대의 선두를 왼쪽으로 돌리라고 명령했다. 그러자 제1함대는 동북쪽으로 향하는 적의 함대를 동남쪽으로 바라보면서 옆으로 나란히 막아서는 모양이 되었다. 그러자 제2·제3함대도 적의 함대를 바라보면서 정자丁字 전법으로 포진했다. 임진왜란 때 이순신 장군이 한산도 해전에서 일본의 함대를 에워싼 학익진 모양이 되었다.

전진하는 러시아 군함의 선단에는 함포 2문이 거치되어 있었다. 그러나 옆으로 늘어선 일본 군함의 측면에는 함포 4문이 거치되어 있었다. 정자 전법을 펼친 일본군이 발사하는 포탄이 압도적으로 많을 수밖에 없었다. 14시 10분 일본군이 발포를 시작했다. 러시아군도 포격으로 응수했다. 일본군이 쏜 포탄이 러시아 군함의 갑판, 난간, 통기구 등에 맞아 작렬했다. 러시아 군함 여러 척이 동시에 화염에 휩싸였다. 발틱함대의 기함이 집중 포격을 받고 공격력을 상실했다. 14시 20분경에 포격전이 최고조에 달하면서 양측의 피해가 늘어났다. 일본군이 쏜 포탄의 명중률이 러시아군의 그것을 압도했다. 발틱함대의 주력 전함이 7개월 동안 아프리카 남단을 돌아오는 동안 일본군이 충분한 시간을 갖고 함포 사격 훈련에 집중한 결과였다.

불타는 러시아 군함(그림)

14시 27분 일본군의 제2함대 소속 순양함 1척이 적의 포탄을 맞고 전열에서 이탈했다. 하지만 일본군의 여러 전함은 전투력을 유지했다. 이에 비해 발틱함대 주력 전함은 포탄을 맞고 전투력이 눈에 띄게 저하되었다. 14시 35분 일본군 제1전대가 북동쪽으로 나아가는 발틱함대를 앞에서 막아서며 포격을 가했다. 14시 50분 발틱함대의 여러 전함이 침몰하거나 불타기 시작했다. 약 30분간의 포격전에서 러시아 군함 6척이 잇달아 침몰했다. 발틱함대는 공격력을 거의 상실했다. 그러자 연합함대의 제3·제4·제5·제6전대가 발틱함대의 후방으로 돌아 적 함대의 순양함과 특무선을 공격하기 시작했다. 러시아 함대는 흐트러진 전열을 정비하면서 블라디보스토크를 향해 나아갔다. 그러나 일본의 군함이 러시아 함대를 뒤쫓으며 끈질기게 공격했다.

저녁때가 되자 일본군의 주력 전함·순양함이 구축함대와 수뢰정 부대를 남겨두고 다음 날의 전투에 대비하기 위해 울릉도로 향했다. 오전 내내 큰바람이 불고 파도가 높았던 바다가 잠잠해지기 시작했다. 날이 어두워지기를 기다리던 일본의 구축함대와 수뢰정 부대가 20시가 지나자 전열이 흐트러진 러시아 함대 주변으로 다가가 사방에서 습격했다. 포로로 잡힌 러시아 병사가 다음과 같이 진술했다. "그날 밤 집요한 수뢰 공격은 상상을 초월한 것이었다. 일본군이 쉴 틈이 없이 우리 함정으로 다가와 공격을 퍼부었다. 일본의 수뢰정이 배에 너무 가까이 접근해서 포격 각도가 나오지 않아 조준할 수 없었다." 수뢰정 부대가 얼마나 맹렬하게 공격했는지 알 수 있다. 일본군의 야간 공격으로 러시아 군함 여러 척이 침몰했다.

　5월 28일 새벽 전함·순양함으로 구성된 일본군 전대가 울릉도 남방에서 경계망을 펴고 북상하는 러시아 함대를 수색하기 시작했다. 삼삼오오 북상하는 러시아 함대를 소탕하기 위해서였다. 4시 50분 일본군 제5전대가 러시아 군함 5척을 발견하고 추격했다. 5척의 러시아 군함이 발틱함대의 주력이라고 판단한 도고 사령관은 제1·제2·제3전대에게 추격을 명령했다.

　이 무렵 일본군이 단독으로 북상 중인 러시아 구축함 1척을 공격해 격침했다. 10시 30분 5척의 러시아 군함을 에워싼 일본군의 제1·제2전대가 포격을 시작했다. 10시 53분 러시아 전함이 백기를 내걸고 항복의 뜻을 전하면서 전시국제법에 따라 기관을 정지했다. 일본군의 제1·제2전대가 적함 4척을 나포했다. 나머지 러시아 군함 1척은 도주하다 러시아 해안에 좌초했다. 11시 6분 제4전대가 러시아의 순양함 1척과 구축함 1척을 격침했다. 일본의 구축함 무라쿠모叢雲에 쫓기던 러시아의 구축함 1척은 한반도 연안에 좌초한 후 승무원이 선체를 폭파하고 도주했다. 쓰시마 인근에서 침몰한 러시아 군함 3척의 승무원이 일본군에 구조를 요청했다. 일본의 구축함 시라누이不知火와 수뢰정 제63호에 쫓기던 러시아 구축함 1척이 울산 앞바다에서 항복했다. 18시 10분 일본의 순양함 이와테磐手에 쫓기던 러시아의 전함 1척이 항복하지 않고 자폭해 침몰했다.

5월 28일 밤 울릉도로 향하던 일본의 구축함 사사나미漣 · 가게로陽炎가 러시아의 구축함 베도비와 그로즈니를 발견했다. 그로즈니는 도주하며 응전했으나 베도비는 기관 고장으로 항복했다. 베도비에 로제스트벤스키 발틱함대 사령관이 타고 있었다. 일본의 구축함 사사나미가 베도비를 나포하고 로제스트벤스키 사령관을 포로로 잡았다.

발틱함대는 대한해협 해전에서 전력을 거의 상실했다. 블라디보스토크에 도착한 것은 구축함 그로즈니, 일본 함대에 발견되지 않은 2등 순양함 알마즈, 구축함 브라우니 3척뿐이었다. 발틱함대는 전함 6척을 포함한 21척의 군함이 침몰했고, 6척이 나포되었고, 중립국에 6척이 억류되었다. 전사 4,830명, 포로 6,106명이었다. 포로에는 로제스트벤스키 사령관도 포함되어 있었다. 이에 비해 일본의 연합함대는 수뢰정 3척 침몰, 전사 117명, 전상 583명이었다. 대규모 함대전에서 사상 그 유례를 찾아볼 수 없는 일본 연합함대의 일방적인 승리였다.

도고 헤이하치로 연합함대 사령관은 다음과 같이 회상했다. "이 전쟁에서 적의 병력은 우리와 크게 차이가 나지 않았다. 적의 장병도 역시 그들의 조국을 위해 온 힘을 다해 분투한 것을 인정해야 할 것이다. 우리 연합함대가 잘 싸워서 기적과 같은 승리를 거둔 것은 무엇보다도 천황 폐하의 성스러운 위력이었다. 그것은 보통 사람이 감히 헤아릴 수 없는 것이다. 특히 우리 군대의 손실이나 사상자가 매우 적었던 것은 역대 신령神靈의 가호가 있었기 때문이라고 믿을 수밖에 없다. 이

전쟁에서 적을 맞이해 용감하게 싸운 휘하 장병도 모두 이러한 성과를 이룩한 것에 대해 오로지 감격할 뿐 다른 말을 덧붙일 수 없는 것과 같다."

　도고 사령관도 자신이 일본의 연합함대를 이끌고 어떻게 세계 최강의 러시아 발틱함대와 싸워 대승을 거둘 수 있었는지 도저히 알 수 없었다. "기적"이라는 말 이외에 다른 어떠한 말로도 일본 해군의 승리를 설명할 수 없었을 것이다.

◎ chapter.3

러일전쟁 이후

　1905년 12월 20일 정부는 러일전쟁 직전에 편성했던 연합함대를 해산하고 해군 함정을 새로이 제1함대, 제2함대, 남청함대南淸艦隊, 연습함대로 편성하기로 의결했다. 도고 헤이하치로 대장은 제1함대 겸 연합함대 사령관직에서 물러나 해군의 최고 지휘부 군령부軍令部 부장에 임명되었다. 다음 날 도쿄 만에 닻을 내린 군함 아사히朝日 선상에서 연합함대 해산식이 거행되었다. 도고 사령관을 비롯해 여러 함대의 사령관, 사령司令, 함장이 차례로 고별사를 한 후 전 함대 장병에 대한 훈시訓示를 낭독하면서 해산식을 마쳤다.

러일전쟁 후 일본은 이전과 비교할 수 없을 정도로 국제적 지위가 향상되었다. 청일전쟁도 러일전쟁도 일본의 안전에 깊이 관련된 조선을 둘러싼 대립이 개전의 원인이었다. 일본이 러일전쟁을 일으키면서 한반도에 부설된 철도를 통해 육군을 만주로 보내고, 해군이 한반도 주변은 물론 동아시아 해역에서 활동하기 위해 이웃한 조선을 손에 넣을 계획을 추진했다.

1905년 10월 일본 정부가 한국을 보호국으로 삼기로 의결했다. 이토 히로부미가 한국으로 와서 보호조약 체결을 진두지휘했다. 11월 10일 이토가 하야시 곤스케林權助(1860~1939) 공사의 안내로 고종을 알현하며 조약안을 제시했다. 고종이 조약안을 승인하지 않자 이토는 한국의 대신들을 한 사람씩 불러서 찬반을 물었다. 외부대신 박제순, 군부대신 이근택, 학부대신 이완용, 내부대신 이지용, 농상공부대신 권중현이 찬성했다. 이토는 다수가 찬성했으므로 조약안이 가결되었다고 선언했다. 하야시 공사와 박제순 외부대신이 조약안에 서명했다. 11월 18일 새벽 1시였다. 고종은 조약이 무효라고 주장하며 국권회복 운동에 나섰다. 하지만 미국을 비롯한 서양 여러 나라가 일본을 지지했다.

러일전쟁에서 승리한 일본은 러일전쟁의 강화조약(포츠머스 조약)에 따라 그동안 러시아가 행사하던 뤼순·다롄大連을 품은 랴오둥 반도의 조차권을 양도받았다. 그리고 러시아로부터 사할린Sakhalin 북위 50도 이남의 땅을 빼앗았다. 일본인은 사할린을 가라후토樺太라 칭했다. 일

3. 러일전쟁 이후 **245**

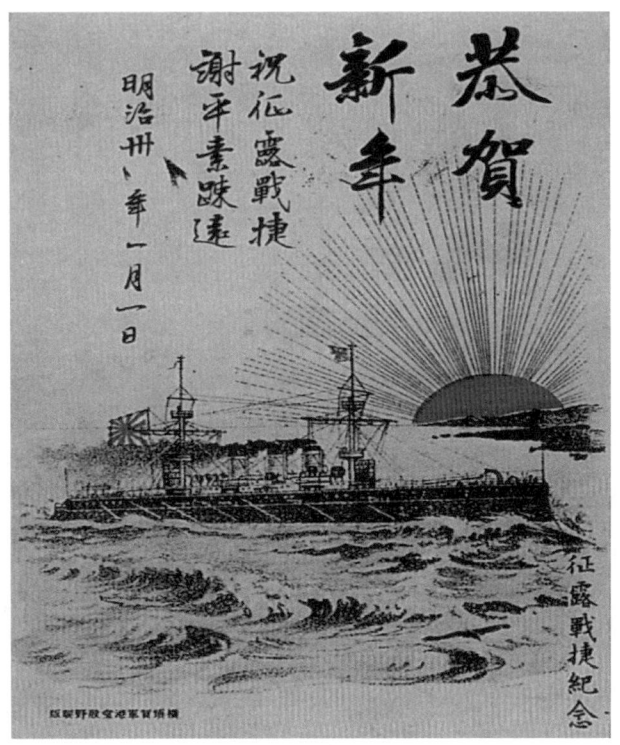

러일전쟁 승리 기념 우편엽서

본은 가라후토청樺太庁을 두고 사할린 남반부와 그에 딸린 섬을 다스렸다. 한반도, 사할린, 랴오둥 반도를 일본이 지배하게 되면서 해군의 수비 범위가 확대되고 임무가 증가했다.

 일본군이 뤼순을 함락하고 한 달이 지난 1905년 2월 7일에 해군이 뤼순 진수부를 설치하고 관동주해군구関東州海軍区, 즉 랴오둥 반도 일대의 해역을 수비하게 되었다. 사할린 남부가 일본 영토로 편입되면서 아오모리현青森県의 오미나토大湊(무쓰시)에 요항부要港部, 즉 함대를 통할하는 군사 항만이 개설되었다. 오미나토 요항부는 홋카이도·가라후토(사할린)·아오모리현 해역을 수비했다. 한반도의 진해에도 해군기지를 건설할 계획을 세웠다.

　제1함대는 일본열도 주변 수비 및 사할린 북방의 러시아령 연해 순시, 제2함대는 한반도 연해 수비 및 중국령 연해 순시, 남청함대는 타이완 연해 수비 및 청국 양쯔강揚子江 유역 및 그 이남 연해 순시, 연습함대는 일본열도·한반도 연해·중국 북부 해안의 순시를 임무로 했다. 러일전쟁에서 일본이 승리한 결과였다.

　연합함대 사령관에서 물러난 도고 헤이하치로는 약 4년 동안 해군 군령부 부장으로 근무했다. 그동안 해군이 보유한 함정이 급격히 증가했다. 구형 함정이 예비함에 편입되고, 빼앗은 러시아 군함이 잇달아 일본 함대에 편입되었다. 해군의 담당 범위가 확대하면서 잇달아 새로운 군함을 건조해 함대의 전력을 보강했다. 도고는 진수부를 증설하고, 함대를 새로 편성하고, 각종 조례를 새로 제정하거나 개정했다. 구축대 조례, 부설대 조례, 방비대 조례, 예비대 조례, 임시군용기구연구회 관제 등을 제정하고, 수뢰단 조례, 요항부 조례, 진수부 조례, 함대 조례, 해군 망루 조례 등을 잇달아 개정했다. 예비함을 적절하게 이용하는 제도도 마련했다.

3. 러일전쟁 이후　　**247**

도고 군령부 부장을 보필한 인물은 군령부 차장 이주인 고로 중장이었다. 그는 1893년 5월부터 군령부에 근무했다. 그동안 그는 제2국장, 제1국장, 차장을 역임하면서 군령부 발전에 공헌했다. 그는 1906년 11월에 제2함대 사령관으로 전출할 때까지 도고 부장을 보필했다. 이주인의 후임으로 러일전쟁 때 제1전대 사령관을 지낸 미스 소타로 三須宗太郎(1855~1921) 중장이 부임했다. 군령부 제1반장은 야마시타 겐타로山下源太郎와 그의 후임 가와시마 레이지로川島令次郎였다. 제2반장은 모리 에쓰타로森越太郎와 그의 후임 야마야 다닌山屋他人이었다. 제3반장은 모리야마 게이자부로森山慶三郎, 다도코로 히로미田所広海, 야마지 가즈요시山路一善가 이어서 맡았다. 제4반장은 에가시라 야스타로江頭安太郎와 그의 후임 나와 마타하치로名和又八郎였다.

본래 군령부는 해군의 동향과 작전을 통제하고 지휘하는 지휘부였다. 특별한 일이 없는 한 군령부 부장의 동정이 세간에 알려지지 않았다. 그러나 도고 헤이하치로 군령부 부장은 항상 세간의 관심을 모았다. 군령부 부장으로서가 아니라 러일전쟁의 영웅으로서였다. 1898년 11월 제2차 야마가타 아리토모 내각에 해군대신으로 입각한 이래 1906년 1월까지 8년 가까이 세 차례나 해군대신을 역임한 야마모토 곤베에 대장이나 1906년 1월 야마모토 곤베에의 추천으로 제1차 사이온지 긴모치西園寺公望 내각에 해군대신으로 입각한 이래 1914년 4월까지 무려 8년 넘게 해군대신을 역임한 사이토 마코토斎藤実 대장보다도 노기가 더 일본 해군을 대표하는 인물로 여겨졌다.

황실과 정부의 파견 요청이 있으면, 해군은 민중의 지지를 한 몸에 모은 도고를 보내지 않을 수 없었다. 정치적인 역할은 해군대신을 역임한 야마모토 곤베에나 도고보다 먼저 군령부 부장을 지낸 이토 스케유키가 담당하는 것이 마땅했다. 하지만 황실과 정부의 행사에 얼굴을 내민 것은 도고 헤이하치로였다. 도고가 군령부 부장으로 임명된 직후 그는 구레吳에서 거행된 순양함 쓰쿠바筑波의 진수식에 참석하는 요시히토嘉仁 황태자(훗날의 다이쇼 천황)를 수행했고, 1908년 1월에는 일본을 방문한 영국 빅토리아 여왕의 3남 아서Arthur 왕자를 접대했다. 그해 5월에는 요시히토 황태자가 효고兵庫·돗토리鳥取·시마네현島根縣을 순시할 때 수행했다. 그해 9월 23일부터 12월 12일까지 요시히토 황태자가 한국을 방문할 때도 수행했다. 1911년 6월 도고는 육군의 노기 마레스케 대장과 함께 영국의 조지 앨버트 5세 대관식에 참석하는 요리히토 친왕依仁親王을 수행했다.

노기 마레스케 대장과 도고 헤이하치로 대장은 모두 러일전쟁의 영웅이었다. 노기와 도고 두 사람은 육군과 해군의 상징이었다. 그런데 1912년 9월 13일 노기가 먼저 메이지 천황을 따라 순사했다. 노기가 사망한 후 세간에서 그의 뜻을 이어받아 히로히토 황태자의 교육을 책임질 가장 인격이 훌륭하고 덕망이 높은 인물은 도고밖에 없다는 여론이 형성되었다. 궁내성은 물론 야마가타 아리토모·마쓰카타 마사요시와 같은 원로 중에도 도고를 비판하는 자는 없었다. 도고는 군함 위에서 나이가 든 역전의 노장이었다. 해군성에 근무하면서 인사에 개입하고 예산을 확보하느라 동분서주하면서 정치인과 이런저런 인연으로 얽힌 적이 한 번도 없었다. 일본인은 공적은 많지만 적이 없었던 도고 헤이하치로를 존경했다.

천황을 보필하는 최고 군사고문기관이라고 할 수 있는 원수부元帥府가 있었다. 일본 군인의 최고 계급은 대장이었다. 대장 중에서 특히 공적이 탁월한 자가 선발되어 원수에 임명되었다. 선발된 자는 종신 현역 대장의 지위를 유지하며 예비역으로 편입하지 않았다. 육군에서는 1906년 1월에 청일전쟁과 러일전쟁에서 공을 세운 노즈 미치쓰라, 1911년 4월에 오쿠 야스카타가 원수에 임명되었다. 해군에서는 1906년 1월에 러일전쟁 때 군령부 부장을 역임한 이토 스케유키, 1911년에 러일전쟁 당시 요코스카 진수부 장관을 지내며 전쟁에 나가지 않았던 이노우에 요시카井上良馨(1845~1929)가 원수에 임명되었다. 1913년 4월 예순여섯 살이 된 도고 헤이하치로가 이노우에보다 2년 늦게 원수가 되었다. 도고가 원수에 취임하자 그를 황실학문소의 총재로 영입하자는 여론이 조성되었다.

1914년 4월 1일 히로히토 황태자를 교육하기 위한 도구고가쿠몬조東宮御学問所, 즉 황실학문소가 개설되었다. 히로히토 황태자는 1914년 5월 4일부터 황실학문소에서 공부를 시작했다. 원래 황실학문소는 4월 중순에 개원할 예정이었다. 그런데 4월 9일 메이지 천황의 정비 쇼켄 황태후昭憲皇太后(1849~1914)가 사망했다. 5월 1일 황실의 장례 절차에 따라 교토京都의 후시미모모야마伏見桃山의 동릉東陵(교토시 후시미쿠)에 장사지낸 후 메이지 천황과 함께 메이지 신궁明治神宮의 제신祭神으로 모셔졌다. 장례식이 끝난 후 황실학문소가 개원했다.

황실학문소는 노기 마레스케가 생전에 구상한 바와 같이 육군사관학교와 해군병학교를 절충한 학습기관이었다. 도고 헤이하치로 원수가 총재에 취임했다. 부총재는 사법대신과 궁내대신을 역임한 후 황태자의 시종장이 된 하타노 요시나오波多野敬直, 간사는 해군 대좌 오가사와라 나가나리小笠原長生(1867~1958:최종계급 소장), 평의원에 육군 대장을 지냈고 가고시마의 노기 마레스케로 일컬어졌던 오사코 나오하루大迫尙敏 학습원 원장 · 야마카와 겐지로山川健次郞(1854~1931) 도쿄제국대학 총장 · 가와이 미사오河合操(1864~1941:최종계급 대장) 육군 소장 · 다케시타 이사무竹下勇(1870~1949:최종계급 대장) 해군 소장이었다. 일곱 명 중 다섯 명이 군인이었다. 도고 헤이하치로 총재는 부임 첫날부터 평소 즐기던 술과 담배를 끊고 사냥도 그만두고 오로지 히로히토 황태자 한 사람의 교육에 매달렸다.

황실학문소는 지금의 미나토쿠港区 다카나와高輪에 있는 프린스호텔 인근에 마련되었다. 황태자 히로히토裕仁(훗날의 쇼와 천황昭和天皇)는 그곳에서 제왕학을 배웠다. 교육 기간은 그의 나이 열세 살부터 열아홉 살까지, 즉 1914년 봄부터 1921년 봄까지 7년간이었다. 귀족 가문의 자제 중에서 특별히 선발된 다섯 명의 학우들과 함께 공부했다. 학우는 총리대신이 천황의 칙허를 얻어 임명한 관리의 대우를 받았다. 히로히토 황태자는 휴일 이외에는 그곳에서 학우들과 침식을 함께하며 공부했다. 교육 수준은 오늘날 중학교 2학년에서 대학 2학년까지의 교육과정과 같았다.

교과는 육군사관학교와 해군병학교에서 가르치는 군사학과 그밖에 보통학普通學으로 구성되었다. 군사학은 일본군 최고 지휘관이 갖추어야 할 덕목과 리더십 수업이었다. 보통학은 윤리, 역사, 지리, 국문, 한문, 박물博物, 이화학理化學, 수학, 프랑스어, 습자, 법률, 경제, 미술사, 무예, 체조, 승마 등의 수업이었다. 외견상으로는 보통학이 중심이고 군사학은 일부에 지나지 않았던 것 같이 보인다. 그러나 수업을 담당한 교수는 육군학 3명 해군학 2명 이외에 육군대학교와 해군대학교 교관이 특별강사로 초빙되어 특정한 테마를 정해 강의했고 직접 육군과 해군 부대를 견학하는 등 수업 시간은 보통학에 비해 적지 않았다.

황실학문소의 사무는 오가사와라 나가나리 간사가 총괄했다. 그는 인사, 커리큘럼, 행사, 시설 등의 입안과 조정 등 학교의 교감과 같은 역할을 하며 사무 전반을 관장했다. 황태자를 위한 강의는 해당 분야 일본 최고의 학자가 담당했다. 강사는 도쿄제국대학 총장 야마카와 겐지로와 제8대 도쿄제국대학 총장을 지낸 후 문부대신, 황태자 시종장, 귀족원 의원, 추밀원 의장, 내대신 등을 역임한 하마오 아라타浜尾新 (1849~1925) 두 사람이 선발했다. 4월 9일 하타노 요시나오가 부총재직을 사임하고 그 후임에 하마오 아라타가 취임했다.

도고 헤이하치로 총재는 하루도 거르지 않고 아침 7시에 자택을 나서 7시 40분에 총재실에 도착해 오가사와라 나가나리 간사와 하루 일정을 상의한 후 히로히토 황태자의 등교를 기다렸다. 히로히토는 매일 오전 6시 30분에 기상해 침소에서 걸어서 수업 시간 전에 학문소에 도착했다. 건물 입구에는 해군 군복을 입은 오가사와라 나가나리 간사, 무과武課 담당 장교, 다섯 명의 학우가 줄을 맞춰 서서 히로히토 황태자를 맞이했다. 그곳에서 잠시 아침체조를 하며 몸을 푼 후 히로히토가 앞장서 교실로 입장했다.

◉ chapter.4

제1차 세계대전과 일본

1914년 6월 28일 오스트리아 황태자가 보스니아의 수도 사라예보에서 세르비아인 청년에게 암살당하는 사건이 일어났다. 이 사건이 실마리가 되어 제1차 세계대전이 일어났다. 당시 일본은 제2차 오쿠마 시게노부大隈重信 내각이 집권하고 있었다. 8월 7일 영국이 중국 연안에서 영국 선박을 공격하는 독일 군함을 감시해 줄 것을 일본에 요청했다. 원로 이노우에 가오루井上馨는 세계대전이 일본의 국운을 떨칠 수 있는 천우신조의 기회라고 말했다. 여론도 일본의 참전을 지지했다. 그날 밤 일본 정부가 참전을 의결했다.

8월 9일 일본이 영국에 참전을 통보했다. 일본의 참전 목적이 독일 군함을 격파하는 것에 머무르지 않고 아시아에서 독일 세력을 일소하는 데 있으니 영국도 일본의 개전 이유에 동의하라는 각서를 전달했다. 8월 15일 일본은 독일에 동북아시아에서 물러갈 것, 중국의 조차지를 일본에 양도할 것 등을 내용으로 하는 최후통첩을 보냈다. 회답 기한이 끝난 8월 23일 일본이 독일에 선전을 포고했다. 가토 외무대신은 "동아시아에서 일본·영국의 이익에 손해를 끼치는 독일 세력을 파멸시키기 위해" 참전한다고 발표했다.

9월 3일 일본 해군이 남태평양으로 파견할 함대를 편성했다. 사령관에 야마야 다닌山屋他人(1866~1940) 중장이 임명되었다. 남태평양에 진출한 일본 함대는 독일의 주력 함대를 수색하여 격멸하는 작전을 전개했다. 일본군이 적도 이북의 독일령 남양제도(지금의 미크로네시아 Micronesia 연방)를 차례로 점령하면서 서쪽으로는 필리핀과 인도네시아 남쪽으로는 오스트레일리아와 뉴질랜드를 넘볼 수 있게 되었다. 11월 7일 일본 육군이 독일의 조차지 칭다오靑島를 점령했다. 칭다오는 훗날 일본군이 중국을 침략하는 전진기지가 되었다.

일본군은 「임시해군군사조사회」를 비롯한 각종 조사위원회를 설치하고 조사원을 유럽으로 파견해 전투의 상황과 각국의 전쟁 태세에 관한 자료를 수집하고 현지를 조사했다. 조사원의 보고를 참고해 특정한 테마를 연구하는 위원회가 설치되었다. 군수보급 능력을 조사하고 연

4. 제1차 세계대전과 일본

구하는 「병자조사회兵資調査會」, 병기 부품의 규격화를 연구하는 「해군 도량형조사회」, 철강의 생산력과 선박 제조를 연구하는 「제철조선조사의원회」, 군사사상을 선전하기 위한 「해군군사보급위원회」, 잠수함과 항공기에 탑승한 인간의 심리상태를 연구하는 「실험심리학응용에 관한 조사위원회」 등 혁신적인 위원회가 잇달아 출범했다.

러일전쟁 때 도고 헤이하치로 사령관을 보필했던 아키야마 사네유키가 유럽 각국을 순회한 후 보고서를 제출했다. 그가 귀국 후 강연한 내용이 『군담軍談』이라는 서책으로 간행되었는데, 거기에 다음과 같은 내용이 있다. "전쟁이 일어나 해외와 교통이 단절되었을 때 아무리 해군과 육군이 밖에서 싸워도 국민이 안에서 기아에 허덕인다면 국방의 목적이 달성된 것이 아니다." "국방의 임무는 결코 군인에 국한되는 것이 아니다. 국민 한 사람 한 사람에게 부여되어야 한다. 특히 공업에 종사하는 자는 이 점을 깊이 유의하지 않으면 안 된다." 아키야마는 전쟁의 형태가 새로운 단계에 이르러 군인과 국민, 전쟁과 공업생산의 관계가 크게 변했다는 것을 강조한 것이다.

일본군은 청일·러일전쟁과 제1차 세계대전이 본질적인 차이가 있다는 것을 알았다. 하지만 각종 조사위원회의 제언 중 조직과 제도를 손질하고, 법규를 개정하거나 신설하고, 새로운 교육훈련을 실시하는 단계에 이른 안건은 매우 적었다. 서양 여러 나라는 실전을 치르면서 과감한 개혁을 이루었지만, 전장에서 멀리 떨어진 일본은 아무래도 긴장감이 떨어질 수밖에 없었다. 하지만 일본군은 전차, 비행기, 잠수함 등 새로운 병기를 개발하기 시작했다. 그런데 근대 병기 생산은 자금, 자원, 설비, 부품, 규격, 기술, 유통 등이 고루 발전해야 가능한 일이었다. 또 병기를 생산한 후에도 정비, 조종사의 교육, 훈련 등이 뒷받침되지 않으면 전장에서 효과적으로 사용할 수 없었다. 그러나 일본의 경제력과 기술력은 아직 서양의 그것과 많은 차이가 있었다.

1918년 11월 11일 독일이 연합국과 휴전협정을 맺으면서 제1차 세계대전이 끝났다. 1919년 1월 18일 연합국이 프랑스 파리 베르사유궁전에서 강화회의를 열었다. 일본은 원로 사이온지 긴모치를 수석 전권대사, 추밀원 고문 마키노 노부아키牧野伸顯를 차석 전권대사로 파견해 강화회의에 임했다. 강화회의를 주도한 미국 대통령 윌슨W. Willson은 일본에 매우 호의적이었다. 미국·영국·프랑스가 중국에서 독일이 보유한 이권을 일본이 승계하고 적도 이북에 산재한 독일령 제도도 일본이 지배하도록 승인했다.

제1차 세계대전을 경험하면서 국가주의 가치와 제국주의 체제를 전제로 한 군국주의와 그 이데올로기가 의미를 상실했다. 1917년 11월 러시아에서 혁명이 일어났다. 1918년 11월 독일 민중이 왕조를 타도하고 바이마르 공화제를 수립했다. 오스트리아에서도 노동자들이 앞장서 왕조를 무너뜨렸다. 전쟁과 혁명을 거치면서 군주제가 거의 소멸했다. 열강 중에서 전제적 성격을 갖춘 군주국은 일본뿐이었다. 천황제와 일본제국주의를 수호하는 세력이 위기감을 느끼지 않을 수 없었다. 일본의 황족과 화족 그리고 천황제를 지지하는 부재지주, 관료, 장교, 기업가들이 불안감을 감추지 못했다.

자본주의 경제가 발달하고 교육 수준이 높아지면서 국민의 의식이 향상되었다. 종래의 사회구조가 흔들리면서 노동운동이 활발해졌다. 러시아 혁명이 일본의 청년층과 노동조합에 적지 않은 영향을 미쳤다. 그들의 열정적인 활동이 일본에도 사회주의 혁명이 실현될 수 있다는 생각을 불러일으켰다. 1920년 5월 일본 최초의 노동절 행사가 열렸다. 15개 노동단체가 모여 노동조합동맹회를 결성했다. 그해 12월 오스기 사카에大杉榮(1885~1923)·사카이 도시히코堺利彦(1871~1933)가 일본사회주의동맹을 발족시켰다. 야하타제철소八幡製鐵所를 비롯한 조선소 노동자들이 투쟁에 돌입했다. 전국 각지에서 노동쟁의가 잇달았다.

사회주의 운동에 대한 반동으로 우익운동이 일어났다. 사회주의자들의 활동과 노동쟁의·소작쟁의를 지켜본 보수성향의 일본인들이 운동을 전개했다. 우익운동은 노동쟁의에 조직적인 개입과 방해, 노동조합 분열, 부락민部落民의 해방운동 반대, 사회주의자에 대한 테러 등으로 표출되었다. 재벌, 보수성향의 정치인, 군부 등이 우익운동을 지원했다. 천황제를 지키고, 일본의 공산화를 방지하고, 정치를 혁신하는 것을 목적으로 하는 우익단체가 모습을 드러냈다. 우익단체 회원 중에는 자본가들의 앞잡이가 되어 그들의 신변을 보호하고 노동쟁의에 개입하거나 사회주의자와 재일조선인들에게 테러를 가하는 자들이 적지 않았다.

하지만 우익단체들이 모두 부패하거나 타락한 것이 아니었다. 국가개조와 현상타파를 주장하는 유존사猶存社와 같은 우익단체가 활동을 시작했다. 유존사는 1919년 8월에 노장회老壯會의 우파 사상가 미쓰카와 가메타로滿川龜太郞를 중심으로 결성된 국가주의운동 단체였다. 미쓰카와는 유존사를 결성하면서 중국에서 오랫동안 활동한 경력이 있고 『일본개조법안대강日本改造法案大綱』을 저술한 기타 잇키北一輝를 지도자로 영입했다. 기타는 일본의 정치·경제적 조직 개조를 주장했다. 그가 말하는 개조란 천황 대권을 발동해서 3년간 헌법 정지, 국회 해산, 화족제도 폐지, 계엄 중 보통선거를 통한 국가 개조, 의회 소집, 황실 재산의 국가 귀속 등 이었다. 또 국민 한 가구의 재산 한도를 100만 엔, 국민 한 가구가 소유할 수 있는 사유지의 한도를 시가 15만 엔, 개인의 생산업 한도를 자본금 1,000만 엔 등으로 정하고, 개인의 생산업 한도를 넘는 것은 국가가 직접 경영해야 한다고 주장했다.

유존사는 기타 잇키의 저서 『일본개조법안대강』의 선전에 힘쓰면서 혁명 일본의 건설, 일본 국민의 사상적 충실, 국가의 합리적 조직, 민족 해방운동, 전투적 동지의 정신적 단련 등의 강령을 제시하고 국가사회주의 실현을 목표로 활동했다. 유존사는 도쿄제국대학·교토제국대학을 비롯한 전국 유명 대학에 학생단체를 설립했다.

유존사의 정신을 계승한 단체로 국가주의자 오카와 슈메이大川周明가 결성한 행지사行地社가 있었다. 오카와는 국가가 주관하는 통제경제 체제를 확립해야 한다고 역설했다. 오카와는 인맥을 활용해서 육군의 중심부, 특히 참모본부의 중견간부와 교류하면서 그들에게 국가사회주의 사상을 전파했다. 도쿄제국대학과 교토제국대학에 학생행지회를 설립하고 기관지『닛폰日本』을 발행했다. 1923년부터 본격적으로 활동하기 시작한 대화회大化會도 유존사의 정신을 계승한 단체였다. 이들 단체는 서로 연대하면서 천황을 정점으로 한 군국주의 체제를 실현하려고 했다.

◎ chapter.5

군축 문제와 도고

1921년 2월 28일 황실학문소의 수료식이 거행되었다. 도고 헤이하치로 총재가 히로히토 황태자 앞에 서서 선언했다. "이것으로 전하께서 문무를 겸한 수업의 기초가 되는 고등보통과를 수료하셨습니다." 그리고 3월 3일 아침 황실학문소 직원 일동이 서양 각국을 순방하기 위해 출발하는 히로히토 황태자를 전송하기 위해 도쿄역 플랫폼에 정렬했다. 히로히토는 9월 3일까지 군함 가토리香取를 타고 영국·프랑스·벨기에·네덜란드·이탈리아를 순방한 후 귀국 길에 오키나와에 들렀다. 히로히토의 오키나와 방문은 생애 처음이자 마지막이 되었다.

섭정에 취임한 히로히토 황태자(1921. 11. 25)

제1차 세계대전 중 일본은 내각 총리대신을 의장으로 하고 육군대신, 해군대신, 외무대신, 대장대신, 참모총장, 군령부 부장 등으로 구성된 국방회의를 열었다. 이 회의에서 육군을 25개 사단으로 늘리고, 해군은 전함 8척과 순양함 8척으로 늘리는 소위 8·8함대를 갖추기로 의결했다. 미국도 일본·영국을 가상 적국으로 해군의 전력을 증강하는 계획을 세웠다. 1921년 2월 영국이 순양함 4척을 건조하기로 했다. 세계 3대 해양 강국이 경쟁하기 시작했다.

군사비 지출이 늘면서 여러 나라가 재정난에 시달렸다. 1920년경 미국·영국의 군사비가 세출의 20퍼센트를 넘었다. 일본의 군사비는 세출의 40퍼센트를 넘었다. 그러자 각국에서 군비를 축소하려는 분위기가 조성되었다. 세계평화라는 이상을 기치로 내걸고 안전보장과 군축을 목표로 하는 회의가 자주 열렸다. 제1차 세계대전 후 국제정치의 주도권을 장악한 미국은 열강의 군비확장 경쟁을 억제하려고 했다. 특히 일본의 중국 침략을 견제했다. 1921년 7월 11일 미국이 일본·영국·프랑스·이탈리아에 워싱턴회의를 제의했다.

워싱턴회의 개최 목적은 군비축소와 태평양·극동 문제를 논의하기 위해서였다. 벨기에·네덜란드·포르투갈도 워싱턴회의에 참가하기로 했다. 일본은 워싱턴회의가 미국과의 관계를 개선할 수 있는 좋은 기회라고 판단했다. 정부는 해군대신 가토 도모사부로加藤友三郎를 수석대표로 임명했다. 귀족원 원장과 주미대사도 회의에 참석하도록 했다. 1921년 11월 12일 워싱턴회의가 개최되었다. 회의가 열리자마자 미국 국무장관이 군축안을 제시했다. 함대 건조계획을 모두 폐기하고 미국·영국·일본이 5·5·3의 비율로 군축을 하자는 것이었다.

가토 수석대표는 태평양의 방위를 당시 상태로 유지하는 것을 전제로 미국의 제안을 수락했다. 수행원 중에는 미국이 제시한 비율에 동의하지 않는 자도 있었다. 일본 국내에서도 강경론이 우세했다. 그러자 가토 수석대표는 다음과 같이 말했다. "국방은 군인의 전유물이 아니다. 전쟁 또한 군인만으로 수행할 수 있는 것이 아니다. 국가가 총동원되지 않으면 목적이 달성되기 어렵다. 따라서 한편으로 군비를 충실히 하고 동시에 민간의 공업 수준을 높이고 무역을 장려해야 한다. 진정한 국력을 갖추지 않는다면 전쟁은 불가능한 것이다."

1921년 3월 황실학문소가 폐지되면서 총재직에서 물러난 도고 헤이하치로가 오랜만에 원수 회의에 참석했다. 1913년 원수부의 일원이 된 도고는 다음 해 4월에 황실학문소 총재에 취임하면서 원수 회의에 참석하지 않았다. 히로히토 황태자의 교육에 전념하기 위해서였다. 황실학문소 총재 시절의 도고가 원수로서 군사 문제에 대해 거의 발언하지 않았던 것은 이런 사정이 있었기 때문이다. 1921년 당시 원수 회의에 출석할 수 있는 해군 대장은 이노우에 요시카와 도고 헤이하치로뿐이었다. 그런데 두 사람의 성격이 매우 대조적이었다. 이노우에는 몸집이 크고 너그러운 성품이었고 도고는 체격이 왜소하고 꼼꼼한 성격이었다.

도고는 천황의 하문에 회답하기 위해서 철저하게 조사하고 연구했다. 도고는 무슨 일이든 황실연구소 간사를 지낸 오가사와라 나가나리와 상의했다. 이 무렵부터 오가사와라는 도고의 사설 부관으로 불리며 언제나 도고 옆을 지켰다. 오가사와라는 도고의 대리인 자격으로 전문가를 만나 의견을 듣고 정리해 도고에게 보고했다. 그러면 도고가 그 자료를 참고해 천황의 하문에 답하는 의견서를 작성했다. 오가사와라는 주로 현역에서 물러난 인물이나 우익단체 지도자들의 의견을 청취했다. 그들의 의견에는 급변하는 시대의 변화에 대응하지 못하는 시대착오적인 내용이 있었다.

1922년 4월 4일 원수 회의가 끝난 후 도고가 오가사와라를 불렀다. 도고는 오가사와라에게 원수 회의 의제를 설명하고 두 가지 하문에 답해야 한다고 말했다. 하나는 시베리아에 출병한 일본군의 철퇴 문제였고 또 다른 하나는 워싱턴 해군 군축조약 체결 후의 해군을 어떻게 해야 할 것인지에 대한 문제였다. 오가사와라가 예비역 장성들을 만나 의견을 청취한 후 도고와 머리를 맞대고 검토해 천황에 제출할 의견서를 작성했다. 도고는 시베리아 철퇴를 단호하게 반대했다. 그런데 도고가 시베리아 철퇴를 반대한 배경에 우익세력의 의견이 있었다는 점에 주목할 필요가 있다.

3월 24일 오가사와라 사택을 방문한 기타 잇키가 시베리아에 출병한 일본군의 철퇴 문제에 대해 의견을 제시했다. 앞에서 말했듯이, 기타 잇키는 우익단체의 지도자로 활동하는 인물이었다. 오가사와라는 황실학문소 간사로 일할 때 기타가 『일본개조법안대강』을 히로히토 황태자에게 헌상할 수 있도록 주선한 이래 교류를 이어왔다. 기타는 빈번하게 오가사와라 사택을 방문해 의견을 교환했다. 오가사와라는 기타에게 궁중의 은밀한 정보를 제공하면서 그로부터 우익세력·국수주의자·육군 고급 장교들의 정보를 입수했다.

기타 잇키 추종자들은 인맥을 활용해서 육군의 중심부, 특히 참모본부의 중견간부와 교류하면서 그들에게 국가사회주의 사상을 전파하고 있었다. 특히 오카와 슈메이는 도쿄제국대학에 재학할 때부터 참모본부의 독일어 번역을 전담하면서 고이소 구니아키小磯国昭(1880~1950), 오카무라 야스지岡村寧次(1884~1966), 이타가키 세이시로板垣征四郎(1885~1948), 도히하라 겐지土肥原賢次(1883~1948), 타다 하야오多田駿(1882~1948) 등 유능한 장교들과 교류했다. 훗날 고이소는 조선 총독과 총리대신을 지냈고, 오카무라·이타가키·도이하라·타다도 육군 대장을 지낸 인재들이었다. 기타 잇키는 추종자들을 통해 입수한 육군 내부의 고급 정보를 오가사와라에게 제공했다.

당시 일본 육군은 중국에 첩보원을 침투시켜 정보를 수집하고 있었다. 중국에 장기간 머물렀거나 그곳의 여인과 결혼해서 생활한 경험이 있는 첩보원 중에는 중국에 대한 깊은 지식과 풍부한 경험을 가진 인재들이 많았다. 그러나 해군에는 중국 사정에 밝은 군인이 많지 않았다. 오가사와라 나가나리도 중국의 정세에 어두웠다. 그런데 그가 기타 잇키와 교류하면서 중국은 물론 시베리아 지역에 대해서 상세한 지식과 정보를 얻을 수 있었다. 시베리아에 출병한 일본군의 철병 문제에 단호히 반대한다는 강경한 자세는 기타 잇키와 퇴역 장성들의 주장에 휘둘린 결과였다. 타협의 여지가 없는 도고 원수의 회답에 이미 시베리아에서 철병한다는 방침을 정한 육군은 물론 정부도 곤혹스러웠을 것이다.

도고는 워싱턴 해군 군축조약 체결 후의 해군에 대해 다음과 같은 의견을 제시했다. "예비함대 제도를 폐지한 후 모두 상비함대로 재편하고, 석탄이나 탄약을 아끼지 말고 충실한 훈련을 하는 것이 가장 필요합니다. 그밖에 항공대와 잠수함 확보에 힘을 기울여야 할 것입니다." 도고의 회답 내용이 알려지자 해군은 함대 훈련에 박차를 가하지 않을 수 없었다. 그렇지 않아도 육군보다 고된 훈련에 지쳐있던 해군 장병의 고충을 미루어 짐작할 수 있다.

쇼와 천황 즉위식 예복

쇼와 천황 즉위식 마차 행렬

도고는 주력함이 군축에서 삭감된다면 항공대와 잠수함을 더욱 건조할 필요가 있다고 주장했다. 러일전쟁 때 전함을 앞세워 러시아의 발틱함대를 무찌른 경험이 있는 도고 원수는 전함 지상주의자라고 생각하는 사람이 의외로 많다. 그러나 도고는 새로운 병기에 누구보다도 관심을 기울였던 인물이다. 하지만 당시 해군 장교 중에 비행기와 잠수함의 위력을 확신하고 전함 이외에 병기 개발에 힘을 기울인 인물이 없었다.

워싱턴회의 결과 동아시아에서는 미·영·일 3개국의 협력관계를 축으로 하는 새로운 국제질서가 형성되었다. 그러나 해군 군축조약을 맺은 국가들은 순양함, 구축함, 잠수함 등 조약에서 제외된 보조함을 경쟁적으로 건조하기 시작했다. 그것은 또 다른 긴장을 유발하는 요인이 되었다. 그러자 1927년 2월 미국이 제네바 군축회의를 제안했다. 군축회의를 앞두고 해군성이 원로 이노우에 요시카와 도고 헤이하치로에게 의견을 구했다.

원로에게 의견을 구하는 일은 일종의 의례에 지나지 않았다. 이노우에는 항상 특별한 의견이 없다고 말했다. 현역 장성들의 의견을 존중하기 위한 사려 깊은 처신이었다. 그러나 도고는 진지하게 답변하려고 했다. 2월 15일 도고는 오가사와라를 자택으로 불러 군축회의 대응 건을 논의했다. 도고는 다음과 같은 결론을 내렸다. "제2회 군축회의에 참가하는 것은 무방하지만 일본의 주장을 끝내 관철할 수 없다면 단호하게 퇴장할 결심을 해야 할 것이다." 도고의 주장은 언제나 과격하고 단호했다.

2월 17일 오가사와라가 도고의 의견을 해군성에 전달했다. 2월 19일 일본 정부가 제네바 군축회의에 참석한다고 발표했다. 일본 정부는 조선 총독 사이토 마코토를 전권대사로 파견했다. 프랑스와 이탈리아는 총톤수 제한 안이 거부된 것을 이유로 회의에 불참했다. 그래서 미국·영국·일본만이 회의에 참석했다. 워싱턴회의 때 군축 대상에서 제외된 1만 톤급 이하 보조함 제한 문제를 논의했다. 하지만 미국과 영국이 의견의 일치를 보지 못해 군축회의는 성과 없이 끝났다.

1929년 7월 2일 하마구치 오사치浜口雄幸(1870~1931) 입헌민정당 총재가 다나카 기이치田中義一의 뒤를 이어서 총리대신에 취임했다. 하마구치 총리대신은 소극 정책을 선언하고 10대 정강을 내세웠다. 주요 정강은 금본위제 확립, 긴축재정, 산업합리화, 영국 · 미국과 협조 등이었다. 협조외교를 추진한 경험이 있는 시데하라 기주로幣原喜重郎(1871~1951)가 다시 외무대신에 취임했다. 하마구치 총리대신은 가능하면 군사적인 모험을 삼가고 미국 · 영국과 타협한다는 협조외교 방침을 정했다.

1929년 10월 7일 영국 정부가 미국 · 프랑스 · 이탈리아 · 일본을 1930년 1월에 런던으로 초빙해 해군 군축회의를 개최하고 싶다고 제안했다. 런던 군축회의는 제네바 군축회의에서 실패한 보조함의 제한을 목적으로 하는 것이었다. 미국은 일본의 보조함을 자국의 60퍼센트 수준으로 감축하는 안을 제시할 심산이었다. 10월 16일 일본 정부가 런던 군축회의에 참석하겠다는 뜻을 밝혔다. 총리대신을 역임한 와카쓰키 레이지로若槻礼次郎와 해군대신 다카라베 다케시財部彪(1867~1949)를 전권대사로 임명했다.

해군성이 도고 원수에게 의견을 구했다. 도고는 오가사와라를 불러 상의한 후 제네바 군축회의 때보다 더욱 강경한 의견을 제시했다. 도고는 일본 해군 함정을 미국의 70퍼센트 수준으로 감축한다는 협정안은 "우리 해군의 사활을 가르는 절대 최저 수준이다. 이 협정이 지켜

지지 않는다면 단호히 협정을 파기하고 회의장에서 퇴장해야 한다."라고 주장했다. 11월 18일 해군 군령부 부장 가토 히로하루加藤寬治(1870~1939) 대장이 하마구치 총리대신을 방문해 도고의 의견을 전달했다. 11월 26일 각의에서 일본의 보조함은 미국의 70퍼센트 수준이 되도록 한다는 협상 방침이 정해졌다.

런던 군축회의에서 보조함을 미국의 70퍼센트 수준으로 보유하겠다는 일본과 60퍼센트 수준으로 감축하라고 요구하는 미국이 첨예하게 대립했다. 격론 끝에 일본 대표단이 미국이 제시한 대형순양함 60.23퍼센트, 잠수함 100퍼센트, 경순양함 및 구축함 70.15퍼센트 등으로

런던 해군 군축회의에서 연설하는 와카쓰키 레이지로

5. 군축문제와 도고   271

하는 타협안을 수용하기로 했다. 전체적으로 미국의 69.75퍼센트 비율이었다. 1930년 3월 14일 일본 협상단이 본국 정부에 훈령을 품신했다. 해군성과 군령부가 대책을 협의했다. 해군대신이 협상 대표로 파견된 해군성은 타협안에 찬성하는 분위기였다. 그러나 군령부는 대형 순양함을 미국의 70퍼센트 수준으로 사수하지 않으면 안 된다고 주장했다. 그것은 도고 헤이하치로의 뜻이기도 했다.

하마구치 오사치 총리대신은 런던 군축회의를 결렬의 위험에 빠뜨릴 수 없다고 생각했다. 협상단이 마련한 타협안을 승인하기로 결심했다. 야마나시 가쓰노신山梨勝之進(1877~1967) 해군차관을 비롯한 해군 고위 관료를 불러 다음과 같이 말했다. "이것은 내가 정권을 잃어도, 민정당을 잃어도, 또 내 목숨을 잃어도 물러설 수 없는 굳은 결심이다." 4월 1일에 열린 각의에서 야마나시 해군차관이 정부가 협상안을 승인할 예정이라고 발표했다. 각의 후 야마나시 해군차관이 도고 원수를 방문해 정부의 방침을 설명했다. 도고는 내심 불만이었겠지만 야마나시의 설명을 묵묵히 들었다.

군령부 차장 스에쓰구 노부마사末次信正(1880~1944)가 "해군당국의 성명"을 발표했다. 성명의 요지는 미국의 제안을 도저히 승인할 수 없다는 것이었다. 군령부 장교들이 하마구치 총리대신을 항의 방문했다. 하지만 하마구치 총리대신의 결심은 확고했다. 4월 22일 미국·영국·일본 3개국이 런던 군축조약에 서명했다. 워싱턴조약에서 정한 주력함 건조 정지 기간을 1936년까지 5년 연장하고, 보유 톤수 비율을 미국·영국이 15 일본이 9로 개정했다. 일본이 미국·영국에 비해 대형순양함 60퍼센트, 경순양함·구축함 70퍼센트, 잠수함은 동률로 하는 타협안이 성립되었다.

하마구치 총리대신은 조약이 국제평화와 친선에 공헌하는 정신적인 효과가 매우 클 것이라고 자찬했다. 시데하라 외무대신은 런던 군축회의의 성공은 "평화 및 협력 정신의 승리"라고 말했다. 정계의 원로 사이온지 긴모치와 재벌자본가도 군축조약을 지지했다. 여론도 하마구치 내각의 군축 정책에 호의적이었다. 『오사카마이니치신문大阪毎日新聞』은 사설에 다음과 같이 썼다. "이번 미국·영국에 제시한 우리의 회답 취지는 국민의 의견을 대표한 진실의 말이었다." 그런데 4월 21일 도고의 심복 오가사와라가 가토 군령부 부장을 방문해 "죽을 각오로 싸워야 한다."라고 말했다.

4월 25일 시데하라 외무대신이 국회에 출석해 외교 재정의 관점에서 본 군축조약의 의의를 설명하며 다음과 같이 말했다. "세간에서는 우리나라가 다른 나라의 압박으로 할 수 없이 협상안을 수용한 것처럼, 전혀 사실의 진상을 이해하지 못한 헛된 소문이 돌고 있다. 나는 여기에서 그것에 대해 반박할 정도의 가치가 없다고 생각한다." 그러자 정부를 공격할 구실을 찾고 있던 반정부 세력이 외무대신의 연설문 내용을 문제 삼아 정부를 비난하기 시작했다. 특히 강경파의 아성이라고 할 수 있는 해군·추밀원은 정부가 군부의 반대를 무시하고 조약을 맺은 것은 천황의 통수권에 간섭하는 일이라고 공격했다.

통수권은 대일본제국 헌법 제11조에 "천황은 육해군을 통수한다."라고 규정한 것을 말한다. 넓게 해석하면 제12조 "천황은 육해군의 편제 및 상비병액을 정한다."라고 규정한 부분까지 통수권에 포함할 수 있다는 주장도 있었다. 그러나 "편제 및 상비병액"은 제국의회에서 심의하여 성립하는 예산과 불가분한 관계가 있었다. 그래서 천황이 국무대신의 보필輔弼을 받는 것이 당연하다고 여겨졌다. 하마구치 내각이 국방병력량 결정은 내각의 보필 사항이라고 해석했던 것은 타당한 것이었다. 더구나 조약을 체결하기에 앞서 내각이 해군 군령부와 협의를 거쳤다.

조약 문제가 통수권 침범 문제로 비화한 배경에는 스에쓰구 군령부 차장과 1929년에 입헌정우회 간사장에 취임한 모리 가쿠森恪(1883~1932)가 있었다. 모리는 우리우 소토키치瓜生外吉의 사위였다. 우리우는 러일전쟁 직전에 해군 군령부 제1국장을 지내며 함대 편제를 주관했고, 전쟁 때에는 제2함대 사령관이 되어 도고 원수와 머리를 맞대고 작전을 펼쳐 러시아의 발틱함대를 괴멸시킨 지장智將이었다. 요컨대 우리우와 도고는 누구보다도 친밀한 전우였다. 우리우와 모리가 도고 원수의 뜻을 따르는 것은 지극히 자연스러운 일이었다.

모리와 뜻을 같이하는 입헌정우회 간부 이누카이 쓰요시犬養毅와 하토야마 이치로鳩山一郎(1883~1959)도 정부 공격에 앞장섰다. 조약 문제를 둘러싸고 해군 군령부와 입헌정우회가 손을 잡고, 내각과 해군성이 공동전선을 펴는 기묘한 현상이 나타났다. 하토야마의 국회 연설에 다음과 같은 내용이 있다. "국방계획의 입안은 천황을 보필할 임무가 있는 군령부 부장과 참모총장의 권한이다. 해군성과 같은 책임이 없는 기관이 개입하는 것은 당치도 않은 일이다. 이것은 통수권에 간섭하는 일이다."

5월 22일 런던 군축회의 전권대사 다카라베 다케시 해군대신의 귀국 환영회가 도쿄역 광장에서 열렸다. 그의 귀경은 도고 원수를 중심으로 하는 군축조약 반대 세력이 압력단체로 발전하는 계기가 되었다. 5월 20일 해군 군령부 참모 구사카리 에이지草刈英治(1891~1930) 소좌가 다카라베 해군대신이 탑승한 열차에서 자결한 사건이 군축조약 반대 세력 결집에 적지 않은 영향을 미쳤다. 6월 10일 해군성은 물의를 일으킨 스에쓰구 군령부 차장과 야마나시 해군차관을 동시에 경질해 분란의 확산을 막으려고 했다. 그러나 가토 군령부 부장이 천황에게 정부가 서둘러 추진한 군축조약이 통수권에 간섭한 것이라고 상주하며 사표를 제출했다. 이 사건이 다시 조약반대 세력의 투쟁심을 부추겼다.

조약반대 운동이 확산하자 도고 원수도 손을 놓고 있을 수 없었다. 6월 13일 아침 도고가 오가사와라를 불러 말했다. "언젠가는 공식적으

5. 군축문제와 도고 **275**

로 원수 회의와 군사참의원 회의가 열릴 것이고, 우리나라에 할당된 보조함 수량에 대해 천황 폐하의 하문이 있을 것이다. 그래서 그대에게 부탁한다. 지금부터 국방의 결함을 보전하는 서류를 작성해 두었으면 한다." 이미 팔십을 넘은 고령의 도고 원수가 오가사와라에게 부탁한 것은 조약반대 격문이 아니라 조약 성립 후에 나타날 수 있는 국방의 결함을 구체적으로 밝히고 보전을 요구하는 문안의 작성이었다. 그동안 도고가 얼마나 고뇌했는지 알 수 있다. 도고의 심정을 누구보다도 잘 아는 오가사와라는 눈물을 흘리며 얼굴을 들지 못했다.

도고 원수의 속내를 파악한 오가사와라 나가나리는 우선 조약반대 운동을 전개하면서 그것이 관철되지 않으면 최종적으로 "국방의 결함을 보전"하는 대책을 정부에 요구한다는 전략을 세웠다. 그 후 오가사와라는 이전보다 더욱 조약반대 운동에 앞장섰다. 오가사와라가 맹렬하게 활동하자 해군 군령부 내부에서도 우려하는 목소리가 나왔다. 하지만 오가사와라는 정부가 조약을 파기해야 한다고 목소리를 높였다. 오가사와라의 뒤에는 도고가 있었다. 오가사와라가 말했다. "나는 있는 힘을 다해서 도고 원수의 의견이 관철되도록 행동했다. 어떤 때는 하루에 여섯 번이나 도고 원수의 저택을 드나들면서 다른 인물과 연락하거나 의사를 소통했다." 오가사와라는 자신이 도고의 뜻을 충실히 받들었다고 확신했다.

7월 21일 군사참의관 회의가 열렸다. 출석자는 도고 헤이하치로 원수, 황족 후시미노미야 히로야스伏見宮博恭(1875~1946), 새로 취임한 제14대 군령부 부장 다니구치 나오미谷口尙眞(1870~1941) 대장, 제13대 군령부 부장에서 물러나 군사참의관에 임명된 가토 히로하루 대장, 군축조약 체결에 앞장섰던 군사참의관 오카다 게이스케岡田啓介(1867~1952) 대장 등 5명이었다. 그중에서 도고, 후시미노미야, 가토 3명이 조약반대파였다. 회의의 주요 과제는 정부가 확실한 보전책을 확약하도록 하는 것이었다. 다카라베 해군대신과 다니구치 군령부 부장이 다음과 같은 보전안을 마련했다. (1) 현재 함선의 병력 보충 및 군축 대상에서 제외된 함선의 보충 (2) 항공대 병력 정비 및 확보 (3) 방비 시설의 개선 및 각종 훈련 강화. 정부 측의 다카라베와 다니구치가 위 보전안을 실행하겠다고 약속했다. 하지만 조약반대파는 정부의 보증을 요구했다.

군축의 목적은 군함 보유량을 줄여서 팽창하는 군사비를 억제하는 것이었다. 그런데 해군은 전함과 순양함 보유량을 줄이면 "국방상의 결함"이 생기니 억제한 군사비를 해군이 다른 전력을 강화하는 데 사용할 수 있도록 정부가 보증하라는 것이었다. 해군의 요구가 관철되면 군축의 의미가 없어지는 것이었다. 제1차 세계대전 후 미국이 주도한 군축은 일시적으로 군사비 경감 효과를 보았다. 그러나 그 후 조약에 저촉하지 않는 항공기나 소형 군함의 화력이 보충되면서 오히려 여러 나라의 군사비가 증가했다. 군축이 질적 변화에 의한 군비 증강을 재촉하는 계기가 되었던 것이다.

군사참의관 회의 후 그날 오후 7시에 임시 각의가 열렸다. 회의는 자정이 되어서야 끝났다. 결국 정부는 도고 원수의 요청을 받아들여 해군 전력 보전책을 1936년 말까지 실시하기로 보증했다. 7월 22일 아침 10시 긴급 군사참의관 회의가 열렸다. 이 회의에서 정부안과 그 보증 내용에 이의가 제기되지 않았다. 7월 23일 정식 군사참의관 회의가 열렸다. 가장 지위가 높은 도고가 의장을 맡았다. 도고는 통수권을 보필하는 해군 군령부가 입안한 봉답문奉答文, 즉 천황에게 올리는 보고서와 새로운「국방대강國防大綱」을 심의에 붙였다. 심의 결과 안건이 만장일치로 가결되었다.

도고 헤이하치로와 그의 권위를 등에 업은 군령부·조약반대론자들은 런던 군축조약을 받아들이는 대신에 해군의 전력을 강화하는 데 투입되는 막대한 군사비를 손에 넣었다. 아이러니하게도 군축을 원인으로 하는 해군의 군비확장이 시작되었다. 해군의 군사비 증액이 육군을 자극했다. 그 후 일본군의 군사비가 놀라운 속도로 증가했다. 1934년에는 군사비가 국가 예산의 40퍼센트를 초과했다. 이 무렵부터 일본군의 고질적인 병폐라고 할 수 있는 육군과 해군의 경쟁이 촉진되었다. 육군이 1931년 9월에 만주사변, 1932년 1월에 상하이사변上海事變을 연속적으로 일으킨 배경에는 육군과 해군의 경쟁이 있었다.

당시 일본 언론은 런던 군축조약을 둘러싼 갈등을 '함대파'와 '조약파'의 대립이라고 칭했다. '함대파'는 도고 헤이하치로와 그의 지시를 받던 오가사와라 나가나리·가토 히로하루 그리고 그들과 친분이 있는 해군의 예비역·후비역·군령부 장성들이 주축을 이루고 있었다. 그들은 도고를 중심으로 일치단결해 '조약파'를 공격했다. 그러나 '조약파'에는 도고 헤이하치로에 비견할만한 중심인물이 없었다. 정부의 고위 관료나 장교들이 스스로 판단해 조약을 지지했을 뿐이다. 런던 군축회의에 전권대사로 파견된 다카라베 해군대신이나 야마나시 해군차관도 지지자를 조직화하려고 하지 않았다. 당시 도고는 해군 원수였을 뿐만이 아니라 쇼와 천황과 개인적인 친분이 남달랐다. 더구나 도고는 군사참의관 의장으로서 정부의 정책을 감독할 수 있는 권한을 행사했다.

1930년 10월 3일 군축조약 비준 후에 사임한 다카라베 다케시의 후임으로 아보 기요카즈安保清種(1870~1949) 대장이 해군대신에 취임했다. 1931년 1월 27일 도고가 오가사와라를 자택으로 불러 해군 전력 보충에 관해 협의했다. 도고는 가토 히로하루를 통해 아보 해군대신에게 다음과 같이 말했다. "30일에 열리는 중의원 예산위원회에서 해군에는 5억2,000만 엔에 달하는 전력 보충 계획이 있다는 것을 확실하게 알려라." 31일 아침 가토가 오가사와라에게 전화로 말했다. "어제 아보 해군대신이 일을 잘 처리했으니 칭찬해 주었으면 한다." 오가사와라는 즉시 도고에게 어제의 예산위원회 분위기를 설명한 후 도고의 양해를 얻어 아보 해군대신에게 전화를 걸어 말했다. "어제는 정말 수고가 많았다. 도고 원수께서도 매우 만족해하시며 그대에게 격려의 말을 전하라고 하셨다." 그 말을 들은 아보 해군대신이 매우 흡족해했다. 러일전쟁 때 도고 사령관의 기함 미카사의 포병 장교였던 아보는 해군대신이 된 뒤에도 옛 상관 도고 원수의 지시에 따라 움직였다.

도고의 지시는 모두 오가사와라 나가나리를 통해 전해졌다. 오가사와라에게는 수족과 같이 움직이는 동료가 있었다. 1930년경에 오가사와라가 빈번하게 접촉했던 무리는 대략 다음과 같았다. (1) 지사카 치지로千坂智次郎(1868~1936)·난고 지로南郷次郎(1876~1951)를 비롯한 해군 예비역 장성 그룹 (2) 후시미노미야 히로야스·가토 히로하루·스에쓰구 노부마사를 비롯한 현역 해군 장성 그룹 (3) 히라누마 기이치로平沼騏一郎(1867~1952)·오가사와라 나가요시小笠原長幹(1885~1935)를 비롯한 정치가 그룹 (4) 도야마 미쓰루·미쓰카와 가메타로를 비롯한 학자·사상가 그룹 (5) 아라키 사다오荒木貞夫(1877~1966)·마사키 진자부로真崎甚三郎(1876~1956)·오오키 시게루大木繁(1888~1947)를 비롯한 육군 장교 그룹 (6) 기타 잇키·니시다 미쓰기西田税(1901~37)를 비롯한 우익사상·운동가 그룹 (7) 사쓰마 유지薩摩雄次(1897~1966)를 비롯한 신문기자 그룹이었다.

위의 인물 중에서 오가사와라와 가장 빈번하게 접촉하면서 도고 원수의 뜻을 해군성에 전달한 인물은 지사카 치지로와 난고 지로였다. 지사카는 오가사와라와 해군병학교 동기였다. 일본 유도의 총본산 고도칸講道館을 창시한 가노 지고로嘉納治五郎(1860~1938)의 조카였던 난고는 1924년 2월에 해군 소장에서 예편한 후 제2대 고도칸 관장을 지냈다. 그는 일본 최초의 우익단체 대일본국수회大日本國粹會 이사를 역임하면서 유도를 매개로 화족 및 귀족원 의원과 폭넓게 교류했다. 지사카는 추밀원 부의장 히라누마 기이치로와 함께 귀족원 의원을 대상으로 치밀한 공작을 벌였다.

도고 헤이하치로 원수는 평생 군함을 타고 섬나라 일본을 지킨 군인이었다. 그는 런던 해군 군축회의 결과에 따른다면 일본의 국방에 심각한 결함이 생겨 군인이 임무를 완수할 수 없는 위기에 처할 수 있다고 판단했다. 그는 순진무구한 사명감에 불타고 있었다. 오가사와라・가토・지사카・난고는 무슨 일이 있더라도 일본제국을 지켜야 한다는 도고의 애국심에 감명했다. 매우 헌신적이고 정열적으로 도고의 뜻을 받들었다. 그러나 도고의 애국심은 정치를 통하지 않고는 아무것도 실현될 수 없었다. 그런데 정치의 세계는 간결하고 우직한 군인의 진심이 통하는 영역이 아니었다.

정치인과 접촉하며 도고의 뜻을 실현하는 일은 모두 오가사와라・가토・지사카・난고가 담당했다. 이들은 후작 이노우에 사부로井上三郎(1887~1959)를 비롯한 귀족원 의원을 상대로 공작을 벌였다. 해군이 제출한 예산안이 무난하게 가결될 수 있도록 하기 위해서였다. 1931년 3월 9일 귀족원 예산위원회에서 해군의 예산안이 가결되었다. 다음날 오가사와라가 도고에게 해군 전력 보충에 관한 예산안이 가결되었다고 보고했다. 도고를 중심으로 형성된 해군 집단이 국회의원들과 은밀히 접촉하며 조직적으로 정치에 개입하기 시작했다.

◎ chapter.6

만년

    1931년 3월 20일 도고는 오가사와라에게 아보 기요카즈 해군대신이 해군 예산안이 귀족원에서 무난히 가결될 수 있도록 힘쓰지 않은 점이 불만이라고 말했다. 4월 9일 지사카와 난고가 오가사와라를 방문해 아보 해군대신의 해임 방안을 의논했다. 두 사람이 돌아간 후 오오키 시게루 소좌가 오가사와라를 방문해 1930년 11월에 우익 청년 사고야 도메오佐郷屋留雄에게 저격당한 하마구치 총리대신이 병세가 호전되지 않아 곧 사임할 것이라는 정보를 제공했다. 오가사와라가 도고에게 하마구치 내각이 총사퇴한 후에 아보 해군대신의 후임으로 누가 적당한지 의견을 구했다. 그런데 4월 14일 제2차 와카쓰키 레이지로 내

6. 만년   **283**

각이 출범하면서 아보가 다시 해군대신에 임명되었다. 그러자 도고는 더 이상 아보 해군대신에 관한 일을 입에 올리지 않았다.

이 무렵 도고는 해군대신보다도 군령부 부장 인사에 깊은 관심을 보이고 있었다. 도고는 정부의 각료인 해군대신 인선보다 천황의 통수권을 보필하는 군령부 부장이 중요하다고 생각했다. 도고는 자기의 뜻에 무조건 따르지 않았던 다니구치 나오미 군령부 부장을 사임시킬 기회를 엿보았다. 다니구치의 후임으로 후시미노미야 히로야스를 염두에 둔 도고가 말했다. "황족을 부장으로 영입한다면 그 덕망으로 군부가 반드시 안정될 것이다. 지금은 덕망이 있는 인물이 중요하다. 수완이나 역량이 있는 인물이 필요한 시기가 아니다."

도고는 일본군 내부에서 움트는 "불온한 분위기"에 적지 않은 위기감을 느끼고 있었다. 1931년 3월 초에 육군 장교로 조직된 사쿠라회 간부, 육군성 군무국장, 참모본부 제1부장, 우익단체의 민간인, 사회민주당 당원 등이 모여서 쿠데타를 모의했다. 그들은 3월 20일 우익단체와 사회민주당이 민중을 동원해 의회를 포위하면, 혼란을 틈타 해군 장교, 해군의 항공기, 도쿄의 근위보병 연대 등이 동시에 움직여 정부를 전복하고 계엄령을 선포한다는 계획을 세웠다. 쿠데타가 성공하면 육군대신 우가키 가즈시게字垣一成(1868~1956)를 수반으로 하는 군부 내각을 수립하는 것이 최종 목적이었다. 그러나 쿠데타는 우가키의 변심으로 미수에 그쳤다. 3월사건이었다.

1931년 10월 사쿠라회 장교들과 우익 민간인들이 함께 만주사변에 호응하는 형태로 쿠데타를 결행하기로 모의했다. 주모자는 3월사건을 주도했던 하시모토 긴고로橋本欣五郎 중좌였다. 그들의 계획은 다음과 같았다. 10월 24일 오전 3시에 병력을 동원해 정부 기관을 장악하고, 각 부처의 대신, 정부 수뇌, 실업가, 원로, 내대신 등을 일시에 살해한다. 육군 고급 장교도 감시하거나 살해한다. 병력은 보병 23연대를 동원하고, 기관총 60정, 독가스, 비행기 등의 장비를 동원한다. 경시청, 신문사 등도 점령한다. 점령에 동원되는 병력은 전부 사쿠라회 소속 중위·소위가 인솔한다. 부대는 각각 중대와 소대로 구분해서 그 지휘관에게 별도 명령을 하달한다. 쿠데타가 성공하면 아라키 사다오 중장을 수반으로 하는 군부 내각을 수립한다.

10월 중순 참모본부가 거사 관련 정보를 입수했다. 하지만 육군대신 미나미 지로南次郎(1874~1955)는 쿠데타 가담자들을 체포하지 않고 아라키 사다오에게 무마하라고 지시했다. 당시 육군 내부에서는 동기가 순수하면 쿠데타에 가담해도 벌할 수 없다는 분위기가 우세했다. 아라키는 쿠데타 주모자들을 음식점에서 만나 설득했다. 결국 가담자들이 쿠데타 계획을 중지했다. 헌병대가 그들을 구속했으나 곧 집으로 돌려보냈다. 주모자 하시모토 중좌에게 근신 20일, 가담자 중 2명에게 근신 10일에 처하는 선에서 사건이 마무리되었다. 10월사건의 관대한 처분은 훗날 군부 쿠데타를 조장하는 원인이 되었다.

도고와 오가사와라는 일찍이 쿠데타 계획을 알고 있었다. 10월 15일 도고의 명을 받은 오가사와라가 가토 히로하루를 만나서 쿠데타 정보를 공유했다. 두 사람은 육군을 엄중하게 질책하기로 의견을 모았다. 오가사와라는 즉시 육군 교육총감부 본부장 아라키 사다오 중장을 사택으로 불러 육군이 정국을 어지럽힌다고 질책했다. "도고 원수가 격노하고 있다."라는 오가사와라의 말을 들은 아라키가 한껏 위축되어 집으로 돌아갔다. 이틀 후 아라키 중장이 참석한 육군성 회의에서 쿠데타 계획을 중지시키기로 했다. 도고가 오가사와라를 통해 육군 측에 압력을 넣은 것이 주효했다.

10월 21일 오가사와라가 가토를 방문해 육군대신과 참모총장의 교체에 대해 의견을 나누었다. 해군 관계자가 육군대신과 참모총장의 인사에 개입한 전례가 없었다. 그날 밤 아라키 중장이 오가사와라 사택을 방문해 육군과 해군이 보조를 맞추는 방법에 대해 협의했다. 10월 30일 오가사와라가 지사카를 미나미 지로 육군대신에게 보낸 다음과 같이 권고했다. (1) 간인노미야 고토히토閑院宮載仁 친왕을 내대신에 취임하도록 하면 그 덕망으로 군부가 안정될 것이다. (2) 차기 육군대신으로 아라키 사다오 중장을 추천한다. (3) 참모총장 가나야 한조金谷範三(1873~1933)의 후임으로 무토 노부요시武藤信義(1868~1933)를 추천한다. 미나미 지로 육군대신은 모욕감을 느꼈으나 "검토해 보겠다."라고 말할 수밖에 없었다.

12월 11일 만주사변에 적절히 대처하지 못한 책임을 지고 제2차 와카쓰키 내각이 총사직했다. 도고가 육해군 인사에 개입할 수 있는 기회가 찾아왔다. 다음날 오가사와라가 도고에게 경과를 보고했다. "이누카이 쓰요시 입헌정우회 총재가 차기 총리대신이 되는 것이 확실합니다. 그러면 해군대신에 오스미 미네오大角岑生(1876~1941) 대장, 육군대신에 아라키 사다오 중장을 추천하는 것이 좋겠습니다." 12월 13일 이누카이 쓰요시가 총리대신에 내정되어 조각에 착수했다. 그날 밤 오가사와라가 도고에게 보고했다. "육군·해군대신이 우리가 추천한 대로 정해졌습니다." 과연 도고의 뜻에 충실히 따랐던 오스미 대장이 해군대신, 아라키 중장이 육군대신에 취임했다.

12월 14일 지사카가 오가사와라를 방문해 육군이 간인노미야 고토히토 친왕을 참모총장으로 추대한다는 정보를 전했다. 오가사와라는 도고가 이전부터 염두에 둔 후시미노미야 히로야스를 해군 군령부 부장으로 추대할 수 있는 기회가 왔다고 판단했다. 그러나 현 군령부 부장 다니구치 나오미가 사직 권고에 응하지 않았다. 도고가 격노하며 말했다. "군령부 부장을 가만두지 않겠다." 그때 도고 옆에 있었던 이시카와 신고石川信吾(1894~1964) 소장이 훗날 다음과 같이 술회했다. "옆에 있던 내가 두려움에 떨 정도였다. 원수께서 그렇게 화내시는 것을 본 적이 없었다." 오가사와라·지사카·가토는 물론 오스미 미네오 해군대신 등이 총동원되어 다니구치에게 사직하라고 압박했다. 1932년 1월 25일 다니구치 군령부 부장이 물러났다. 다음날 오스미 해군대신이 후시미노미야 히로야스를 방문해 군령부 부장에 취임해 달라고 간청했다. 후시미노미야가 취임을 약속했다. 오스미 해군대신이 그길로 도고를 방문해 보고했다. 도고는 매우 만족스러운 표정을 지었다.

1931년 9월 18일 밤 관동군이 만주사변을 일으켰다. 육군은 만주사변에 관한 기밀을 도고 원수에게 보고했다. 육군이 해군 측에 설명할 사항이 있으면 해군대신을 만나는 것이 당연했다. 그러나 미나미 지로 육군대신은 명예직에 불과한 도고 해군 원수에게 면회를 요청했다. 만주사변을 일으키기 8일 전인 9월 10일 미나미 육군대신이 도고의 저택을 방문해 (1) 조선에 2개 사단을 파견하고 (2) 만주나 조선에 파견한 군대는 가능하면 그곳에 영원히 주둔하도록 할 방침이라고 설명했다. 당시 도고는 미나미 육군대신이 왜 만주·조선에 군대를 파견하는 일을 자신에게 보고하는지 알지 못했다. 그런데 만주사변이 일어나고, 9월 21일 조선군이 국경을 넘어 만주로 진격한 후에야 미나미 육군대신의 설명을 이해할 수 있었다.

9월 19일 새벽 일본군이 평톈奉天 일대를 점령했다. 일본의 참모본부가 긴급회의를 열었다. 고이소 구니아키 군무국장을 비롯한 육군 수뇌부는 관동군의 행위는 지당했고, 병력을 증파할 필요가 있다고 주장했다. 하야시 센주로林銑十郎(1876~1943) 조선군사령관도 이미 출동 준비를 완료한 상태였다. 미나미 육군대신은 각료회의에서 관동군이 자위권을 행사한 것이라고 보고했다. 9월 21일 오후 조선군 보병 제39여단이 압록강을 건너 관동군사령관의 지휘 아래 들어갔다. 그 후 조선군이 계속 증파되었다. 일본군이 순식간에 만주의 요충지를 점령했다.

11월 13일 미나미 육군대신의 대리 고이소 구니아키 군무국장이 오가사와라를 방문해 도고 원수에게 다음과 같이 보고해 달라고 요청했다. (1) 육군은 러시아군 100만 명, 중국군 110만 명을 상대로, 육군 100만 명을 동원할 예정임. 단, 70만 명은 러시아군, 30만 명은 중국군을 대적할 계획임 (2) 청국 최후의 황제 부의溥儀를 만주국 황제로 세울 예정임 (3) 오는 16일 국제연맹의 결의를 지켜본 후에 만주에 군대를 증파할 예정임.

만주사변은 관동군이 참모본부나 육군성의 명령에 따르지 않아서 확대되었다고 알고 있는 사람이 많다. 하지만 만주사변은 관동군이 육군성·참모본부와 긴밀한 연락을 취하면서 전개되었다는 것을 알 수 있다.

오가사와라로부터 보고를 받은 도고는 육군이 관동군을 북진시켜 러시아군 100만여 명과 싸운다는 계획이 너무 무모하다고 생각했다. 노고는 러시아군의 저력을 누구보다도 잘 알고 있었다. 그는 관동군이 북상해 러시아군을 자극하면 위험에 처할 수 있다고 판단했다. 오가사와라가 도고의 뜻을 고이소 구니아키 군무국장에게 전했다. 그 후 관동군은 헤이룽장黑龍江 이북으로 북상하지 않고 중국 본토로 남하하는 방

6. 만년 **289**

침을 세웠다.

1931년 12월 28일 관동군이 진저우錦州를 향해 진격을 개시했다. 이 무렵 도고는 관동군사령관 혼조 시게루本庄繁(1876~1945)의 경질을 요구했다. 혼조의 후임에 가토 히로하루의 친척인 무토 노부요시 대장이 임명되었다. 관동군 참모장에는 도고 일파와 친밀했던 고이소 구니아키 중장이 임명되었다. 모두 도고의 뜻대로 이루어졌다.

1932년 5월 15일 오후 5시경에 해군의 젊은 장교와 육군사관 후보생 그리고 민간 우익세력이 총리대신 관저, 입헌정우회 본부, 일본은행, 경시청 등 정부 기관을 일제히 습격하는 사건이 일어났다. 이누카이 총리대신은 관저를 습격한 해군 장교에게 대화를 시도했으나 범인들이 이누카이를 권총으로 사살했다. 밤 11시 20분이었다. 이 사건은 즉시 진압되었다. 하지만 5·15사건이 정부와 군부에 미친 영향은 심각했다.

도고는 5·15사건에 해군 장교가 가담한 책임을 지고 오스미 미네오 해군대신이 경질될 것에 대비했다. 그는 오스미의 후임으로 가토 히로하루 대장을 의중에 두고 있었다. 그러나 가토가 공산주의자와 긴밀히 접촉하고 있다는 소문이 군사참의관 회의에서 거론되었다. 다른 날 열린 회의에서 그것을 뒷받침하는 괴문서가 배포되기도 했다. 도고 일파를 견제하는 세력의 모략일 수도 있었지만, 이 사건은 도고 일파에 큰 충격을 안겨주었다. 도고는 이미 해군을 넘어서 일본군의 상징과 같은 존재였다. 도고의 권위에 흠이 가면 치명적이었다. 도고는 더 이상 해군대신 인사에 개입하지 않았다.

이누카이 총리대신이 암살된 후, 쇼와 천황이 스즈키 간타로鈴木貫太郎(1868~1948) 시종장을 원로 사이온지 긴모치에게 보내 차기 총리대신 후보를 추천하라고 명령했다. 이때 천황은 총리대신 후보로 "파쇼에 동조하는 자는 절대로 불가"하다는 단서를 달았다. 5월 19일 사이온지가 여러 대신과 협의하며 총리대신 후보를 압축했다. 그리고 군부 측의 의견을 듣기 위해 도고 원수에게 면회를 요청했다.

5월 22일 도고를 만난 사이온지가 말했다. "차기 총리대신에 누구를 추천하는 것이 좋겠습니까?" 도고가 대답했다. "귀하께서 직접 내각을 조직하면 어떻겠습니까?" 사이온지가 "고령"을 이유로 고사했다. 그러자 도고가 히라누마 기이치로의 이름을 거론했다. 그러나 사이온지는 "폐하의 뜻"을 거론하며 히라누마는 부적격하다고 말했다.

히라누마는 1921년부터 10여 년간 국본사國本社 회장을 맡고 있었다. 국본사는 정치활동의 근거로 국수주의를 표방하며 전국에 170개 지부와 회원 수 20만 명을 거느린 우익단체, 즉 파시즘단체였다. 이 단체의 부회장은 도고 헤이하치로 원수와 도쿄제국대학 총장을 지낸 야마카와 겐지로였다. 해군의 가토 히로하루 · 스에쓰구 노부마사 · 오스미 미네오, 육군의 아라키 사다오 · 마사키 진자부로 · 고이소 구니아키 등 도고 일파 군인들 대부분이 국본사의 회원이었다. 도고 일파 · 히라누마 기이치로 · 국본사는 오랫동안 긴밀한 관계를 유지했다. 그들은 천황주의자 · 국수주의자 · 국가주의자였다.

대표적인 파쇼 정치인 히라누마 기이치로를 사이온지 긴모치가 용인할 리 없었다. 사이온지의 속내를 간파한 도고는 더 이상 히라누마를 언급하지 않았다. 사이온지는 도고에게 다른 두 사람의 후보자를 거론했다. 그중의 한 명이 야마모토 곤베에였다. 그런데 군인 기질이 강한 도고는 정치 지향적인 야마모토를 좋아하지 않았다. 도고는 야마모토가 총리대신 후보로 거론되는 것에 불쾌한 마음을 감추지 않았다. 그러자 노회한 사이온지가 불쑥 사이토 마코토를 거론했다. 사이토는 누구보다도 야마모토와 가까운 인물이었다. 하지만 도고는 사이온지가 마지막으로 꺼낸 사이토마저 거부할 수 없었다. 그날 쇼와 천황이 사이토 마코토를 총리대신에 내정하며 조각을 명했다.

사이온지 긴모치가 도고 원수와 협의해 총리대신 후보를 정했다는 것은 도고와 그 배후에 있는 육해군의 승인 없이는 내각 수반을 결정할 수 없었다는 것을 증명한 것이었다. 혼란한 국내외 정세를 수습하기 위해서는 정부가 군부의 의향을 존중할 수밖에 없었다. 당시 일본군은 천황에 직속한 황군皇軍으로 불렸다. 정부는 황군을 통제할 수 없었다. 통수부와 정부가 분리되어 있었기 때문이다. 통수권과 내각을 조정하는 권위적 존재가 필요했다. 당시 귀족 출신 사이온지는 천황의 신임이 두터운 원로였고, 도고는 이미 해군을 넘어 육해군을 대표하는 원로였다. 정부 측의 사이온지와 군부 측의 도고가 협력하면서 비로소 정국이 안정될 수 있었다.

일본군을 상징하는 존재 도고 원수가 존재하는 한 어떻게든 군부를 통제할 수 있었다. 그러나 도고는 이미 여든 살이 넘은 노인이었다. 1932년 여름부터 주변 사람들에게 건강이 급격히 나빠져서 몸을 가누기조차 힘들다는 말을 자주 했다. 1933년 봄부터 인후염 증상이 악화한 도고가 병상에 누워지내는 시간이 늘어났다. 1934년 봄에 후두암으로 판명되었다. 최첨단 라듐 방사선 치료를 했지만 뚜렷한 효과가 없었다. 병상에서 생활하면서 방광결석, 신경통, 기관지염이 동시에 발병했다. 그해 여름부터 도고는 목소리도 낼 수 없을 만큼 병세가 극도로 악화했다 오가사와라의 보고를 듣고 고개만 상하좌우로 끄덕일 뿐이었다. 1934년 5월 30일 도고가 여든여섯 살의 나이로 사망했다.

6월 5일 국장이 거행되었다. 국장에는 영국, 미국, 프랑스의 해군 군함이 일본을 방문해 요코하마 항에서 반기를 걸고 조포를 쏘며 애도했다. 영국 신문은 일제히 "동양의 넬슨 제독이 사망했다."라고 보도했다. 해군성에 도고 원수를 기리는 신사 건립을 요망하는 헌금이 줄을 이었다. 해군대신 오스미 미네오가 재단법인 「도고원수기념회」를 설립하고, 답지한 헌금으로 신사를 건립한다는 계획을 세웠다.

메이지 천황이 붕어한 후 자결한 육군의 노기 마레스케의 신사가 건립되었을 때, 육군에 대항하기 위해 장래 도고 신사를 설립해야 한다는 여론이 해군 내부에서 일어났던 적이 있었다. 그때 도고가 크게 화를 내면서 반대했다. 하지만 도고가 사망한 후 도고의 뜻에 반해 신사가 건립되었다. 도고신사는 도쿄토東京都 시부야쿠渋谷区에 있다.

도고 신사

참고문헌

구태훈, 『일본근세사』, 재팬리서치21, 2016

구태훈, 『일본근대사』, 재팬리서치21, 2017

구태훈, 『천황의 일본사』, 휴먼메이커, 2022

구태훈, 『역사를 움직인 일본 무사들』, 휴먼메이커, 2025

박영준, 『해군의 탄생과 근대 일본』, 그물, 2014

遠山茂樹, 『明治維新と現代』, 岩波新書, 1968

大浜徹也, 『明治の軍神』, 雄山閣, 1970

梅溪昇, 『明治前期政治史研究』(増補), 未来社, 1978

石井 孝, 『明治初期の日本と東アジア』, 有隣堂, 1982

落合弘樹, 『明治国家と士族』, 吉川弘文館, 2001

高橋秀直, 『幕末維新の政治と天皇』, 吉川弘文館, 2007

加藤陽子, 『徴兵制と近代日本』, 吉川弘文館, 1996

大沢博明, 『近代日本の東アジア政策と軍事』, 成文堂, 2001

藤村道生, 『日清戦争』, 岩波新書, 1973

高橋秀直, 『日清戦争への道』, 創元社, 1995

伊藤之雄, 『立憲国家と日露戦争 - 外交と内政』, 木鐸社, 2000

飯塚一幸, 『日清・日露戦争と帝国日本』(日本近代の歴史3), 吉川弘文館, 2016

生田　惇,『日本陸軍史』, 教育社歷史新書, 1980

野村　実,『日本海軍の歷史』, 吉川弘文館, 2002

岡　義武,『山県有朋』, 岩波新書, 1958

藤村道生,『山県有朋』, 吉川弘文館, 1981

伊藤之雄,『山県有朋』, 文芸春秋, 2009

松下芳男,『乃木希典』, 吉川弘文館, 1981

大浜徹也,『乃木希典』, 河出書房新社, 1988

佐々木英昭,『乃木希典』, ミネルヴァ書房, 2005

下村寅太郎,『東郷平八郎』, 講談社, 1981

中村　晃,『東郷平八郎』, 勉誠社, 1996

田中宏巳,『東郷平八郎』, 筑摩書房, 1999

❖ 구태훈 교수의 책들 ❖

『일본고중세사』 재팬리서치21, 2016

『일본근세사』 재팬리서치21, 2016

『일본근대사』 재팬리서치21, 2017

『일본사 파노라마』 재팬리서치21, 2009

『일본사 키워드30』 재팬리서치21, 2012

『일본사 이야기』 재팬리서치21, 2012

『일본문화 이야기』 재팬리서치21, 2012

『안중근 인터뷰』 (구태훈 교수의) 재팬리서치21, 2010

『100년 전 일본인의 경성 엿보기』 재팬리서치21, 2010

『일본사강의』 휴먼메이커, 2017

『일본문화사』 휴먼메이커, 2018

『일본제국흥망사』 휴먼메이커, 2018

『사무라이와 무사도』 휴먼메이커, 2017

『도쿠가와 시대 사람들』 휴먼메이커, 2017

『징비록』 휴먼메이커, 2018

『복수와 일본인』 휴먼메이커, 2018

『천황의 일본사』 휴먼메이커, 2022

❖ 일본사 傳 시리즈 ❖

『전국시대 다이묘들』 휴먼메이커, 2023

『오다 노부나가』 휴먼메이커, 2018

『도요토미 히데요시』 휴먼메이커, 2022

『도쿠가와 이에야스』 휴먼메이커, 2023

『미야모토 무사시』 휴먼메이커, 2025

『역사를 움직인 일본 무사들』 휴먼메이커, 2025

『일본제국의 사령관들』 휴먼메이커, 2025

『조선총독과 한국인』 휴먼메이커, 근간

❖ 역발상일본어 시리즈 ❖

『한국어로 잡는 일본어』 휴먼메이커, 2024

『리사이클링으로 잡는 일본어』 휴먼메이커, 2024

『사람으로 잡는 일본어』 휴먼메이커, 2024

『감각으로 잡는 일본어』 휴먼메이커, 2024

『한음절로 잡는 일본어』 휴먼메이커, 2024

『한자로 잡는 일본어』 휴먼메이커, 근간

구태훈

성균관대학교 문과대학 사학과 명예교수

일본제국의 사령관들

발행인 구자선
펴낸날 2025년 10월 20일
발행처 (주)휴먼메이커
주 소 경기도 용인시 기흥구 강남서로 9 아카데미프라자 8층 825호
　　　 전화 : 070-7721-1055
이메일 h-maker@naver.com
등 록 제2017-00006호

ISBN　979-11-93975-02-2 (93910)
정 가　20,000원